KB068291

건국대학교 아시아콘텐츠연구소
동아시아 모더니티 02

# 언어 문명의 변동

근대 초기 한국의 소리, 문자, 제도

이 저서는 2015년 정부(교육부)의 재원으로 한국연구재단의 지원을 받아
수행된 연구임(NRF-2015S1A5B4A01036642).

건국대학교 아시아콘텐츠연구소
동아시아 모더니티 02

# 언어 문명의 변동

송민호 지음

## 근대 초기 한국의 소리, 문자, 제도

일러두기

1. 옛글로부터 인용한 원문에 대해서는 원칙적으로는 읽기의 편의를 도모하여 인용자가 지금 쓰는 표현 감각으로 번역하여 제시하였다. 다만 소설이나 신문기사 중에서 원문의 참고가 꼭 필요한 경우에는 원문을 그대로 제시하였다. 국한문으로 제시된 원문에 대해서는 역시 인용자가 음역과 의역을 병행하여 제시하였고, 논지의 이해상 꼭 필요한 경우에는 괄호 안에 한문 원문을 병기하였다.

2. 외국어 문헌을 인용하는 경우, 이해상의 편의를 위하여 대부분의 경우 인용자가 직접 번역하여 제시하였고, 특별한 경우가 아니라면 원문을 병기하지 않았다.

# 소리의 행방을 찾아 문자를 더듬는 일

100년쯤 지나버린 옛 글말의 문자 하나하나를 더듬어 읽어나가다보면, 낯선 문자들이 어지럽게 펼쳐진 글을 헤쳐나가야 하는 어려움을 느끼는 동시에 이해의 벽이 존재함을 느낄 때가 있다. 아무리 애를 쓴다고 해도 당시의 문자와 문자 사이를 연결하였던 문자화되지 않은 읽기의 전통이나 관습의 영역 자체에 도달하기 어렵다는 한계를 체감할 수밖에 없는 것이다. 옛 사람의 글말에 대한 공부가 아직 충분치 않기에 빚어진 상황이라는 걸 변명하거나 부인할 여지는 없다. 고작 축자(逐字)하며 따라가기만도 벅찬 짧은 지식으로는 그 옛 문자에 깃들어 있는 문자화되지 않은 영역을 온전히 복원하기란 요원한 일이다.

하지만 옛 글말에 대한 짧은 지식을 인정하더라도 여전히 그 문자들 속에는 좀 더 본질적인 이해 불가능성이 존재한다고 느낄 때가 많다. 물론 지금의 관점으로 본다면, 당시 신문 등에 실린 기사의 글쓰기는 문법에도 맞지 않고, 표현도 엉성하기 짝이 없는 것이 태반이다. 하지만 오히려 당시의 문자화된 글쓰기적 표현의 불충분함을 역설적으로 그 당시에 당연히 존재하였을 충만한 소리적 관계의 존재 가능성을 드러내는 것이라고까지 이해해버린다면, 이는 옛말을 읽다 지쳐버린 연구자의 지나친 생각일 뿐일까?

　고작 내 앞에 남겨진 문자의 형해(形骸) 사이사이를 훑는 눈을 통하여 그 속에 머물러 있었던 소리의 흔적을 상상해볼 수밖에 없는 까마득한 뒷사람의 입장에서는, 문자를 매개로 이루어졌던 화자와 청자 사이의 공통감각을 어렴풋하게나마 짐작해볼 수밖에 없다. 결국 지금보다 공부가 더 깊어진 이후에 옛 문자를 읽는다 하더라도 결국에는 문자 사이에서 들려오는 소리는 선인들의 목소리가 아니라, 내 속에서 발화된 것일 뿐이라는 불가피성을 인정하지 않으면 안 된다.

　서구에서 형성된 진리를 담보하는 로고스의 빛이 사실은 문자에 깃든 소리를 해석해내는 과정에서 자기 발화된 소리를 다시 듣는, 재구축된 지식 권력적 운동성에 다름 아니었다는 자크 데리다(Jacques Derrida)의 혜안을 굳이 거론하지 않더라도, 분명 지금 이 공간을 울리고 있던 소리는 문자에 깃들지 않고서는 남겨질 수도 재현될 수도 없다. 게다가 발화의 원형적 순간을 기억하고 있는 사람들이 모두 사라져 그들 사이를 이야기의 형태로 떠내려오던 기억들마저 온전히 소멸해버리고 나면, 우리에게 남는 것은 어쩌면 문자가 그 체계 속에 엉성하게 붙잡고 있던 기억의 잔해들뿐일지도 모른다. 물론 영상 등 새로운 기억의 매체가 일반화된 이후 인간의 기억이라는 양상은 이전과는 판이하게 달라질 수밖에 없겠지만, 적어도 100년 이전의 과거에서 문자를 통한 역사의 기록이라는 국면은 문자체계의 기능적인 국면과 떼려야 뗄 수 없었던 것이 사실이다.

　하지만 소리는 문자의 체계 내부를 끊임없이 미끄러져 옮겨간다. 게다가 훈민정음 창제 이전, 오랫동안 중화의 질서 속에 포섭되어 한자문명권 내부에 있던 우리 입장에서 표의문자인 한자 속에서 발화하는 음성을 담는 작업은 결코 쉬운 일이 아니었다. 하나의 한자 속에 하나의 음성을 담는 방법은 또 다른 한자의 음성을, 그리고 그 한자의 음성을 담는 일은 또 다른 음성을 참조하는 음성의 순환참조적인 연쇄를 구축하는 방법밖에 없었을 것이다. 이처럼 문자에 닿지 않고 미끄러지는 음성은 내부의 소리적 연쇄를 통하여 위태롭게 걸려 있는 상태가 지속된다. 그것이 한자를 읽어내는 나름의 방식으로서 동음(東音)이라는 자기구축적 음성의 세계가 이어진 배경이다.

사실 이러한 상태는 훈민정음 창제 이후에도 그리 달라졌다고 보기어렵다. 우리가 한글이라는 문자를 소유하게 되었다는 것은 단지 국문자를 갖게 되었다는 의미만이 아니라, 최초로 소리를 직접 표현할 수 있는 표음문자를 갖게 되었다는 의미이기도 하다. 글말 사이를 떠돌아다니던 입말의 소리가 비로소 문자로 정착할 수 있게 된 셈이다. 하지만인간이 한 번 구축한 언어적 개념의 체계는 쉽게 변동하지 않는다. 고작해야 한자의 음을 읽어내는 동음의 체계를 유지하고 있을 뿐이었던, 음성이 들릴 수 없던 한자라는 문자와 한문을 매개로 취득된 언어적 개념의 질서는 쉽게 깨지지 않았다. 따라서 훈민정음 창제 이후 조선 내부에서 구축된 한자와 한글 사이의 기묘한 문자적 병존 양상을 단지 계층화된 언어 사용의 양상이라고 단정하는 건 상황을 제대로 보지 못하는 것이다. 거기엔 그보다 훨씬 복잡한 구도가 내포되어 있다.

이 책에서는 근대 초기의 어문의 양상, 즉 중화라는 문명적인 질서로부터 서서히 탈각하기 시작하였던 조선 후기에서부터 서구의 근대문명을 등에 업고 새로운 질서가 유입되기 시작한 무렵에 벌어진 언어 양상에 관한 여러 가지 균열의 국면을 다루고 있다. 물론 이것을, 언어 문명에 국한하여 말한다고 하더라도, 한자문명으로부터 한글에 기반한 문명으로의 변화를 의미한다는 식으로 산뜻하게 말하기는 어렵다. 그 속에는 소리로서의 한국어가 근거하고 있던 문자가 비로소 한자에서부터 한글로 교체되어갔다는 국면이 존재하기도 하지만, 언어가 표상하는 문명적 개념의 변동이라는 국면이 포함되어 더 복잡한 국면을 이루고 있기 때문이다.

다만 근대 초기 어문에 있어서 일정한 균열을, 특히 소리와 그 정착의 흔적이라는 문제 인식에 의거하여 살핀다면 당연하게도 그 시작은 오랫동안 하나의 문명적 질서 속에 옹기종기 모여 있던 친밀성의 언어들이 그것이 영위하고 있던 언어적 세계 바깥으로 벗어나게 되었다가 다시 본래의 자리와 마주하게 되었던 상황이 될 수밖에 없다. 이 책에서는 그러한 언어적 상황을 이인직의 신소설 「혈의누」에서 찾고 있다. 즉 자신의 친밀한 가족들을 벗어나 태평양을 건너버린 「혈의누」의 주인공 옥련의 운명은 단지 한 명의 이주민에 불과한 것이 아니라, 중화문명의 핵심인 한자에 깃들어 있던 하나의 소리가 떨어져나가 새로운 언어문명적 질서에 편입된 사건에 해당하는 것이다.

이 책의 제1장과 제2장, 특히 제1장의 '태평양을 건너온 편지'는 바로 이 사건에 대한 기록이다. 단단히 구축되어 있던 친밀한 관계성, 즉 소리적 관계에서 벗어나 국제우편으로 문자가 앞서는 역전적 관계로 다시 매개된 이들이, 이전과는 전혀 다른 방식으로 텍스트로부터 재현되어 울리는 목소리를 듣는 것이다. 흥미로운 것은 이 문제가 중화문명적 질서로부터 탈출한 한 주체를 통하여 중화문명과 서구문명의 대립과 선택의 문제만을 상기시키지는 않는다는 점이다. 이 문제는 언어가 중심이 되는 신문이나 잡지, 단행본 등의 매체를 소비하는 방식에 있어서 중대한 변화의 국면과 관련되어 있다. 물론 이는 서구적 관점의 책읽기 관습이 도입되면서 벌어진 변화로 해석할 여지가 있다.

당시 소설 독자들은 마치 태평양을 건너 제도화된 우편체제가 전해준 편지처럼, 신문물이라는 제도에 실린 '나'와는 일면식도, 아무런 상관도 없는 타인의 편지글을 보고 그 속에서 낯설지만 익숙한 딸이나 어머니, 누이나 오빠의 목소리를 들을 수 있었다. 고작해야 허구의 창작물에 불과한 소설 속 주인공의 내면에 감정을 이입하여 그의 감정을 마치 나의 감정인 양 느끼는 것으로 독서 경향이 변한 배경에는, 편지의 필적과 내용이라는 타인의 텍스트를 보고 그 소리를 들을 수 있었던 관습에 변화가 생겼기 때문이다. 이렇듯 독서하는 청중의 감정이입에 대한 문제가 이후 근대문학에서 어떻게 실현되어나갔는지에 대한 양상은 이후 김동인, 염상섭, 현진건 등으로 이어지는 문학사 내에서는 대단한 사건이지만, 이 책의 체제상 여기에서는 이 문제를 더 다루지 않고, 다른 기회를 통하여 별도로 다루고자 한다.

제2장에서는, 이인직의 「혈의누」 원문에 나타난 옥련의 이름과 관련된 흥미로운 현상에 대해 다룬다. 이는 한자라는 문자에 깃들 수 없었던 소리의 문제가 본격화된 계기라고 할 수 있는데, 역설적으로 당시 한문 중심의 독자와 국문 중심의 독자를 모두 포괄하기 위하여 일본어에서 주로 사용하던 루비라는 인쇄기술을 도입하였던 『만세보』의 어문정책적 문제와 깊이 관련된 것이기도 하다. 당시 「혈의누」가 연재되었던 이 신문은 한자라는 문자와 그것을 읽어내는 조선의 동음을 병치시켜 시각

화함으로써, 조선의 어문 양상이 담고 있는 문제들을 직관적으로 보여주었다. 한자를 읽어내는 동음의 연쇄적인 체계에 포함되어 있던 이들에게 그것을 읽어내는 음은 한자의 형상이라는 시각적 이미지와 그것이 내포한 음을 환기할 수 있는 것이었겠지만, 그 체계에서 벗어나 있던 국문 독자들에게 동음은 의미화되지 못하는 또 다른 낯선 음성일 뿐이었다. 루비를 통한 새로운 어문의 실험으로 이인직은 고유명을 표기하는 데 혼란을 겪었으나, 서구문명의 번역적 개념으로 이전하는 국문 중심의 글쓰기로 온전하게 이행하는 결과를 낳았다.

제3장과 제4장에서는 대한제국시대 독립협회를 중심으로 추진된 민권운동인 만민공동회를 추진하는 데 있어 가장 유력한 대중매체였던 연설과 이후 강연을 통하여, 이전하고 있는 언어적이고 지식적인 맥락을 다룬다. 오랜 기간 중화적 질서에 속해 있던 조선에서 정치는 입말을 중심으로 한 연설이 아니라 글말이 중심이었다. 이는 동아시아가 공히 마찬가지였는데, 정치 수단으로서 대화를 통한 논변이 아니라 문장을 통한 논변이 발달한 것은 분명 입말과 글말이 어긋날 수밖에 없는 한자라는 문자의 사용 여부와 관련이 있다. 따라서 당시 독립협회의 주역들이 일본의 후쿠자와 유키치(福澤諭吉, 1835~1901)를 매개로, 그리고 서구의 학문을 매개로 배워온 '연설'이라는 정치수단은 그들이 세운 협성회라는 연설교육기관을 통하여 확산되었고, 연설이라는 말소리를 매개로 한 정치적인 움직임은 문서 중심으로 이루어진 기존 조선 정치와는 전면적으로 대치되는 것이었다.

이 책의 제3장은 바로 이러한 연설을 향하여 새로운 정치적 열망이 형성되어가는 과정과, 이것이 결국은 대한제국 곧, 조선의 구정부에 의해 좌절되는 국면을 다루었다.

이처럼 정치성과 관련된 소리에 기반한 연설이라는 대중매체는 1904년 이후 통감부가 확립된 이후, 강연이라는 새로운 국면으로 바뀌어간다. 연설의 정치성은 강연의 학술성으로 변모하고 이후 일제 강점의 국면 속에서 강연은 철저한 정치성이 아닌 학술적인 것으로만 국한되는 국면이 발생하는 것이다.

제4장은 일제 강점 이후, 특히 소위 문화정치가 실시된 이후 확산되기 시작한 강연회라는 대중매체 형식이 담보하고 있는 지식 기반성에 대해 다루고 있다. 언제든 위험한 정치성을 띨 수 있었던 소리에 기반한 연설이라는 대중매체에 대한 통제의 국면이 시작된 것이다.

제5장과 제6장은 떠도는 소리가 정착된 흔적들, 특히 출판과 신문 인쇄상에서 보여지는 흔적을 다루고 있다. 사실 제5장에서 다룬 문제는 왕에 집중되어 있던 신성한 통제의 권위가 법-문자라는 문자화된 법률로 이전하면서 그 권위가 과연 문자로 번역될 수 있는 것인가 하는 양상을 다루고자 한 것이다. 사실 이 문제는 출판법이라는 법률 하나의 문제라기보다는 보안법이나 신문지법 같은 더 다양한 법률들에 대한 분석을 통하여 확장시켜갈 법제사적인 문제에 해당한다. 하지만 일단은 법-문자라는 문자에 정착하는 소리 문제의 관점으로 이 책의 체제 속에 잠시 얹어두기로 한다.

제6장에서는 신문매체에서 소리의 생생한 재현에 해당하는 변화가 이루어졌던 1912년 『매일신보(每日申報)』의 대중매체정책과 관련된 문제를 다룬다. 당시 이 신문은 식민지 조선에 유일하게 존재하였던 국문신문이라는 유례없는 특혜를 누렸으나, 당시 제국에 대해 반감을 가진

독자들에게 외면받았다. 이 위기에서 벗어나기 위하여 신문이 주도하였던 글쓰기의 변화는, 거칠게 요약한다면, 당시 연재되던 작가 이해조의 신소설 글쓰기를 모델로 신문 사회면의 글쓰기를 바꾸는 것이었다. 즉 이전까지는 국한문혼용으로 사실 중심의 정보 기사를 싣던 사회면 기사들이 이후 마치 소설처럼 묘사적인 글쓰기의 실험을 통하여 일종의 새로운 글쓰기적 실험의 확산을 이루게 된 것이다. 이러한 변모는 이후 신문들의 사회면 글쓰기 경향에도 영향을 주었다. 이는 물론 지금까지 상세히 연구된 바 있었던 『매일신보』의 대중화 정책에 더하여 글쓰기 내부의 변모 양상에 해당하는 것으로, 이 책에서는 이러한 신문 글쓰기적 이념의 변모가 당시 이해조의 신소설에 실려 있던 소설관과도 관계를 맺으면서 소설 글쓰기와 신문기사 글쓰기 사이의 영역화에 기여한 바 있다는 사실을 드러내고자 하였다.

이 책은 하나의 완결된 구성이 아니라 지금까지 순서 없이 발표하였던 6~7편의 논문들을 묶으면서 내용을 통일성 있게 간추린 것이다. 따라서 총 6장으로 이루어진 이 책의 내용은 하나의 일관된 관점으로 쓰인 것이라기보다는 서로 교착되어 있는 다양한 국면들의 얽힘으로 이루어져 있다. 이 책의 체제가 여러 모로 엉성한 것은, 물론 저자의 요령부득한 불민함에서 비롯된 것일 터이나, 한국 근대의 어문 상황이 한두 가지 관점으로 정리되지 않는 복잡다단한 국면을 노정하고 있는 까닭이라고 변명하고 싶은 것도 사실이다. 그 때문에 각각의 논의들은 그것들이 근거하고 있는 또 다른 별개의 지향적 이념을 내포하고 있는 것이어서 부득이하게 그것들을 묶어낸 이 책의 구성은 그 자체로 완성되어 있다기보다 하나의 새로운 연구적 가능성을 제시하는 것이 되고 말았다. 독

자들의 이해와 질정(叱正)을 구할 대목이다. 향후 별개의 각각 발전된
논의로 재구성할 것을 기약하기로 한다.

2016년 7월
송민호 씀

02

Asia

# 제1장

## '태평양을 건너온 편지'가
## 초래한 에크리튀르의 변화

## 1. 우편의 시대와 소설 「혈의누」의 자리

이인직(李人稙, 1862~1916)은 근대 초기 일련의 신소설들을 창작하면서 당시 대한제국이 당래하지 않을 수 없었던 현실을, 일본을 매개로 새롭게 재편된 서구문명과의 문명적 배치 구도 속에서 가장 잘 드러내 보여준 작가이다. 『만세보(萬歲報)』에 최초로 연재하였던 신소설 「혈의누(血의淚)」(1906.7.22~10.10)에서 이인직은, 가장 친숙한 세계인 조선을 벗어나 일본과 미국이라는 타자의 세계를 떠돌지 않으면 안 되었던 옥련이라는 여리고 가녀린 주체의 운명을 통하여, 중화(中華)의 단단한 질서로부터 이제 막 탈각하기 시작한, 구체제 조선을 계승한 대한제국의 운명이 민족국가들의 각기 다른 이상으로 어지럽게 얽힌 만국공법의 국제적 질서 속에 놓이게 된 상황을 상징적으로 보여준다.

추상적인 의미로, 여전히 중세적인 시간성에 놓여 있었던, 말하자면 '시간'이 흐르지 않는다고도 할 수 있는 조선왕조에 균열을 일으켰던 모더니티적 시간성의 구조가 대한제국-일본-미국이 대표하는 문명적 배치와 어떻게 연관되어 있는지 철저하게 드러낸 것이다. 문명의 재편과 변모 과정 속에서, 새로운 시공간적 질서를 갖는 다른 '세계'를 접하게 된 구체제의 조선 혹은 대한제국의 운명을 아직 개화하지 못한 어린아

이와 같은 것으로 간주하고, 그러한 어린아이 같은 국가가 철저한 약육강식의 제국주의적 논리가 횡행하는 세계질서 안에서 살아남으려면 힘을 기르고, 특히 유용한 지식을 축적하여 발전해나가지 않으면 안 된다는 것이 바로「혈의누」속에 담겨 있는 이면적인 주제이다. 이는 당대 대부분의 지식인들의 사고를 지배하고 있던 사회진화론이라는, 이른바 과학적인 세계 인식의 틀을 가장 잘 반영하고 있는 것이기도 하다.

당대 이인직의「혈의누」가 그토록 새로우면서도 폭넓은 영향력을 주는 작품이었던 요인은 근대적인 소설의 새로운 양식적 가능성을 보여주었다는 문학적 성취 외에, 소설이 담고 있는 이러한 주제가 조선이라는 친숙한 세계를 벗어난 이(異)언어적 세계, 즉 일본과 미국이라는 경계 너머의 공간적 배경을 바탕으로 실현되었다는 점에서 찾을 수 있을 것이다. 마찬가지로 해방 이전, 임화(林和, 1908~1953)가 이인직을 문학사 속에 자리매김하면서 비교적 높은 평가를 아끼지 않았던 이유도「혈의누」가 당도한 근대성에 대한 인식 수준에 공감했기 때문이다. 임화는 이인직이 작품 속에서 드러내고 있는 시대의 변동과 이를 초래한 역사적인 운동[1]에 주목하고 있으며 그가 당도하고 있는 사상성이, 소설양식에 있어서 권선징악으로 대표되는 구소설의 성격에서 벗어나 근대소설적 가치를 지향하고 있는 점을 높게 평가하고 있는 것이다. 물론 임화는 개별 작품에 대한 평가에 있어서는「혈의누」의 사상성이「귀의성(鬼의聲)」의 리얼리즘적 성취 다음에 놓여 있다고 평가한다. 하지만 임화가 이인직이라는 작가를 넘어 신소설 전체를 평가하는 가장 중요한 기준으로 언문일치, 소재와 제재의 현대성(신시대성), 인물과 사건의 실재성(사실성)을 가장 중요하게 여기는 것을 보면[2]「혈의누」가 담보하는 근대성의 표상에 대해, 특히 언어적인 측면을 소홀하게 평가하지 않는다는 사실을 알 수 있다.

하지만 이러한 임화의 연구가 보여주는 성과는, 해방 이후의 논의로 잘 연결되지 못했거나 그렇게 되기 어려웠다. 이는 해방 이후 이인직이라는 작가에 대한 평가가 해방 이후에 제기된 식민성 극복의 문제와 어지럽게 얽히면서 복잡한 상황에 놓였기 때문이다. 이인직은 신소설 창작을 활성화하여 근대문학적 성취를 보인 작가였지만, 일본과 친연성을 보인 전력 때문에 그리 긍정적인 평가를 받기 어려웠다. 특히 언어표기적 관점에 있어서 당시 『만세보』가 채용하고 있었던 부속국문활자를 철저하게 일본식 문체의 영향으로 간주하고, 이를 내용상 이인직이 공공연히 드러냈던 친일본적 경향과 관련하여 해석하려는 경향이 한동안 이어져왔으며, 이러한 연구 경향은 이인직에 대한 전반적인 인식을 형성

---

1) 임화는 이러한 시대적 변동의 원인을 작품 서두에 묘사된 청일전쟁에서 찾고 있다. 그가 청일전쟁에 주목하고 있는 까닭은 그것이 중화의 문명적 구도와 일본으로 대표되는 서양의 문명적 구도가 충돌한 최초의 경험이기 때문이다.
　　"실로 청일전쟁은 한 사람의 또는 한 가정에 또는 한 국가에 적지 않은 변동을 야기하면서도 조선의 역사를 전체로 낡은 세계로부터 새로운 세계로 내어밀은 추진력이 된 것만은 사실이다. 이렇듯 굴곡 많고 다면적인 역사적 운동은 소설 「혈의누」를 통하여 더욱이 옥련이란 소녀의 기구한 운명 위에 교묘하게 표현되어 있음을 볼 수가 있다. 이것은 작가가 그 시대에 대하여 가지고 있는 역사적 투시력의 소산이다."(임화, 「개설조선신문학사」 40회, 『조선일보』, 1940.4.24, 김외곤 엮음, 『임화전집 2-문학사』, 도서출판박이정. 2001, 305쪽에서 인용.)
2) 임화는 이러한 신소설의 특징을 김태준의 신소설과 구소설의 구분론 그리고 이해조의 「화의혈(花의血)」 발문으로부터 끌어와 정리하였다고 밝히고 있으며, 이는 신소설만의 특징이 아니라 현대소설이 가지고 있는 특징이 발아한 것에 지나지 않는다고 쓰고 있다(임화, 「개설조선신문학사」 2~3회, 『조선일보』, 1940.2.3~6, 위의 책, 216~220쪽에서 인용).

하는 데 중요한 역할을 하였다.

　이 장에서는 근대 초기 신소설에 표상되어 드러난 편지의 의미를 고소설의 삽입서간과 근대 서간체소설 사이에서 연속적으로 변모하는 맥락 속에서 살펴보고자 한다. 특히 1910년 무렵에 성립된 우편제도가 어떻게 근대의 글쓰기적 변모 과정을 이끌었는지 밝히는 데 주력하였다. 최초의 신소설인 이인직의 「혈의누」는 편지의 필적(筆跡)과 그것을 알아보는 수신자의 관계가 어떻게 변모하고 있는지에 대해 극적인 변화 과정을 보임으로써, 친숙한 조선의 영토 경계를 넘어간 '옥련'이 어떠한 글쓰기적 변모를 경험하게 되는지 잘 보여주었다고 평가할 수 있다. 이인직은 이러한 글쓰기적 변모를 민감하게 반영하여 결국에는 자신의 소설을 독자에게 보내는 공개된 편지로 삼았던 것이다.


## 2. 우체부가 전하여준 '태평양을 건너온 편지'

　이인직의 신소설 「혈의누」는 '화성돈'(華盛頓, 워싱턴)에서 아버지와 재회하게 된 주인공 옥련이 기쁨에 넘쳐 평양에 있는 어머니에게 편지를 보내는 인상적인 장면으로 끝맺음한다. 우편제도가 본격적으로 실시된 것은 1895년 갑오개혁 사이의 일이며,[3] 국제우편은 1897년 6월 15일에 워싱턴에서 체결된 만국우편조약에 가입한 이후 정부의 비준을 거쳐 그 시행을 잠정적으로 1900년 1월 1일까지 연기한 뒤,[4] 1900년에야 비로소 가능하게 되었다. 이러한 실질적인 배경을 감안해본다면 당시 소설에 등장한 '태평을 건너온 편지'라는 소재가 일반 독자들의 취향을 각별하게 자극하는 최신 문물이었음은 충분히 짐작 가능하다.

물론 이는 소설에 등장하는 소재로서 국제우편이 갖는 신기성의 차원만을 지칭하는 것은 아니다. 오히려 언론, 교통, 시공간의 재구획과 같은 근대의 제도적인 변화가 이끌어내는 감각적 차원의 변모가 일으키는 에크리튀르(écriture, 글쓰기)적 변화가 근대적 주체의 내면 형성과 그 변모의 추이를 해명해줄 수 있으리라는 기대와 관련된 문제일 것이다. 그러한 기대하에 지금까지 학계에서는 신소설에 등장하는 근대적인 문명 경험이나 제도의 형성이 근대문학으로의 이행 과정에 어떠한 영향을 끼쳤는지 비교적 충분한 고찰이 이루어져왔다. 그럼에도 지금 새삼스럽게 우편제도의 성립과 함께 신소설의 소재로 차용될 수 있었던 근대적 편지가 갖는 의미와 기능에 다시금 주목하는 이유는, 근대적인 편지

---

3) 진기홍, 「한국우편발달사─사회경제환경에 따른 기능의 변천」, 한국통신학회, 한국통신학회 학술대회 자료집 "텔레마띠끄문명과 정보문화", 1989, 26~45면. 우리나라의 근대화 과정에서 처음으로 우편제도가 실시된 것은 1884년 3월 27일 우정총국이 설치되고, 여러 준비 끝에 1884년 음력 10월 1일 서울과 인천 간에 신식우편제도가 실시되면서부터이지만, 때마침 일어난 갑신정변으로 인해 실시된 지 20일 뒤인 10월 21에 폐지된다. 이후 1893년 8월 17일 우신국이 설치되고 종래의 전보총국이 전우총국으로 확대되면서 우편사업이 시작되는 듯 보였으나 이러한 정부의 우편 재개 노력은 청일전쟁으로 좌절되고, 이후 갑오경장의 일환으로 이루어진 공무아문의 설치 역시 일본의 간섭으로 무산된다. 우편제도는 1895년에 통신국 설치에 따라 서울과 인천에 우체사가 설치되면서 본격적으로 시행되었고, 이후 각 지역으로 퍼져나가면서 1898년에 전국의 군 단위 지역에 간이 우편기관이 배치된다. 우리나라는 1897년 워싱턴에서 개최된 만국우편연합에 민상호를 대표로 파견하여 6월 15일 연합의 각 조약에 서명하면서 국제우편에 참여하게 되었고, 1900년대에 이르러서야 실시되었다.

4) 『우리나라의 만국우편연합 가입 경위(1897년 와싱톤 총회)』, 체신부 우정국 국제우편과, 1962.

라는 일종의 현상이 여타의 문명 경험이나 제도 경험에 비해 소설이 이루고 있는 글쓰기적인 차원과 밀접하게 관련되어 있다고 판단했기 때문이다.

신소설에 등장하는, 세계 반대편에서 국제우편제도를 통하여 도달된 한 통의 편지가 갖는 의미, 즉 그것이 종래의 시공간적 감각을 교란하면서 일으키는 감각적 변화는, 예를 들어 최초로 기차에 탑승하였던 경험 같은 근대문명 경험의 서사와는 다른 본질적인 이미를 갖는다. 편지라는 글쓰기 자체가 소설의 서사와 밀접한 관련을 가지고 있을 뿐만 아니라 글쓰기의 근대적 변모 과정을 가장 잘 보여주는 대상으로 간주되었기 때문이다. 물론 편지는 이전 시대의 고전소설양식이래로 서사적 문맥에 자주 차용되어왔으며, 단지 소재나 모티프에 국한된 것이 아니라 그 글쓰기가 내포하고 있는 친밀한 개인성의 담보와, 발신자-수신자 사이의 폐쇄적인 발화 등의 특징을 통하여, 등장인물들 사이의 감정을 응축하여 전달하는 수단으로 활용되어왔다. 뿐만 아니라 거짓 편지를 통하여 주인공을 음모에 빠뜨리는 등 서사적인 전개에 영향을 주는 기능적인 장치로도 자주 등장하였다.[5] 하지만 이후 근대적인 우편제도의 성립과 함께 소설에 등장하는 편지의 시공간적 거리는 시각화되어 나타날

---

5) 경일남은 고전소설의 서사 내에 삽입되는 양식에 관심을 가지고, 특히 삽입서간에 대해 중요한 연구를 남겼다. 그는 주로 삽입서간이 고전소설의 서사 내에서 어떠한 기능을 하고 있는가를 해명하고 있다. 그에 따르면 고전소설의 삽입서간은 주로 편지를 받는 대상에 대한 관계적 친밀성이 만들어내는 일종의 감정적 응축이 전체 소설 서사의 주제적 차원에 영향을 미치거나, 이른바 위서(僞書, 가짜편지)를 중심으로 조성되는 음모가 등장인물을 위기에 빠뜨리는 역할을 하는 것으로 크게 나눌 수 있다(경일남, 「고전소설의 삽입서간 연구」, 『어문연구』 28, 어문연구학회, 1996, 131~150쪽).

뿐만 아니라 종래에는 상상할 수도 없을 만큼 확장된다. 물론 이러한 확장은 단지 물리적 거리에 국한되는 문제만은 아니다. 이보다는 제도적인 변화를 통하여 개개인의 친밀한 관계성에 틈입하는 내면적 거리가 개인들이 영위하기 마련인 사적영역과 공적영역을 교란하는 방식으로 글쓰기의 근대적인 변화를 이끈다는 점에서 더 중요한 의미를 갖는다.

지금까지 근대소설의 형성 과정을 검토하였던 일련의 연구들은 '서간체소설'이라든가 '고백체소설'이라는 개념을 통하여, 특히 1920년대 무렵의 소설에 등장하는 편지 형식이 당시 사회에서 제도화된 고백의 양식과 관련되어 개인의 내면을 공공화하여 드러내는 양상이 나타난다는 것에 주목하여, 그것이 근대소설이 형성되는 국면과 어떻게 결부되는지 보여주고 있다.[6] 이러한 일련의 경향은 편지라는 글쓰기의 제도적인 변화가 근대소설의 형성이라는 국면과 상당한 관련성을 갖고 있다는 사실을 간접적으로 보여주는 것이다.

다만 지금까지 신소설에 등장하는 편지의 경우, 그 중요성에 대해 간과되어온 측면이 없지 않다. 이는 신소설의 문학적 성취에 대한 편견 때문에 그 안에 등장하는 편지라는 대상을 근대의 글쓰기적 변화를 가늠할 수 있는 지표로 간주하기보다는, 단지 근대문명 체험과 관련된 소재 이상의 의미를 부여하지 않았기 때문일 것이다. 신소설에 등장하는 편지는 단지 개화적인 취미나 모더니티적 감수성을 드러내는 소재에 불과하거나 고전소설에 등장하는 편지의 서사적 기능을 그대로 답습하여 발

---

6) 노지승, 「1920년대 초반, 편지 형식 소설의 의미」, 『민족문학사연구』 20, 민족문학사연구소, 2002, 351~379쪽.

전시킨 것 이상의 의미를 갖기 어려웠던 것이다.[7]

하지만 이 장에서 근대적 우편제도의 형성 이후 신소설에 등장하는 편지의 의미를 재고해보려는 이유는 그것이 보여주는 근대적 글쓰기의 변모 양상이 단지 소재적인 차원에 국한된 것은 아닐 것이라는 조심스러운 판단에 근거한다. 적어도 1910년대 전후로 창작된 신소설들 속에는 고소설 속에 등장하는 편지로부터 답습된 요소들뿐만 아니라, 새롭고도 신기한 근대적 문물로서 편지가 형성하는 취향적 성격 그리고 근대저 글쓰기의 변모를 통한 근대소설의 형성을 가늠할 만한 의미들이 뒤섞여 있는 것처럼 보이곤 한다.


## 3. 발신자의 필적: 친밀한 편지의 첫 번째 수신자

편지라는 글쓰기 형식은 기본적으로 그것을 보내는 사람(발신자)과 받는 사람(수신자) 사이에 묶여 있는 강한 유대로부터 그 존재적 근거를 형성한다. 일기와 더불어 가장 개인적인 글쓰기로 간주할 수 있는 편지는 발신자와 수신자의 확고한 2자 관계 속에 형성되는 친밀성의 차원 속에서만 그 의미와 가치가 발현되는 전통적인 관념의 지배를 받는다. 하지만 이렇게 특정한 열쇠와 자물쇠 관계처럼 반드시 그 사람에게 전달되어야 하는 편지의 내용이 '올바른 수신자'에게 도착하지 않는다면,

---

7) 서형범, 「이해조 신소설의 '흥미 요소'에 관한 시론–서사 전개의 변환 장치로서의 '편지'와 '추리의 구조'를 중심으로」, 『한국학보』 28, 일지사, 2002, 167~193쪽.

그 편지는 쓸모없거나 가치 없어지고 올바른 해석이 이루어지지 않는다. 이러한 관념은 제도적인 교환이 일반화되지 않은 전근대 소규모 사회 속에서 인간들 사이의 소통의 매개에 따라 이루어진 강한 유대감과 함께 형성된 것이다. 이러한 시대에는 대상에 대한 환금(換金)의 가능성을 고려할 필요가 없거나 단지 충만한 사용 가치만이 대상이 가진 전부이기 때문에, 대상이 지니고 있는 의미와 가치는 굳이 외부세계에 번역될 필요가 없으며 그 자체로 충분히 자족적이다. 이 충만한 가치의 시대이자 이렇게 친밀한 소규모 사회에서는 대상과 그것에 대한 지향적 태도가 서로 해리(解離)되지 않는 것이다. 대상이 먼저 존재하고 나서 이후에 그것에 대한 지향적 태도가 생겨난다는 일종의 선후관계의 발생론적 관계성이 아니라, 대상과 대상에 대한 태도는 철저하게 서로가 서로를 전제하고 있다.

이러한 시대에 친밀한 유대감이 형성된 대상에 대해 그 정체성을 식별하는 감식안이 그다지 특별한 능력이 되지 못한다는 사실은 너무나 당연하다. 모든 비슷해 보이게 마련인 종(種)들 사이에서 '나'의 소유물을 구분해내는 감각이나 그 개체와 유사한 다른 개체를 구분하고 명명하는 감각은 대상에 대해 오랫동안 관찰하고 상호작용하여 친밀하기 이를 데 없는 관계가 형성된 사람들에게는 그리 대단한 능력도 아닐 것이다. 대상에 대한 가치를 결정하는 문제와 결부하여 본다면, 대상에 대한 친밀성을 전제로 하여 대상의 가치를 정하는 행위는 말하자면, '과거'적인 것 그리고 전근대적인 영역에 해당한다는 사실 역시 충분히 납득할 수 있다. 화폐적인 매개를 통하여 대상에 부여되는 새로운 실존 그리고 그것을 토대로 형성되는 교환감각의 일반화가 이루어지기 이전이나 화폐 교환관계체계가 느슨하게 결락됐을 때 간혹 등장하는 것이다. 물론 이러한 변화를 전근대로부터 근대로 이르는 일련의 흐름 속에서 일괄적으로 경험할 수 있는 시대사적 흐름으로 간주하는 것은 곤란하다. 다만 화폐적인 매개가 어떠한 대상과 그것의 존재와 가치를 파생하도록 하는 지향적 태도와의 해리를 전제하고 나서야 가능한 가치의 존재적 이전(移轉)과정이라고 본다면, 이것이 대상의 정체성과 가치를 규정하는 데 근대적인 변화의 중요한 흐름을 이룬다는 것은 부인할 수 없는 사실이다.

마찬가지로, 손으로 쓴 편지의 필적이 그것을 쓴 사람의 존재적 차원의 일부를 온전하게 투영하고 있어 필적을 보면 언제든지 그 필적의 주인을 알아볼 수 있다는 전통적 관념 역시 이러한 전근대적인 감식안과 통하는 것이다. 이인직은 특히 「혈의누」를 통하여 이러한 글쓰기적 문제, 특히 주체의 필적과 그것을 알아보는 친밀한 관계성들의 변화가 어떻게 이루어지는지에 대한 문제를 세밀하게 보여준다. 「혈의누」에는 그만큼 자주 편지 혹은 유사 편지의 형식이 등장하는데, 우선 옥련의 어머니가 전란으로 고초를 겪다가 평양집으로 돌아와 벽에 남기는 유서는 이 소설에 등장하는 첫 번째 편지형식이라 할 만하다.

> (老人)여보 말 좀 물어봅시다, 저 집이 金冠一 金초시 집이오
> (鄰人)네 그 집이오, 그러나, 그 집에 아무도 없나 보오
> (老人)나는 金冠一의 장인되는 사람인데, 내 사위는, 만나보았으나, 내 딸과, 외손녀는 피란 갔다가, 집 찾아 왔는지, 아니 왔는지 몰라서, 내가 여기까지, 온 길일러니, 지금 그 집에, 들어가서 본 즉, 아무도 업기로, 궁금하여 묻는 말이오

(鄰人)우리도 避亂갔다가, 돌아온 지가, 며칠되지 아니 하였으니, 이웃집 일이라도, 자세히, 모르겠소

老人이 하릴없이, 다시 金氏집에 들어가서 자세히 살펴보니, 사람은 亂離를 만나 도망하고, 세간은 도적을 맞아서, 빈 농짝만, 남았는데 壁에 언문글씨가 있으니, 그 글씨는 金冠一 부인의 筆跡인데 大東江물에 빠져 죽으려고, 나가던 날에 世上永訣하는 말이라 / 老人이 그 筆跡을 보고, 놀랍고, 슬픈 마음을, 진정치 못하였더라[8]

옥련의 어머니이자 김관일의 부인인 '여인'이 자신의 평양집 벽에 쓴 편지는 정황으로 볼 때 비록 수신자가 특정되지 않은, 수신자 부재 형식의 편지이기는 하지만 일련의 지연을 겪다가 결국에는 여인의 아버지인 노인에게 전송되었다는 점에서 본다면 나름의 지연된 소통 구조를 성취하고 있다. 흥미로운 부분은 그것이 평양집 벽에 쓰여 있다는 사실이다. 이 편지가 집이라는 단단한 물질적 구조물의 한 부분에 붙어 그것의 표면에 새겨져 있다는 사실은 이 편지가 어떠한 시대적 맥락 아래에서 형성되었는지 너무나 분명하게 적시하고 있다.

집에 새겨져 있는 이 편지는 상징적으로든 실제적으로든 이 집과 운명을 같이하게 되어 있다. 단지 실체로서의 집만이 아니라, 집이 상징하는 가족과 그 유대라는 전통적 관념과 이 편지는 존재의 성쇠를 함께 하고 있는 것이다. 이 편지는 수신자가 특정되지 않은 열린 편지의 형식이 아니라 결국에는 그것에 대한 응답을 기다리기 위하여 끊임없이 지연되

---

8) 이인직, 「혈의누」 12회, 『만세보』, 1906.8.7.

는 닫힌 편지형식의 일부로 존재할 수밖에 없다. 벽에 편지를 쓴 김관일 부인의 의도대로, 전란의 와중에 뿔뿔이 흩어진 가족이 이 집으로 모이기 전까지, 친밀한 혈육이 돌아와 이 편지의 필적을 알아보고 이 편지의 지배적인 의도와 진위성을 알아볼 때까지 벽에 쓴 편지는 계속해서 수신자의 응답을 기다리지 않으면 안 되며, 기다리지 않을 수 없는 것이다.

또한 이 편지는 발화행위에 있어서 발신자의 기호에 대한 코드화와 탈코드화 여부를 중시하는 기호 중심적인 언어 소통 모델의 일부를, 혹은 문학작품에 있어서 저자가 갖는 전통적인 의미적 우위를 상기하게 한다. 그러한 전통적인 관념 아래에서 의미 소통의 실패는 수신자가 발신자의 의도와 발화의 의미를 올바르게 해석하지 못하는 상황에서 발생하는 것이며, 작품의 의미를 올바르게 해석해낼 기호의 올바른 해독자 혹은 분석가의 등장을 기다리면서 끊임없이 지연될 수밖에 없는 것이다.[9]

---

9) 라캉(Jacques Lacan)은 에드가 앨런 포(Edgar A. Poe)의 단편 「도난당한 편지(The Purloined Letter」에 관한 세미나를 통하여 발화자와 수화자 사이에 교차되는 시선과 이에 결부되는 욕망의 문제를 구조화하여 보여준다. 이를 통하여 그가 궁극적으로 보여주고자 하는 것은 언어의 발화자와 수화자 사이에 벌어지는 소통의 과정이 단편적인 성격을 갖지 않고 상호주관적인 성격을 가진다는 사실이며, 잃어버린 편지, 즉 발화자와 수화자 사이에서 분실되거나 지연된 의미들은 결국 그들이 가진 무의식적 욕망의 차이 때문에 발생하며, 결국 그 분실된 의미를 찾아낼 일종의 분석가의 자리를 통하여 욕망의 삼각형이 구조적으로 완성된다고 말한다. 라캉은 따라서 이 세미나를 다음과 같은 문장으로 끝맺는다. "도난당한 편지는 다시 말해 의미의 지연으로 고통을 겪고 있는 편지는 (상호주관적인 의사전달의 공식에 따라) 항상 그 목적지에 도달하는 것이다."(자크 라캉, 민승기 옮김, 권택영 엮음, 「'도난당한 편지'에 관한 세미나」, 『자크 라캉 욕망이론』, 문예출판사, 1994, 134쪽). 한편 데리다(Jacques Derrida)가 라캉의 이 세미나를 비판하는 주요한 맥락은 도난당한 편지가 결국에는 그것의 올바른 의미를 파악하는 수신자에게 전달되리라는 믿음에 관한 것이다. 그는 라캉이 삼각형이라는 구조적 도식의 완성에 너무나 집착하고 있다는 점을 비판하면서, 잃어버린 편지 혹은 의미가 올바른

이 편지가 끊임없이 상기하도록 하는 바는, 결국에는 인간이 자신의 가족과 헤어져서는 살아가기 어렵다는 사실 그리고 헤어진 가족은 언젠가는 만나야만 한다는 메시지이다. 따라서 옥련의 어머니가 벽에 새긴, 형식과 내용이 정확히 일체화된 편지가 결국 그 필적을 알아보는 여인의 아버지를 통하여 해석되지 않으면 안 되며, 전근대적인 가족 개념의 보증으로 기능하면서 헤어진 가족을 다시 만나게 하는 역할을 담당하는 것은 어떻게 보면 당연한 귀결에 해당하는 것이다.[10]


## 4. 근대적 글쓰기의 변모와 편지의 두 번째 수신자(들)

이인직은 「혈의누」의 첫 부분에서 전쟁의 와중에 흩어진 가족이 만날 수 있는 가능성의 문제와 사적 편지의 글쓰기 형식이 담보하고 있는 친

---

수신자에게 돌아오지 않고 다른 맥락에서 재구축될 가능성을 제시하고 있다(Jacques Derrida, Alan Bass trans., "Le Facteur de la vérité", The post card: from Socrates to Freud and beyond, Chicago: University of Chicago Press, 1987, pp. 419~496).

10) 이인직, 「혈의누」 15회, 『만세보』, 1906.8.10. "곁에서, 사람이 崔氏를 흔들며. 아버지, 여기를 어찌 오셨소, 아버지, 아버지, 하는 소리에, 깜짝 놀라 깨치니 南柯一夢이라, 눈을 떠서, 자세히 본 즉 大同江 물에 빠져 죽으려고 壁上에 회포를 써서 붙였던, 딸이 살아온지라, 기쁜 마음에 정신이, 번쩍 나서, 생각한 즉, 이것도, 꿈이 아닌가 의심한다

　(崔氏)애 네가 죽으려고 壁上에, 유언을 써서, 놓은 것이 있더니, 어찌 살아왔느냐 / 아까 꿈을 꾸니, 네가 언덕에서 떨어져, 죽었더니, 지금 너를 보니 이것이 꿈이냐, 그것이 꿈이냐, 이것이 꿈이어던, 이 꿈은, 이대로, 깨지 말고, 십 년, 이십 년이라도, 이대로 지냈으면, 그 아니 좋겠느냐 / 하는 말이 崔氏 생각에는, 그 딸, 만나 보는 것이, 정녕 꿈 같고, 그 딸이, 참 살아온, 사기는 자세히 모른다"

밀성의 차원을, 특히 그것을 쓴 주체의 필적을 알아보는 문제와 결부하여 보여주고 있다. 물론 이는 이인직의 의도적인 소설적 배치에 해당된다. 이 소설 속에는 모두 세 가지 정도의 편지 혹은 유사 편지의 형식이 등장하는데, ① 옥련의 어머니가 벽에 남긴 유서, ② 옥련의 어머니가 옥련의 아버지인 김관일에게 보낸 편지(김관일이 소지하고 있다가 옥련에게 보여준 것), ③ 화성돈에 있는 옥련이 자신의 어머니에게 보낸 편지가 그것이다. 이 세 편지는 그 의미에 있어서 일련의 연속적인 변화의 국면을 형성하고 있다. 이는 단지 편지 자체의 물질적인 변화만이 아니라 편지를 쓴 필적과 그것을 알아보는 주체 사이에서 벌어지는 총체적인 변화의 양상에 해당한다. 소설의 전반부에 제시된 벽에 남겨진 옥련 어머니의 편지가 전근대적 전통의 일부를 상기시키는 힘을 갖는다면, 소설의 마지막 부분에 옥련의 어머니와 옥련이 서로의 필적을 알아보지 못하는 상황은 시공간적인 거리의 확장 그리고 관념과 제도적 변화로 인해 전근대적인 의미소통의 방식과 제도가 더 이상 의미를 갖기 어려운 시대적인 변화가 발생했음을 보여주고 있는 것이다. 이러한 일련의 변화는 근대의 글쓰기적 변모 과정을 가장 요약적으로 제시하는 것이다.

화성돈에서 비로소 고대하던 딸인 옥련을 만난 아버지 김관일은 옥련의 어머니가 살아 있다는 보증으로 옥련에게 어머니의 필적이 담긴 편지를 보여준다. 김관일이 옥련 어머니의 생존의 증거로 다름 아닌 어머니가 보낸 편지의 필적을 보여주는 것은 김관일 자신이 어떠한 세계에 속해 있는지 알려주는 지표로 작동한다. 하지만 김관일의 기대와 달리, 어머니의 필적이 담긴 편지를 보고서도 옥련은 어머니의 표식을 알아보지 못한다.

그 부친 있는 處所(처소)를 찾아가니 十年風霜(십년풍상)에, 서로 환형이 된 지라, 서로 보고, 서로 알아보지 못할 지경이라, 옥연이가, 신문 광고와, 명함 한 장을 가지고, 그 부친 앞으로 가서, 남에게 처음 인사 하듯, 대단히 서어한 인사를 하다가, 서로 분명한 말을 듣더니, 옥연이가 일곱 살에, 응석하던 마음이, 새로이 나서, 부친의 무릎 위에, 얼굴을, 폭 숙이고, 소리 없이 우는데 金冠一(김관일)의 눈물은, 옥연의 머리 뒤에, 떨어지고, 옥련의 눈물은 그 부친의 무릎이 젖는다

(父(부))이애 옥련아, 그만 일어나서, 너의 어머니 편지나, 보아라

(옥)응, 어머니 편지라니 / 어머니가, 살았소

무슨 변이나, 난 듯이, 깜짝 놀라는 모양으로, 고개를, 번쩍 드는데 / 그 부친은, 제 눈물 씻을 생각은 아니하고, 수건을 가지고, 옥연의 눈물을 씻으니, 옥연이가, 그리 어려졌던지, 부친이 눈물 씻어 주는데, 고개를 디밀고 있더라 / 김관일이가, 가방을 열더니, 수지 뭉치를 내어 놓고, 뒤적뒤적하다가, 편지 한 장을, 집어주며 하는 말이

이애 이 편지를, 자세히 보아라 이 편지가, 제일 먼저 온 편지다

옥년이가, 그 편지를 받아보니, 옥년이가, 그 모친의 글씨를, 모르는지라 가령 옥년이가, 정신이 좋으면, 그 모친의 얼굴은, 생각할른지 모르거니와, 옥년이 일곱 살에, 언문도 모를 때에, 모친을 떠난지라, 지금 그 편지를 보며 하는 말이, 나는 우리 어머니 글씨도 모르지, 어머니 글씨가, 이렇든가 하면서 부친의 앞에, 펼쳐 놓고 본다[11]


한때 더할 나위 없이 친밀한 관계였던 딸이 어머니의 필적을 알아보

---

11) 이인직, 「혈의누」 44회, 『만세보』, 1906.9.30.

지 못한다는 사실은 전근대 사회에서라면 절대로 상상하기 어려운 일이다. 한 인간이 소지한 필적과 그에 대한 감식안은 관계 자체를 표현하는 존재적인 대상인 까닭이다. 하지만 합리적으로 본다면 옥련의 입장에서는 어머니의 필적을 알아보지 못하는 것이 당연하다. 옥련이는 언문(한글)도 모를 때인 7세에 어머니를 떠났기 때문에 아버지가 내어준 편지에 적혀 있는 어머니의 필적을 알아볼 수 없는 것이다. 옥련에게 어머니를 떠올리기 위한 매개로 편지를 보여주었던 김관일의 입장에서는 미처 예상하지 못하였던 반응이었을 것이다. 이후 옥련이는 어머니의 편지를 보고 어머니에게 편지를 쓴다. 하지만 옥련의 어머니 역시 옥련의 편지를 받고도 옥련의 필적을 알아보지 못한다.

> 벙거지 쓰고, 감장, 홀태 바지 저고리 입고, 가죽주머니, 메이고, 문 밖에 와서, 안중문을, 기웃기웃하며, 편지 받아 들어가오, 두세 번 소리 하는 것은, 우편군사라, (중략)
> (우편군사)여보 누구더러, 이 녀석 저 녀석하고, 체전부는, 그리 만만한 줄로 아오 / 어데 말 좀 하여 봅시다, 이리 좀 나오시오 / 나는, 편지 전하러 온 것 외에는 아무 것도, 잘못한 것 업소 //
> (부)여보게 할멈, 자네가 누구와, 그렇게 싸우나 / 우체사령이, 편지를 가지고, 왔다 하니, 미국서, 서방님이 편지를 부치셨나베 / 어서 받아, 들여오게
> (로파)옳지 우체사령이로구 / 늙은 사람이, 눈 어두워서…… / 어서 편지나, 이리 주오, 아씨께 갖다 드리게…… (중략) 노파가 편지를, 받아서, 부인에게 드리니, 부인이 그 편지를 들고, 겉 봉 쓴 것을 보더니, 깜짝 놀라서 의심을 한다

(로파)아씨 무엇을 그리 하십니까

(부)응 가만히 있게

(로파)서방님께서 부치신 편지오니까

(부)아닐세

(로)그러면, 부산서, 주사나리께서 하신 편지오니까

(부)아니

(로)에그, 어서, 말씀 좀 시원히 하여 주십시오

(부)글씨는 처음 보는 글씨일세

본래 옥년이가, 일곱 살에, 부모를 떠났는데, 그 때는 언문 한 자, 모를 때라, 그 후에, 일본 가서, 심상소학교, 졸업까지 하였으나, 조선 언문은, 구경도 못 하였더니, 그 후에 구완서와 같이, 미국 갈 때에, 태평양을 건너가는 동안에, 구완서가, 가르친 언문이라, 옥연의 모친이, 어찌 옥연의, 글씨을 알아보리오 [12]

작가인 이인직이 이 대목과 앞선 대목에서 옥련이가 모친의 필적을 알아보지 못하는 이유 혹은 역으로 옥련이 어머니가 옥련이의 필적을 알아보지 못하는 이유를 지속적으로 부연 설명하고 있는 것은 작가 자신이 자신의 소설 서사 내에서 발생되는 논리적 타당성의 차원에 얽매이고 있다는 사실, 즉 현실적인 문맥에서 수용 가능한 논리의 해명을 의식하고 있다는 사실을 확연히 보여준다. 그의 해명에 따르면, 그들이 서로의 필적을 알아보지 못하는 까닭은 다름 아니라 옥련이 언문을 배우

---

12) 이인직, 「혈의누」 48~50회, 『만세보』, 1906.10.7~10.

기도 전에 두 사람이 헤어졌기 때문이다. 이러한 상황은 전근대의 글쓰기적 관념의 분화를 포함하는 더 본질적인 관념적 변화의 국면에 관련된 문제를 제기한다. 단적으로 이러한 현상은 고전소설에 삽입되는 '서간(書簡)'에서는 결코 발생하지 않을 현상이기 때문이다.[13]

고전소설에서 서간은 전달 과정 속에서 도둑맞거나 가로채여 음모의 매개로 쓰일지언정, 이처럼 편지의 발신자와 수신자 사이의 친밀성의 관계 자체가 문제시되고 해체의 위기에 처하는 일은 거의 드물다. 역으로 고전소설 속에서 서간을 활용한 서사구조가 평면적일 수밖에 없는 것은 그것이 시간적 이동의 차원과 결부되지 않거나 친밀한 관계적 공간을 넘어서는 이탈의 경험이 부재하기 때문이다. 편지의 내용과 형식을 둘러싼 관계들의 면모가 시간의 흐름이나 공간적 경계를 넘어서는 월경(越境)에도 불구하고 거기에 영향받지 않고 유지될 수 있는 것은 중세적인 인간관계의 핵심을 가장 분명하게 보여주는 것이다.

하지만 김관일이 옥련에게 어머니의 편지를 처음 꺼내 보였을 때, 옥련은 그 필적을 바로 알아보지 못하고 "나는 우리 어머니 글씨도 모르지, 어머니 글씨가, 이렇든가" 하며 자조적으로 되묻고 있다. 이 대목이 중요한 것은 여기에 일종의 선후관계적 혼란이 개입되어 있기 때문이

---

13) 김일근은 '서간'의 구성요건을 발신인, 수신인, 양자 간에 작용하는 용건 등 세 가지로 규정하고, 그것이 구두 발화의 작용이 되는 문장이므로 직접 대화하는 대신 글을 쓴다는 사실 그리고 반드시 수신자(한 명이든 다수이든)가 존재한다는 사실, 독자가 특정되어 있는 이상 위치관계에 대한 적절한 예법의 고려를 든다. 이는 서간의 형식이 단순히 발신자와 수신자 사이에 오고 가는 글이라는 차원을 넘어 발신자와 수신자의 음성적 전달을 전제로 하는 이차적인 것이며, 그 속에는 신분관계, 친밀성 등이 흔적으로 남아 있는 형식이라는 사실을 의미한다(김일근, 「諺簡의 硏究」, 『학술지』 13, 건국대학교, 1972, 2쪽).

다. 즉 이 대목에서 옥련은 발신자의 필적을 알아보는 동시에 감정의 고양을 느끼는, 일견 자연스러워 보이는 심리적 흐름을 따르지 않고 그 편지를 누가 쓴 것인지에 대한 정보를 먼저 듣고 난 뒤에야 솟아오르는 감정을 느낀다. 이처럼 역전된 시간의 구조는 옥련으로 하여금 그 편지를 자연발생적인 맥락으로부터 탈락시켜 일종의 텍스트로 읽을 수 있도록 하는 최소한의 전제조건이 된다. 비록 이러한 선후관계의 역전이 편지라는 텍스트를 완전히 새롭게 해석할 수 있는 힘을 부여하는 것이라고 보기는 어렵더라도, 이는 필사본의 필적이라든가 편지의 발신자가 갖는 절대적인 권위를 해체하는 최소한의 조건이 될 수 있다.[14]

또한 이러한 전이의 국면은 친밀한 음성적 관계로서의 파롤(parole)적 차원을 이탈하여 다른 시공간의 차원 속에서 지연되고 우회된 관계들이 글쓰기를 통하여 재구축되는 장면을 상징적으로 보여주기도 한다.[15] 전통적인 가족 개념을 이탈하여 국가적인 경계를 넘어간 '옥련'은 시대적 관념이 변화해가는 일단락을 요약하여 보여주는 존재일 뿐 아니라, 새로운 글쓰기적 가능성의 차원을 담보하면서 전근대적 개념체계

---

14) "작품은 계보의 과정에 연루된다. 그것은 작품에 대한 세계의 한정(종족의, 다음으로는 역사의), 작품들 사이의 연계, 작품의 저자로의 귀속을 전제로 한다. 저자는 작품의 아버지이자 소유자로 간주된다. 따라서 문화과학은 필사본과 저자의 공공연한 의도를 존중할 것을 가르친다. 그리고 사회는 작품과 저자의 합법적인 관계를 상정한다. 텍스트는 아버지의 기재 없이도 읽혀진다. 텍스트의 은유는 여기서도 작품의 은유와 구별된다. (중략) 텍스트는 아버지의 보증 없이도 읽혀진다. 상호 텍스트성의 복원은 역설적으로 유산을 파기한다. 이 말은 저자가 텍스트로, 그의 텍스트로 〈회귀할〉 수 없다는 뜻이 아니라, 손님의 자격으로 초대된다는 뜻이다."(롤랑 바르트, 김희영 옮김, 「작품에서 텍스트로」, 『텍스트의 즐거움』, 동문선, 1997, 43~44쪽.)

전반에 균열을 이끄는 상징적 기호였던 셈이다. 근대적 국제우편제도에 의하여 화성돈에서 태평양을 건너 배송된 옥련의 편지가 그토록 문제적일 수밖에 없는 것은 바로 이러한 이유일 것이다. 이인직은 고작해야 단한 장의 편지로 '문(文)'에 결부된 전통적 관념의 붕괴와 글쓰기의 변모양상에 대한 날카로운 시대적 감각을 보여주고 있는 것이다.

> (로파)그러면, 작은 아씨의 편지인가 보이다
>
> (부인)에그, 꿈 같은 소리도, 하네 / 죽은 옥연이가, 내게 편지를 어찌 하여……하면서 또 한숨을 쉬더니, 얼굴에 처량한 빛이, 다시 난다
>
> (로파)아씨 아씨, 두 말씀 말고, 그 편지를 뜯어 보십시오
>
> 부인이, 홧김에, 편지를, 박박 뜯어보니, 옥연의 편지라
>
> 모란봉에서, 지낸 일부터, 미국 화성돈(호텔)에서 옥연의 부녀가 상봉하여, 그 모친의 편지 보던 모양까지, 그린 듯이 자세히 한 편지라[16]

---

15) 데리다는 음성적 관계로서의 파롤적 차원이 내포하는 현전성은 내적독백, 즉 자기가 말한 것을 자기가 듣는 구조에 근거하는 것으로 서구의 이성중심주의를 형성하는 중심 논리라고 비판한다. 이러한 비판의 초점이 후설(Edmund Husserl)을 대상으로 하는 이유는, 후설이 전대의 철학에 대한 반성의 차원에서 시도한 현상학적 기획에 내포된 불철저성을 극복하기 위한 것으로 보인다. 데리다는 후설이 현상학적 환원이라는 방법을 통하여서도 여전히 서구 이성의 내부에 위치하고 있는 원인을 그가 근거하는 파롤적 차원에서 찾고 이를 내파하기 위하여 에크리튀르(글쓰기)적 차원, 나아가 문자를 중심으로 한 과학(그라마톨로지)를 일종의 '파르마콘(pharmakon)', 즉 약이면서 독인 필요악의 양가적인 차원으로 도입하고 있는 것이다(자크 데리다, 김상록 옮김, 『목소리와 현상』, 인간사랑, 2006, 51~74쪽 ; 자크 데리다, 김웅권 옮김, 『그라마톨로지에 대하여』, 동문선, 2004, 19~56쪽 ; 東浩紀, 『存在論的, 郵便的: ジャック・デリダについて』, 東京: 新潮社, 1998, 19~28쪽).

우체부는 옥련 어머니에게 화성돈에서 온 옥련의 편지를 전해준다. 하지만 꿈에도 그렸을 옥련의 편지를 받아든 옥련 어머니의 태도는 부자연스럽기 그지없다. 옥련의 이름이 적힌 편지를 받아들고서도 바로 뜯어 열지 않고, 의심을 한다거나 한숨을 쉬고 주저하면서 안절부절못하고 있는 것이다.[17] 자신의 딸인 옥련의 이름이 한 번도 본 적 없는 낯선 필적으로 적혀 있는 편지를 눈앞에 두고 주저하는 어머니의 태도가 정상적인 궤를 벗어날 만큼 부자연스러운 것이라면, 그 두려움은 단지 소설 속 등장인물이 겪는 자연스러운 감정으로서의 두려움이 아니라 새로운 시대 변화와 그것을 일으키는 원인으로서 존재하는 기호인 옥련의 편지를 받아들일 것인가 말 것인가에 대한 이인직의 작가적 고민이 투영된 것이라고 보아도 좋지 않을까.

아직 전근대에 속해 있는 부인에게는 자신에게 날아든 편지가 자신이 지금까지 영위해왔던 전근대적인 현실의 차원을 송두리째 부정하게 되는 계기가 될지도 모른다는 위태로운 예감이 존재하고 있는 것이다. 편지를 두고 고민고민하던 부인은 한참 만에야 그것을 뜯어보는데, 다름 아니라 그 편지는 '모란봉에서 있었던 일부디 옥련이 아버지인 김관일과 만나 모친의 편지를 보던 장면'까지 있었던 일들을 그린 듯이 자세히 쓴 것, 말하자면 「혈의누」라는 소설의 텍스트 바로 그 자체이다. 이 소설 「혈의누」는 전근대적 관념으로부터 벗어난 옥련이 아직 전근대적

---

16) 이인직, 「혈의누」 50회, 『만세보』, 1906.10.10.
17) 이인직은 이러한 두려움의 효과를 위하여 편지를 받기 전에 지붕 위의 까마귀 한 마리가 계속 우는 장면을 보여준다. 이는 예감에 기반한 전근대적인 미신과 근대적인 우편제도 사이의 극명한 대립을 보여주는 대목이라고 볼 수 있다.

인 관념 속에 존재하는 옥련의 어머니에게 보내는 편지였던 것이다.

이 퍽 기묘한 결말에는 상당히 중요한 의미가 내포되어 있다. 편지를 통하여 작가 이인직은 「혈의누」 자체를 『만세보』라는 근대적인 언론이자 인쇄매체에 연재된, 즉 필적의 개념으로부터 벗어난 편지로 간주하며, 편지의 발신자-수신자라는 2자 관계에 개입하는 두 번째 수신자로 독자의 자리를 예비하고 있는 것이다. 결말을 통하여 이인직은 지금까지 「혈의누」를 읽어온 독자라면 당연히 이러한 근대적인 글쓰기 감각의 변화를 이해할 수밖에 없으리라는 기대감을 표현하면서 독자를 공개된 '편지'의 새로운 수신자로 자리매김하도록 배려하고 있다. 여기에는 친밀한 관계성을 떠나서는 존재할 수 없는 편지라는 글쓰기가, 발신자의 필적이라는 자연발생적인 관계 맥락을 떠나 일종의 해석적인 텍스트로 옮겨가는 과정과 봉투에 쓰인 수신자 외에 익명의 두 번째 수신자(들)을 편지의 독자로 끌어들이는 과정이 겹쳐 있는 것이다.

이인직이 연재 마지막 부분에 "아래 권은 그 여학생이 고국에 돌아온 후를 기다리오"[18]라며 하권에 대한 예고를 우회적으로 남기고 있는 것 역시 마찬가지이다. 이 부분을 후편의 예고를 통하여 단지 대중적 흥미를 제고하고자 하는 상업적 의도가 반영된 것만으로 해석해버려서는 그 의미가 충분히 드러나지 않는다. 이인직은 명백히 의도적으로 「혈의누」라는 소설이 독자를 수신자로 하는 편지라는 인식을 강화하여, 독자들이 마치 세계 반대편 화성돈이라는 공간 속에 옥련이라는 인물이 실재하는 것처럼 실감하도록 의도하고 있으며, 개인들 간에 오고 갔던 내밀

---

18) 이인직, 「혈의누」 50회, 『만세보』, 1906.10.10.

한 편지를 실제로 훔쳐보고 있는 것 같은 감정을 갖도록 조장하고 있는 것이다.

덧붙여 이인직이 「혈의누」의 최종 부분에서 실제로 화성돈에서 편지가 오고 갔던 것처럼 화성돈에서 편지를 보낸 날짜와 경성에서 그것을 받은 날짜를 부기하고 있는 것 역시 마찬가지 의도이다. 소설에는 "그 편지 부치던 날은 광무6년 (음력) 7월 11일인데 부인이 그 편지 받아보던 날은 임인년(壬寅年) 음력 8월 15일이러라"[19]라고 되어 있다. 실제로는 같은 해인 '광무6년'과 '임인년' 사이에는 제도적이고 심리적인 거리가 있지만, 옥련의 손을 떠난 이 편지는 한 달이 더 걸려서 옥련 어머니의 손에, 나아가 독자들의 손에 도착한 것이다. 당시 독자들에게 이 소설에 대한 감각의 변화가 얼마나 각별하였을 것인가는 충분히 짐작할 수 있다.

실제로 「혈의누」 연재가 종료되고 이인직의 「귀의성(鬼의聲)」이 연재될 무렵, 당시 『만세보』에서 독자투고의 성격을 갖고 있던 '소춘월령(小春月令)'란에는 스스로를 '호패자(好稗者)'라 칭하는 한 독자가 소설 속 기자에게 "옥련의 소식을 왜 다시 전하지 않느냐"[20]며 불평을 터뜨리는 글이 실린다.[21] 근대 초기 거의 최초로 보이는 독자의 출현이라고 할 만하다.[22] 이 독자가 작가에게 소설의 '하편(下篇)'을 왜 쓰지 않느냐고 하지 않고 옥련의 '소식'을 왜 전하지 않느냐고 묻고 있는 것은, 독자를 자

---

19) 이인직, 「혈의누」 50회, 『만세보』, 1906.10.10.
20) "소설기자족하 옥련의 소식을 왜 다시 전하지 아니하시오 김승지 꼴 밉소(小說記者足下 玉蓮의消息을왜다시傳하지아니하시오 金承旨쏠밉쇼)"('소춘월령', 『만세보』, 1906.12.8, 3면. 여기 등장하는 '김승지'는 「혈의누」의 후속작 「귀의성」에 등장하는 인물이다.)

신이 보내는 편지의 수신자로 자리매김한 이인직의 의도가 어느 정도는 독자에게 인지되었다는 사실을 보여주는 것이다.

또한 이 사례는 소설이 단순히 허구적인 이야기로 독자들에게 다가간 것이 아니라 편지라는 글쓰기가 담보하는 진실성과 이야기적 허구성을 허무는 경계에서 성립된 것임을 보여주는 것이기도 하다. 신소설「혈의누」가, 조선왕조 이후 그 개념적 영역을 단단하게 유지하고 있던 공공성과 개인성, 사실성과 허구성 등의 이항대립들이 더 이상 그 경계를 유지하기 어려우며, 혼재하는 영역들 사이에서 생성되는 새로운 차원의 감각을 독자들에게 경험하도록 하였던 것이다.

---

21) '소춘월령'은 주로 비슷한 구조가 대구를 이루고 있는 문장들의 모음으로 쓰이는 경우가 많아 순수한 의미의 독자투고로 보기는 어려운 면이 없지 않다. 아마도 '소춘월령'은『만세보』의 탐보원들이 보고 들은 소문을 가공하여 썼던 것으로 생각된다. 하지만 여기에 실린 「혈의누」에 대한 독자의 반응은 탐보원들이 완전히 지어낸 것은 아닌 것으로 보인다. 이후 단행본이 출간될 때, 광고 문구에도 비슷한 내용이 언급되고 있다.

22) 이러한 독자의 반응은 당시에는 퍽 신선하였던 모양으로, 이는 「혈의누」가 1907년 3월 17일 '광학서포(金相萬書舖)'에서 출판될 때 소설 광고로도 이용되었다. 아래는 당시의 광고 문구이다.

"혈의누는 작년 가을에 만세보(萬歲報) 상에 속재(續載)하던 소설이온데 애독(愛讀)하시는 제씨(諸氏)는 이를 옥련전(玉蓮傳)이라 칭하고 그 하편 속재(續載)됨을 만세보(萬歲報) 분전수(分傳手)에게 독촉(督促)하던 소설이온데 본 포(舖)에서 이를 발간(發刊)하여 작일(昨日)부터 발매(發賣)하오니(…)"(『만세보』, 1907.3.29, 3면.)

## 5. 근대문명을 견인하는 장치로서의 편지: 육정수의 『송뢰금』과 이해조의 「월하가인」

　이인직의 「혈의누」 이후 여러 신소설에서 '편지'는 중요한 소재로 등장한다. 물론 이후의 신소설에 등장하는 편지는 시대적인 의미와 서사 내부에서의 역할 등에서 큰 편폭(編幅)을 갖는다. 이는 편지라는 소재가 단지 개화기에 이르러서야 소설의 소재로 등장한 것이 아니기 때문이다. 주지하듯이 전대의 고소설에서도 편지, 즉 서간은 소설 속에 삽입되어 주체의 정서를 응축하여 보여주고 그러한 정서를 편지의 수신자에게 전달하거나 위서의 형태로 주체를 둘러싼 음모를 형성하는 역할을 하고 있었다. 말하자면 이인직은 이러한 고전소설 속 삽입서간, 즉 친밀한 음성적 관계를 전제로 하는 삽입서간과 결별하고 그것이 새롭게 제정된 우편제도 아래에서 재구축되는 시공간적 거리를 통하여 어떻게 변모하고 있는가를 예민한 필치로 보여주었던 것이다. 하지만 「혈의누」의 이러한 성취를 여타의 신소설 작가들이 이해하고 따라잡는 것은 다소 무리였던 것으로 보인다. 이후의 신소설에 등장하는 편지는 많은 경우, 근대적 편지가 갖는 개화적 취미를 보여주는 소재 이상의 의미를 갖지 못하기 때문이다.

　이것은 이인직 자신에게도 마찬가지이다. 바다 건너 외부세계로 떠난 옥련이라는 기호는 근대적인 제도에 의거한 낯선 필적의 편지를 여기 세계에 존재하는 주체에게 보내 글쓰기의 제도적인 변화 속에서 소설의 자리를 마련함으로써 스스로 가능한 모든 의미를 실현해버렸기 때문이다. 따라서 옥련이 조선으로 귀환하여 벌이는 서사란 실제로는 불가능한 것일 수밖에 없다. 이는 개화기 여성교육이 계몽의 차원에서 지속적으로 강조되었으되, 교육받은 신여성이 활약할 만한 사회적인 조건은 마련되지 않았던 당시 조선의 상황이 갖고 있던 이율배반에서 비롯된 것이기도 하고, 「혈의누」의 글쓰기 변모 과정에 담겨진 의미가 그만큼 경계적이기 때문이기도 하다. 시공간적 경계의 변화에 담긴 의미를 보여주는 것은 바로 변화의 순간 그리고 경계를 넘어가는 순간을 보여주는 것으로 모두 종료되고 마는 것이다.

이처럼 이후 옥련이 귀환하는 서사는 변화의 경계 이전으로 회귀하거나 모더니티에 더욱 접근하는 두 가지 선택 외에는 존재하지 않았으되, 이인직은 「혈의누」 하편에서 옥련을 조선으로 귀환하도록 하지 않고 옥련의 어머니와 그녀의 아버지(최주사, 옥련의 할아버지)가 미국으로 떠나도록 하여 미국 내에서 서사가 전개되게 함으로써 모더니티의 중심부에 더욱 다가가고자 한다. 하지만 실제로 미국 유학의 경험이 없는 이인직이 애초부터 이러한 서사를 감당해낼 수 없음은 명약관화한 일이다. 결국 「혈의누」 하편은 애초부터 불가능한 기획이었거나 가능하였다고 하더라도 한계가 분명하였던 것이다. 이는 「무정」 이후, 근대소설의 출현을 통하여 귀환하는 서사의 주체들이 등장하고 나서야 비로소 완결될 수 있었던 기획이었지만, 당시의 이인직은 이를 인지할 수 없었을 것이다.

이러한 전후에도 불구하고, 「혈의누」 이후 신소설 작가들은 여전히 '편지'라는 소재를 자신의 서사 속에 자주 등장시킨다. 인간관계를 매개하는 편지라는 대상이 여전히 매력적인 소설의 소재였기 때문일 것이다. 대체로 그 양상은 크게 두 가지 정도로 나뉜다. 우선 고소설의 연장선상에서 편지를 감정을 드러내는 도구로 사용하거나 서사의 복잡화를 꾀하는 수단으로 활용하는 경향인데, 특히 이해조(李海朝, 1869~1927)는 가장 적극적으로 편지라는 소재를 소설에 끌어들인 작가로 언급할 수 있다. 그는 1907년 6월 5일부터 『제국신문(帝國新聞)』에 연재하기 시작한 「고목화(枯木花)」에서 인편(人便, hand to hand)을 통하여 전달되는 편지라는 소재를 주인공을 음모에 빠뜨리는 도구로 사용하고 있다. 후에 이 편지는 사건 전체를 해결하는 도구가 된다는 점에서 고소설에서 등장하는 편지의 속성을 답습하고 있다. 물론 인물들 간에 한글의 독해력 차이로 발생하는 서사의 복잡화를 꾀한 부분이라든가, 독자에게 편지의 내용을 바로 공개하지 않음으로써 흥미를 유발하는 장치를 마련한 대목에서는 나름의 고민을 읽어낼 수 있지만 대체적으로 고소설의 한계를 넘지 못하고 있다. 이후 이해조는 일제강점 이전까지의 작품에서 지속적으로 '편지'를 서사적 장치로 활용하면서 분실된 편지(『쌍옥적(雙玉笛)』), 거짓편지(『홍도화(紅桃花)』) 등 고소설에서 음모의 소재로 활용되던 편지의 연장선에서 그 서사적 가능성을 최대화하고 있다.[23]

---

23) 서형범은 이해조의 신소설 22편을 살펴 그중 11편에 '편지' 모티프가 등장한다고 밝히면서, 이를 유형적으로 분류하여 '거짓편지'로 인한 사건 전개의 복잡화(『비파성(琵琶聲)』, 「소학령(巢鶴領)」, 「목단병(牧丹屛)」, 「춘외춘(春外春)」), 오해로서의 '편지'와 서사의 출발(「우중행인(雨中行人)」), '잃어버린 편지'(『쌍옥적』), 기타 단순 소재로서의 편지(『홍도화』, 「화의혈(花의血)」, 「춘외춘(春外春)」, 「구마검(驅魔劒)」) 등으로 나누고 있다(앞의 서형범(2002)). 하지만 『빈상설(鬢上雪)』이나 「월하가인」 속에 등장하는 편지는 논의에서 제외하고 있는데, 이 논문이 편지가 갖는 서사 전개의 역할에 초점을 맞추고 있기 때문이다. 하지만 이해조의 소설에서 편지는 단지 고소설의 연장선상에서 서사적 장치로서 의미를 갖는 것이 아니라, 우편제도의 형성과 관련된 모더니티적 감각과도 관련되기 때문이다. 따라서 이 두 가지 경향성이 작가 이해조에게 어떠한 양상으로 드러나는가 살피는 작업이 필요한 것도 사실이다.

「혈의누」 이후 신소설에 등장하는 편지는 조선의 외부세계로부터 도달되는, 말하자면 개화적 취미나 근대적 취향을 드러내는 다른 양상으로 나타난다. 역시 이해조는 「빈상설(鬢上雪)」(『제국신문』, 1907.10.5~1908. 2.12)에서 근대 우편제도를 통하여 조선의 경계 밖에서 도달된 편지를 보여준다. 서사 초반부터 주인공 평양댁을 방해하는 남편 서정길이 그간의 잘못을 무마하고자 유학을 떠난 뒤 모두에게서 거의 잊힐 무렵, 상해로부터 편지를 보내는 것이다.[24] 다만 이 편지는 서사 전개에 하등의 영향을 주지 못하는 것으로 서사의 종결을 위하여 마지못해 붙인 것처럼 보이며, 조선의 경계 밖에서 배달된 편지를 통하여 소설을 끝맺고 있다는 점에서 「혈의누」의 결말을 답습하고 있는 것처럼 보이기도 한다. 게다가 해외 유학 경험이 전무하였던 이해조가 감당해낼 수 있는 공간적 거리의 최대가 겨우 중국 상해에 불과하였다는 것을 감안하면 독자들의 모더니티적 감각을 자극할 여지도 적었을 것이라 짐작할 수 있다. 물론 「빈상설」이 갖고 있는 본래적인 의미와 가치를 이것만으로 환원할 수 없다는 사실은 분명하지만, 적어도 '편지'를 서사 내에서 활용하는 방식에 있어서는 아직 전례를 벗어나지 못하고 있는 것이다.

---

24) "(…) 구경군이 구름같이 모여 섰는 틈으로 거복이가 우체로 온 편지 한 장을 들고 들어온다 / 이승지가 편지를 받아 피봉을 먼저 보니 / 대한 황성 북서송현 이승지댁 입납 / 상해 동아학교 일년급 생도 서정길 상 / 이라 하였거늘 급급히 떼어 두 번 세 번을 보며 희색이 만면하여 / 마님 여쭈어라 자근 아씨 불러라 / 하더니 그 편지를 차례로 돌려 뵈이니까 평생에 수심이 첩첩하여 주야장천 한숨으로 세월을 보내며 좋은 일이나 우스운 일이나 눈썹을 펴지 아니하던 서집의 얼굴이 구름에 잠겼던 가을 달이 벽공에 솟음같이 반가운 빛을 띄웠더라"(이해조, 『빈상설』, 동양서원, 1911.9.30(2판), 이 소설의 초판은 1908년 7월 5일에 발행되었다.)

한편 작가 육정수(陸定洙, 1885~1949)는 1908년 박문서관에서 출판한 『송뢰금(松籟琴)』에서 개발회사를 통하여 '포와도'(布蛙島, 하와이)로 이민을 떠난 김주사(김경식)가 가족들에게 자기가 있는 포와도로 올 것을 권유하는 편지로 서사를 시작하고 있어 눈길을 끈다. 물론 이 작품에 등장하는 편지는 바다 건너 미국령인 하와이에서 도달한 편지라는 사실 외에 서사 내에서 특징적인 면모를 보이지는 못한다. 즉 이 편지는 김주사의 남겨진 가족들이 일본을 거쳐 하와이라는 문명적 세계로 건너가는 동력으로 작동하면서 서사 전체를 견인하는 역할을 담당하고 있다.

（진)누님속이 시원할 일 생겼소

（부)그 소리 하러 왔니 나도 지금보앗단다

（진)보셨어요-매부 편지를 벌써 보셨어요

부인은 얼마 전에 본 광고를 말 하는 줄 알고 역정스럽게 대답하다가 깜짝 놀라며 / 무어? 편지

（진)옛습니다 나는 지금 급하여 어디 좀 갑니다 저녁에 들릴 터이니 자세히 이야기나 하시요(중략)

이곳은 미국 영지인데 농장의 리가 풍족하므로 노동생활 하는 자에게 일대 취집처라 범백이 엇지 본국에 있음 같으리요 마는 근근히 지나면 족히 한 집를 수제할지라 생활하는 방편은 계아 외가에 자세히 말씀하였으나 봄 되기를 기다려 계아 남매를 데리고 이 곳으로 오시면 일가에 단취를 가히 이룰 것이요 또한 이 후로 한봉이 장성함을 기다려 미국으로 향하여 공부를 가르쳐 오는 날 나의 뜻을 이어 국가에 한 재목이 되어 동포에게 돕는 힘이 있게 하면 좋을 듯하오 진사집에도 말씀하였거니와 오는 때 같이 오면 튼튼할 듯

사람이 세상에 나매 고초우환을 순수함이 가하니 본향을 떠남으로 개의 마시옵고 평양으로 낙향함과 원산으로 떠남과 또한 다시 이 곳으로 옴이 무슨 다름이 있으리요 오직 도로 원근 뿐이라 또한 나뭇잎이 가을을 당하매 뿌리로 향하는 것과 같이 이 곳으로 오더라도 종장은 조국으로 돌아갈 터이니 부디 주저 말고 결정하시오 마침 수중에 있는 돈 일화 백 원 보내니 그 곳 개발 회사에 주심하여 쓰시오 들어오는 방편은 그 회사에 물으면 자세히 지시힐 듯하오 총총 그치옵 / 팔월 초일일 이곳 김성식 상장 / 미국영지 하와이 골로아 한인농장유[25]

하와이 농장으로 떠난 뒤 일 년이나 소식이 없던 김주사는 편지를 보내어 자신의 부인에게 딸 계옥, 나이 어린 아들 한봉이를 데리고 조선을 떠나 하와이로 올 것을 권유한다. 즉 이 소설『송뢰금』의 초반부에 등장한 편지의 역할은 이미 근대문명세계로 떠난 아버지가 전통적인 세계에 남겨진 가족들을 그곳으로 부르는 것이고, 가족들이 근대문명을 향해 나아가는 서사 자체를 열어젖히는 것이다. 이 소설에서 편지와 관련된 구도가「혈의누」의 그것과 극명하게 차이를 보이는 것은,「혈의누」의 편지가 전통적 세계와 근대문명세계 사이의 차이를 드러내는 것이었다면,『송뢰금』의 편지 속에서 아버지는 가족들에게 이곳과 저곳이 다르지 않음을 지속적으로 역설함으로써 오히려 세계 전체를 하나의 시야에 넣고 있다는 사실이다. 이는 오랜 일본 유학 경험이 있던 이인직에 비해, 배재학당 출신으로 유학 경험이 없는 것으로 알려진 육정수가 조선을 벗어

25) 육정수,「송뢰금」, 박문서관, 1908, 9~11쪽.

난 경계 너머의 세계에 대한 감각을 실감의 영역에서 보유하기 어려웠기 때문이라고 볼 수 있다. 이인직이 편지뿐만 아니라 다른 언어적 세계의 표상을 통하여 조선 바깥의 근대문명세계에 대해 예민한 이해를 보여주었다면, 육정수는 근대문명세계로부터 온 편지를 단지 기차나 윤선(輪船)처럼 문명적 상징으로 활용하였을 뿐인 것이다.

따라서『송뢰금』에서 서사의 시작을 여는 포와도에서 온 편지 역시 조선의 경계 외부 혹은 그러한 세계로부터 배달된 것이라 보기는 어렵다. 그것은 여전히 친숙한 조선 내부의 목소리와 관계되어 있기 때문이다. 소설 속에서는 계옥은 포와도로 떠나지 못하고 '신호'에 머물면서 이러지도 저러지도 못한 채 시간만 지연시킨다. 계옥을 두고 포와도로 먼저 떠난 계옥의 어머니와 나이 어린 동생으로부터 어떠한 소식도 전해지지 않은 어중간한 상황에서『송뢰금』의 서사가 종결되고 마는 것 그리고 이후에 소설 하권이 더 이상 쓰이지 않은 것은 결코 우연이 아니다. 육정수에게 '신호'를 중심으로 한 일본은 보고 들은 정보들을 통하여 재구성된 세계로서 외부성을 내포한 공간이 아니라 여기의 연장에 불과한 것이며, 포와도는 작가가 전혀 경험해본 바 없는, 혹은 그럴 가능성의 여지도 없는 공간이었기 때문이다. 이 소설이 개발회사를 통한 하와이 이민이라는 시의성 있는 주제를 구현하면서 세계에 대한 감각의 확장이라는 차원을 다루고 있음에도 그것이 적절하게 의미화되지 않은 것은 서사 내에서 세계의 외부성을 구축하는 데 실패했기 때문이다. 그러한 이유로 외부에서 여기로 배달된 편지 역시 소재 이상의 의미를 담보해내지 못하고 있는 것이다.

이렇게 육정수의『송뢰금』은 비록 외부세계로부터 전달되어 세계 내부의 시공간적 감각과 기존에 수립된 공적/사적 차원의 글쓰기적 경계에 균열을 일으키는 '편지'의 서사화라는 측면에서는 오히려 「혈의누」에 비해 퇴보한 모습을 보여주고 있기는 하지만, 개발회사에 의한 해외이민이라는 현실적일 뿐만 아니라 시의적인 주제를 다루고 있다는 점에서는 높게 평가할 수 있다. 이는 근대소설이 담보하는 현실 비판적 측면에서도 유효한 수제일 뿐만 아니라 외부세계에 대한 지리학적 관심이 증가하던 개화기에 세계의 크기와 구조에 대한 근대적인 감각을 드러내기에도 적절한 것이었다. 일제강점 이후, 이해조가 신소설 「월하가인」을 통하여, 이와 유사한 '묵서가'(墨西哥, 멕시코) 이민이라는 주제를 다시 한 번 소설화하는 것은 이 때문일 것이다. 『제국신문』, 『대한민보(大韓民報)』 등에 10편 정도 되는 소설을 발표한 적이 있으면서도 외부세계로부터 도달한 편지라는 소재보다는 서사적 장치의 변환으로서 편지의 기능적 측면을 주로 형상화해왔던 이해조는, 1911년 「월하가인」에 이르러서야 '묵서가'와 '미국'이라는 외부세계로부터 조선에 도달하는 편지를 형상화한다.

(가) 천하에 사람의 지식이라는 것은 한이 없이 발달되는 것이라 한 나라 한 고을 몇 십리 못 되는 곳에서도 편지 한 장을 왕래하자면 직접으로 보행 전인을 하기 전에는 전편으로나 부치려고 하다가는 무한 신고(辛苦 — 인용자)를 할 뿐 아니라 몇 날을 허비할른지 알지 못할 터인데 일자 우체법이 실시된 이후로 천 만리를 지척같이 통신이 되는 고로 화성돈으로 부친 편지가 어느 겨를에 득달을 하였던지 벌써 체전부가 편지 답장을 가져왔더라[26]

(나) 심진사가 즉시 필연을 열어 놓고 자기의 집 떠나던 날 이후로 전후 경력을 일일히 기록하여 본집에 편지를 우체로 부치고 회답 볼 날을 손가락을 꼽아 보며 혼자 한탄하는 말이라

오늘 부친 편지가 어느 날이나 집에를 들어갈꼬 아무리 속한데도 내월 그믐께나 득달을 할 터이니 내게 답장이 오자면 수삭 후나 될 터이지 부친 편지가 아무 때든지 어렵히 들어갈 리는 없지마는[27]

위의 인용은 「월하가인」의 각기 다른 두 부분에 해당한다. 이는 우편 제도와 관련된 모더니티의 이중적 구조를 드러내고 있다는 점에서 흥미롭다. 물론 (가)의 상황이 '묵서가'에서 '화성돈'으로 보내는 편지이고, (나)의 상황은 '화성돈'에서 '조선'으로 편지를 보내는 경우라 일률적인 비교는 불가능하지만, 전체적인 요지를 본다면 근대적인 우체법(우편제도)이 설치되고 천만 리를 지척 같이 통신할 수 있게 된 이후, 현대적인 변모가 어떻게 이루어졌는지 보여주고 있다. 특히 (가)는, 직접 인편으로 전달하는 전근대적인 통신수단이 몸을 고생시키는 것도 문제지만, 며칠을 허비하게 될지 알 수 없다는 점이 가장 큰 곤란이었는데, 근대적 우편제도의 성립 이후 그런 문제점이 해소되었다고 지적하고 있다. 하지만 새로운 근대적 우편제도라고 해서 곤란이 전혀 없는 것은 아니다. 그 곤란함은 (나)에서 보듯, 발신자가 지금 보낸 편지가 수신자에게 바로 전달되지 않고 얼마간의 정해진 시간을 통하여 전달된다는 것을 예측할

---

26) 이해조, 앞의 글 30회, 『매일신보』, 1911.2.23, 1면.
27) 위의 글 34회, 『매일신보』, 1911.2.28, 1면.

수 있게 된 상황 때문에 발생한다. 전근대적인 관습 아래에서는 아예 기대조차 하지 않았을 먼 시공간 사이의 통신이 제도와 기술의 발달로 충족되는 것은 틀림없으나, 이를 통하여 양적인 숫자로 시각화된 거리는 오히려 새로운 욕망과 불안을 불러일으키는 계기가 되는 것이다. 이는 모더니티의 구조가 내포한 핵심적인 속성을 지적하는 것인데, 현대의 문명과 제도가 그 주체들에게 부여하는 속도와 그것이 내포한 편리함은 단지 그것 자체로 충족감을 주는 것이 아니라 더 빠른 속도에 대한 박탈감을 주는 구조를 형성한다. 이것이 바로 시각화된 양적인 숫자가 채워지지 않는 욕망의 대상이 될 수밖에 없는 이유이다. 이러한 구조 속에서 모더니티 내부에 위치한 주체는 끊임없이 과거와 현재를 분리하고 과거로부터 좀 더 나아가는 주체와 관련된 이미지를 그린다. 이해조의 「월하가인」에서 우편제도의 시행과 관련하여 최초로 표상되기 시작한 모더니티의 시간적 차원은, 이후 최찬식(崔瓚植, 1881~1951)의 『추월색(秋月色)』에서 그 명료성을 더 얻게 되고, 당시 유행하였던 사회진화론의 발전 도식과 연관되어 일제강점기 조선에서 정신적 토대의 형성에 중요한 역할을 한다.

「옳지 정임이가 남문역에서 작별할 때에 편지나 자주 하라고 부탁하며 통호수를 잊거든 삼삼구를 생각하라더라 편지나 부쳐서 소식이나 서로 알고 있으리라」하고 초산서 봉변하던 말과 스미트를 따라 론돈(런던 — 인용자)와서 공부하고 있는 말로 즉시 편지를 써서 우편으로 보내고 다시 생각하고 편지 또 한 장을 써서 시종원으로 부쳤더니 사오개월이 지난 후에 그 편지 두 장이 한 껍에 도로 왔는데 쪽지가 너덧 장 붙고 「영수인이 무(無 — 인용자)하여 반환함」이라 썼으니 우편이 발달된 지금 같으면 성 안에 있는 이시종집을 어떻게 못 찾아 전하리오만은 그때는 우체배달이 유치한 전한국통신원 시대라 체전부가 그 편지를 가지고 교동 삼십삼통구호를 찾아가매 불이 타서 빈 터 뿐이오 시종원으로 찾아가매 이시종이 갈려버린 고로 전하지 못하고 도로 보낸 것이라 편지를 두 곳으로 부치고 답장 오기를 고대하던 영창이는 어찌된 사실을 몰라 마음에 더욱 불평히 지내는데 차차 지각이 날수록 남의 나라의 문명부강한 경황을 보고 내 나라의 야매조잔한 이유를 생각하매 다른 근심은 다 어디로 가고 다만 학업에 힘쓸 생각뿐이라[28]

최찬식이 쓴 『추월색』에서는 우편제도의 발달 이전과 이후라는 차이가 극적으로 과장되어 있다. 이는 물론 대한제국 우편제도의 낙후성을 강조함으로써 일제강점 이후의 긍정적인 변화를 강조하고자 하는 최찬식의 친일적인 의도 혹은 모더니티 중심적인 사고를 읽어낼 수 있는 대목일 것이다. '론돈'(論敦, 런던)으로 유학 간 '영창'이 보낸 편지는 서사적인 맥락에 따라 편지의 원래 수신자인 '정임'에게 전달되지 않을 필요가 있었음(나중에 일본에서 두 사람의 우연적인 만남을 더 극적으로 만들기 위해)에도 최찬식은 이를 제도적인 미비의 탓, 즉 아직 근대적인 제도가 완비되지 않은 탓으로 돌리고 있기 때문이다. 하지만 이러한 의도와는 달리 원래의 수신자에게 배달되지 않고 지연된 편지는 일반적으로 전근대적인 관습 아래에서가 아니라 오히려 편지의 전달이 제도화된 이후에야 소설의 서사적 문맥에 등장한다. 이는 한편으로는 소설에서 서사적 지

---

28) 최찬식, 『신소설 추월색』, 회동서관, 1912.3.23.(초판), 62~63쪽.

연이라는 요소가 중요하게 의식되기 시작하면서 소설 속 등장인물들 사이의, 혹은 소설의 화자와 독자 사이의 정보 격차를 이용하여 독자들에게 호기심과 긴장감을 주기 위한 방식으로, 배달되지 않거나 우회된 편지를 서사적인 장치로 이용한 것과 관련된다. 고소설에서는 발생하지 않았을 배달 실패의 경험이 우편제도 속에서는 종종 분실되거나 수취되지 않고 타인의 손에 들어가 다른 문맥 속에서 재구축되는 것이다.

다른 한편으로 우편제도에 의해서 전달되는 편지는 본질적인 의사소통의 국면에서 그것을 보내는 주체에게 필연적으로 불안감을 야기한다. 이는 인편을 통하여 직접 만나 전달 여부를 확인할 수 있었던 시대에 비해, 우편제도의 성립 이후 편지의 제도화된 전달 과정에서 벌어지는 배달 실패의 가능성에서 비롯된다. 이렇게 주체와 타자를 매개하는 형식들이 제도화되면서 그 속에 필연적으로 타자에 대한 소통의 불안이 내재할 수밖에 없다는 사실은, 주체가 소유한 전달해야만 하는 메시지가 더 이상 친밀한 음성적 관계 속에서 실현되지 않고 다른 맥락 속에서 재구축될 수밖에 없는 상황에서 비롯되는 것이다. 이는 물론 화폐(물적 교환),[29]

---

29) 가라타니 고진((柄谷行人)은 『마르크스 그 가능성의 중심』에서 전근대적 물물교환의 구조가 근대적인 화폐관계들에 의해 대체되면서 재화가 상품이 되는 가격 결정의 과정, 말하자면 맑스의 표현대로 재화가 화폐의 물신적 구조 속에서 2차적인 실존을 갖게 되는 과정이 자연적이고 내재적인 참조항을 따르는 것이 아닌 존재의 불안을 내포하는 '목숨을 건 도약'의 과정임을 보여주고 있다(가라타니 고진, 김경원 옮김, 『마르크스 그 가능성의 중심』, 이산, 1999). 한편 근대적인 화폐의 가격 결정 과정은 그의 『탐구』 1에서는 화용론(話用論)적인 관점에서 발화자와 수화자의 언어적 소통의 과정과 마찬가지가 된다. 결국 타자에게 발화되는 말이 의미가 되는가, 그렇지 않은가 하는 것은 바로 그 자체가 새로운 실존을 위한 목숨을 건 도약을 내포하고 있는 것이다(가라타니 고진, 송태욱 옮김, 『탐구』 1, 새물결, 1998).

지식, 언론 등의 근대적인 제도들의 변화와 궤를 같이 하는 것으로 궁극적으로는 근대화된 개인의 출현 과정과 관련된다. 물론 소설에서 이러한 근대적 개인의 표상이 「무정」 이후, 즉 근대소설이 형성된 국면 이후에야 비로소 가능해졌다는 것은 분명한 사실일 것이되, 이미 신소설에서부터 그 단편들이 존재했으며 이는 단지 소재로서의 가능성을 넘어서는 편지의 의미적 차원을 통하여 실현되고 있었던 것이다.

# 제2장

## 문자 주변을
## 떠도는 소리들

## 1. 『만세보』의 부속국문 표기가 시각화한 음성적 전통의 문제들

1906년 6월 17일에 처음 발간된 『만세보』는 1호부터 통칭 일본에서는 '루비(るび)'라고 불리던 부속국문활자를 통한 부속국문 표기를 도입하였다. 당시 천도교단의 중심이었던 손병희(孫秉熙, 1861~1922)와 오세창(吳世昌, 1864~1953) 등은 일본으로부터 부속국문 표기가 가능한 인쇄활자를 들여와 인쇄소인 보문관(普文館)을 설립하였다. 이 인쇄소를 통하여 신문을 발행하는 만세보사를 설립하여, 일본 유학 뒤 귀국하여 『국민신보(國民新報)』사의 사장으로 재직하고 있던 이인직을 통하여 발간청원서를 제출하여 승인을 받아 신문을 간행하였던 것이다. 당시 『만세보』를 발간하던 주체들은 일본으로부터 특별히 제작된 활자와 인쇄기를 도입하여 주로 국한문혼용문에 섞여 있는 한자에 작은 글자로 국문으로 된 주석음을 달아줄 수 있는 표기방식을 구축하였고, 이를 이 신문의 대표적인 특징으로 대외에 선포하였다.[1]

---

1) 최기영, 「구한말 『만세보』에 관한 일고찰」, 『한국사연구』 61 · 62, 한국사연구회, 1998, 301
   ~342쪽.

당시 부속국문활자를 통하여 시도된『만세보』의 부속국문 표기는 언어적 주체들이 조선사회 이래로 오랫동안 언어생활에서 겪어왔던 한문과 국문 사이의 관계와 층위의 문제를 단번에 명료히 시각화하여 드러내었다. 당시『만세보』에 도입된 국한문병용 표기는 신분계층에 따라, 혹은 텍스트에 따라 각각 분리·고착되어왔던 한문과 국문의 분화 양상과 그 사이를 매개하는 음성과 의미적 국면을 한 신문의 지면 혹은 한 편의 기사 속에서 더할 나위 없이 간명하게 대립된 구도로 제시하였다. 조선시대 훈민정음 창제 이래로 국문과 한문이라는 이원적 어문체계를 유지하고 있던 상황에서『만세보』가 주도한 언어표기적 실험은 당시 어문환경의 중첩적 경향을 드러내는 자료로서의 의미뿐만 아니라 바로 이전『독립신문(獨立新聞)』의 주역들이 시도하였던 국문전용 쓰기와 정치담론화가 초래한 국문과 한문 사이의 어문 권력적 재편 양상[2]을 재현하는 중요한 사례였다.

이처럼『만세보』의 부속국문 표기에 담긴 어문 전통과 담론에 대한 연구들은 주로 이 신문에 연재된 이인직의 소설「혈의누」에 집중되었다. 일찍이 최태원은『만세보』의 부속국문활자를 통한 이중표기가 한자와 한글이라는 표의문자와 표음문자, 나아가 한문과 국문이라는 문체 사이의 대립일 뿐만 아니라 문자언어와 음성언어 사이의 대립이라는 국면이 관련되어 있다는 지적을 통하여 이 문제의 중요성을 최초로 명료하게 주제화하였다. 그는 이러한 배경 아래에서「혈의누」의 이중표기가 보여

---

2) 권영민,『국문 글쓰기의 재탄생』, 서울대학교 한국학 모노그래프 11, 서울대학교출판부, 2006, 11~22쪽.

준 독특한 언어적 실천 양상이 중국문자인 한자와 그것을 읽어내는 음성적 전통의 변이라는 양상과 밀접하게 관련되었다는 사실을 지적하였다. 이 관점을 따른다면, 이 문제는 동국정운(東國正韻) 이래로 내려온 한자를 읽어내는 조선의 전통 속에 일본식의 한자 훈독이라는 이질적인 요소가 틈입하게 된 전후의 사정과 밀접하게 관련되어 있는 것이다.[3] 그는 특히 이인직의 이중표기 선택의 문제를 단지 모방과 차용의 문제로 간주하지 않고 굴절과 변용을 통하여 언문일치의 실험을 해나가는 과정으로 이해하며, 이인직의 이러한 실험이 한문의 보편성이 상대화되는 과정을 드러내고 이를 국민국가의 국어 형성의 문제에까지 연관된 문제로 파악하였다.[4]

비슷한 시기 일본의 한국학 연구자인 사에구사 도시카쓰(三枝壽勝)는 당시 『만세보』의 부속국문 표기를 통하여 이인직이 실천하고자 하였던 새로운 문체상의 실험이 과연 일본의 루비활자를 통한 후리가나 표기와 얼마나 다른가에 대한 문제를 다루었다.[5] 그의 연구는 일반적인 관점상 일본의 활자 표기방식을 모방하여 가져온 것으로밖에 보이지 않는 부속국문 표기가 과연 실제로 일본의 그것을 그대로 답습한 것에 불과한가 하는 물음에 대한 일본인 학자의 해명이었다는 점에서 충분한 의미가 있다. 사에구사는 특히 「혈의누」에 쓰인 한자 어휘와 부속국문 표기들을 면밀하게 살피고, 몇 가지 부분에서 일본의 후리가나 표기와 다른 지점

---

3) 최태원, 「「血의淚」의 문체와 담론구조 연구」, 서울대학교 석사학위논문, 1999, 22~38쪽.

4) 앞의 최태원(1999), 39~46쪽.

5) 사에구사 도시카쓰, 「이중표기와 근대적 문체 형성-이인직 신문 연재 「혈의누」의 경우」, 『현대문학의 연구』 15, 한국문학연구학회, 2000, 46~60쪽.

들을 발견해내면서 이러한 차이가 존재할 수밖에 없었던 배경으로 한일 양국이 수립해온 언어적 전통의 차이를 들고 있다.[6] 다만 그가 이인직이 「혈의누」이후의 소설, 즉「귀의성」에서는 다시금 순 국문체로 회귀해버린 것을 두고 고대소설로의 회귀라고 평가하고 있으며, 이인직의 근대적 문체 실험이 실패한 배경이 일본과는 다른 조선의 언어적 전통에 있었다고 주상하는 부분에서는 다소 동의하기 어려운 지점이 있다.

최태원과 사에구사 도시카쓰의 연구는 흥미롭게도 비슷한 시기에 거의 동시에 이루어져 이인직의 언어적 실천이라는 관점에서 중요한 연구적 전범을 구축해왔다. 물론 이 두 연구는 광범위한 어문 전통의 충돌과 전이로 다루어야 할 문제를 지나치게 이인직 개인의 언어의식과 실천 양상을 중심으로 풀어내고 있다는 공통적인 한계를 드러내고 있다. 하지만 특히 한문을 읽어내는 음성과 의미라는 측면에서 한국과 일본 양국이 쌓아올린 전통이 상이하다는 점을 지적하면서, 같은 한자문명권에 속해 있는 양 국가에서 한자를 매개로 각각 다르게 구축된 어문적 전통이 충돌하는 과정에서 어떠한 차이를 노정하였는가에 대해 본격적으로 다루고 있다는 점에서 충분한 의미가 있을 뿐만 아니라, 지금까지 국문과 한문 그리고 그 사이에 존재하는 다양한 문체적 변이들에 대해 다루고자 하는 기존의 논의에 덧붙여, 한문을 읽어내는 음성이라는 새로운 감각적 차원을 끌어들여 이 문제를 더 다층적으로 살필 수 있는 계기를 마련하였다는 점에서 의의가 인정되는 바가 있다.

이후 김영민은 부속국문체가 외래표기법에 대한 모방이라는 종래 한

_____
6) 위의 글, 46쪽.

국에 존재하였던 부정적인 인식에 의문을 던지면서 『만세보』의 부속국
문체가 갖고 있는 본질에 대해 접근하고자 노력하였다.[7] 특히 이 연구에
서는 신문에 실린 기사의 성격에 따라 본래 한문으로 쓰인 글과 국문으
로 쓰인 글을 나누고 이를 각각 부속국문체로 바꾸는 과정에서 기사글
의 저자와 주석을 다는 작업자와의 분리 가능성을 제시하고 있는데, 주
로 소설의 경우에는 작가가 아니면 부속국문체를 완성하기 어려웠지만,
논설 및 기타 기사일 때에는 두 가지 방식이 공존하였다는 것이다.[8] 퍽
다른 방식으로 표현되긴 했지만 김영민의 이 연구는 결국 당시 근대로
이행하는 시기의 한국에서 한자를 음으로 읽어내는 경향이 확고하게 존
재하고 있다는 사실을 재확인하는 것이다. 이 장의 본론에서도 살펴보
겠지만, 논설기사는 한자에 음을 중심으로 다는 경향이 존재했고, 이후
이인직의 소설은 국문체로 소설을 완성한 뒤 한문을 억지로 끼워맞춘
정황이 존재하기 때문이다. 따라서 김영민의 지적처럼 저자 자신이 아
닌 타인의 부속국문체 작업 가능성이란, 사실상 누구에게나 고착된 한
자의 음을 중심으로 주석을 다는 경향과 동어반복인 셈이다.

　이처럼 당시 『만세보』가 도입한 새로운 방식의 국한문병용의 양상은
단지 새로운 인쇄기술의 도래로부터 비롯된 미미한 사건에 지나지 않는
것은 아니다. 국문과 한문을 중심으로 조선시대로부터 내려온 어문 전
통이 담고 있던 문제들이 마치 거울처럼 시각화하여 드러난 사건이었던

---

7) 김영민, 「『만세보』와 부속국문체 연구」, 『대동문화연구』 64, 성균관대학교 대동문화연구원,
　　2008, 426~446쪽.
8) 위의 글, 439~446쪽.

셈이다. 게다가 바로 앞선 시대『독립신문』이 도입하였던 국문 전용 표기와 국문담론의 문제가 다시금 실체화되어 나타난 현상이었다. 당시 한문 중심의 국한문혼용체로 된『황성신문(皇城新聞)』과,『제국신문』처럼 국문 중심의 신문으로 아예 확연히 구분되었던 개화기 당시의 언어적 환경에서『만세보』는, 그 표기체계 양쪽이 대립하고 충돌하는 장으로 기능하였던 것이다.


## 2. 떠돌아다니는 이름들: 「혈의누」의 고유명 '玉蓮'·'옥연'·'옥련'


1906년 7월 22일부터『만세보』에 연재되기 시작한 「혈의누」의 연재본 텍스트를 주의 깊게 살펴보면, 텍스트 내부에 적어도 세 개 이상의 각각 다른 '옥련'의 이름들이 울리고 있다는 사실을 곧바로 알 수 있다. 한문으로 표기된 '玉蓮'과 국문으로 표기된 '옥연' 그리고 역시 국문으로 표기된 이형태로서의 '옥년(옥련)'이 바로 그것이다. 물론 옛 신문을 조금이라도 읽어본 경험이 있는 사람들이라면 그 신문 속에 들어 있는 표기에 대해서 통일성이나 정연성을 기대하기 어렵다는 사실을 잘 알고 있을 것이다. 당시에는 같은 한자어 표현이라도 한자와 한글을 섞어 변덕스러운 표기들이 등장하는 것이 예사였으니 말이다. 따라서 신문에 연재된 「혈의누」 속에 '玉蓮'이나 옥연', '옥년' 등 각각 다른 이름이 존재한다는 사실을 기껏 지적한다 하더라도 "당시라면 그럴 수도 있었겠지"라는 반응이 나오는 것은 당연하다. 얼핏 아직 근대 어문이 정착되지 않은 시대에 출판인쇄 과정에서 일어났던 누군가가 저지른 빈번한 실수로 인식되거나, 「혈의누」 속에 다루어진 근대적인 어문환경과 관련된 더 중대한 문제에 비하면 너무나 사소한 것이기에 그리 눈에 띄는 문제가 아닐 수도 있다.

하지만 단지 실수라고 치부해버리기에는 비상식적일 정도로 옥련이라는 이름이 다양한 방식으로 울리고 있다는 점을 강조해본다면 어떨까? 소설에 등장하는 수많은 언어 중에서도 유독 옥련이라는 이름만 불안증에 떨고 있는 사람의 손가락처럼 어디에 있어야 할지 그 자리조차 모른 채 정처 없이 흔들리고 있는 것이다. 마치 소설 속에서 조선을 떠나 일본으로 미국으로 정처 없이 떠돌아 다녀야 하였던 옥련의 운명처럼 말이다. 전통적인 관념에서 이름, 즉 고유명은 그것을 호명하는 대상과 뗄 수 없는 일종의 혈연적이고도 운명적인 관계로 간주되곤 한다는 점을 상기한다면, 옥련의 다양한 고유명들이 「혈의누」의 텍스트 전반에 걸쳐, 심지어 한 회분의 글 속에서도 정신없이 다양한 형태로 변모하며 나타난다는 점을 그리 심상히 다루는 것은 적절치 않다.

따라서 소설 속에서 지나치게 자주 등장하는 옥련이라는 이름의 불안정한 울림은 소설의 주제로 제시되고 있는 불안한 옥련의 운명과 별개의 것이 아니며, 나아가 작가 이인직의 의도와 상관없이 단지 조판이나 인쇄 과정에서 빚어진 실수로 간주될 수만은 없다. 반드시 옥련이라는 고유명의 편재된 울림을 「혈의누」에 제시된 내용적 차원과 관련시켜 해명해볼 필요가 있는 것이다. 일단 다음 표를 통하여 이 소설 속에서 옥련이라는 이름이 얼마나 다양한 방식으로 울리고 있는지 확인해보자.

| 횟수 | 연재 일자 | 이름 표기(등장 순서, 반복 횟수를 표시) | 비고 |
|---|---|---|---|
| 1회 | 1906.7.22 | 玉蓮(옥련), 옥연(16) | |
| 4회 | 1906.7.26 | 玉蓮(옥련) | |
| 6회 | 1906.7.28 | 옥년 | |
| 8회 | 1906.7.31 | 옥련(3), 옥년(4) | |
| 9회 | 1906.8.1 | 玉蓮(옥년)(3) | |
| 10회 | 1906.8.2 | 玉蓮(옥년) | |
| 16회 | 1906.8.11 | 玉蓮(옥년) | |
| 17회 | 1906.8.16 | 玉蓮(옥련), 옥년 | |
| 18회 | 1906.8.17 | 玉蓮(옥련)(11), 玉蓮(련옥), 玉蓮(옥련) | 옥련이 이노우에 군의를 만남 |
| 19회 | 1906.8.18 | 玉蓮(옥련)(11), 玉蓮(옥연)(2) | |
| 20회 | 1906.8.19 | 玉蓮(옥련)(6) | 옥련이 도일(渡日)함 |
| 21회 | 1906.8.20 | 玉蓮(옥련)(3) | |
| 22회 | 1906.8.24 | 玉蓮(옥련)(13) | |
| 23회 | 1906.8.25 | 玉蓮(옥련)(16) | |
| 24회 | 1906.8.28 | 玉蓮(옥련)(7) | |
| 25회 | 1906.8.29 | 玉蓮(옥련)(4) | 이노우에 군의의 죽음 |
| 26회 | 1906.8.31 | 玉蓮(옥련)(3), 옥년, 玉년(옥), 玉蓮(옥련)(2) | |
| 27회 | 1906.9.1 | 玉년(옥), 옥연(4), 옥련, 玉蓮(옥련)(3), 옥련, 옥년, 玉蓮(옥련), 옥연, 玉蓮(옥련), 옥연(2) | |
| 28회 | 1906.9.2 | 玉蓮(옥련), 옥년, 옥련, 옥년, 옥연(4), 옥련, 옥년, 옥연 | |
| 30회 | 1906.9.7 | 옥년(4), 옥연(6) | |

| | | | |
|---|---|---|---|
| 31회 | 1906.9.8 | 옥연(2), 옥년, 옥연(2) | |
| 32회 | 1906.9.9 | 옥년(4), 옥연(4) | |
| 32회 | 1906.9.12 | 옥년(3), 옥연(2), 욱년, 옥연 | |
| 33회 | 1906.9.13 | 옥년, 욱년, 옥연, 옥련(2), 옥년(2), 옥연(2) | |
| 34회 | 1906.9.15 | 옥연(6), 옥년(3), 옥연(3) | |
| 35회 | 1906.9.16 | 옥년(4) | |
| 36회 | 1906.9.18 | 옥련, 옥년, 옥년, 옥연(3), 옥년, 옥연(3) | 옥련이 도미(渡美)함 |
| 36회 | 1906.9.19 | 옥년, 옥연, 옥년, 옥연 | |
| 37회 | 1906.9.20 | 옥년(3), 玉蓮(2), 옥년, 玉蓮*, 옥련 | *『화성돈신문(華盛頓新聞)』 기사 속 |
| 38회 | 1906.9.21 | 옥년(2), 옥연(3), 옥년, 옥연(3) | |
| 39회 | 1906.9.22 | 옥연, 옥년(2), 옥연 | |
| 41회 | 1906.9.26 | 옥년, 옥연, 옥년, 옥연(2) | |
| 42회 | 1906.9.27 | 옥년 | |
| 43회 | 1906.9.29 | 옥년(3), 옥련, 옥연, 옥련, 玉蓮(2)* 옥련, 옥연 | *『화성돈신문』 기사 속 |
| 44회 | 1906.9.30 | 옥연(3), 옥련(2), 옥연(2), 옥년(4), 옥연(3) | |
| 44회 | 1906.10.2 | 옥년, 옥연(5), 옥년 | |
| 45회 | 1906.10.4 | 옥년, 옥련, 옥년, 옥연(2번), 옥년 (2), 옥연(4) | |
| 46회 | 1906.10.5 | 옥년(2), 옥연(5) | |
| 47회 | 1906.10.6 | 옥연(7), 옥년(2), 옥연 | |
| 49회 | 1906.10.9 | 옥년 | |
| 50회 | 1906.10.10 | 옥년, 옥연(2), 옥년, 옥련, 옥연, 옥년, 옥연(5) | |

표1 | 「혈의누」에 등장하는 옥련 고유명 표기의 변모 양상

옥련이라는 이름의 변이 및 편재 양상을 다룬 표1을 살펴보면, 옥련을 부르는 고유명의 소리와 이 소설 텍스트의 서사가 분명 연관되어 있다는 사실을 알 수 있다. 연재 첫 회에서 이인직이 옥련의 이름을 처음으로 등장시킨 대목에서부터 시작해보자. 작가는 옥련이 처음 등장하는 일반적인 서술 맥락 속에서는 국한병용 표기를 통하여 '玉蓮'<sup>옥 련</sup>이라 쓰고 있다. 하지만 이후 가족을 잃어버린 옥련 어머니가 비탄에 잠겨 부르는 '옥연'이라는 소리만큼은 국문으로 단독 표기하고 있다.

그 부인더러 물을 지경이면, 대답할, 여가도 없이, / 玉蓮<sup>옥 련</sup>이를 부르면서 돌아다니더라

옥연아, 옥연아, 옥연아, 옥연아, 죽었느냐, 살았느냐 / 죽었거든, 죽은 얼굴이라도 한번 다시 만나보자 / 옥연아, 옥연아, 살았거든, 어미 애를 그만 씨이고, 어서 바삐 내 눈에 보이게 하여라 / 옥연아, 총에 맞아 죽었느냐, 창에 찔려 죽었느냐, 사람에게 밟혀 죽었느냐 / 어리고, 고운 살에, 가시가, 백힌 것을 보아도, 어미된 이 내 마음에, 내 살이, 지겹게, 아프던, 내 마음이라 / 오늘 아침에, 집에서 떠나올 때에, 옥연이가, 내 앞에 서서, 아장아장 걸어, 다니면서, 어머이 어서 / 갑시다 하던, 옥연이가, 어디로 갔느냐

하면서 옥연이를 찾으려는, 골똘한 정신에, 옥연이 보다, 열 갑절 스무 갑절, 더 소중하게 생각하는 사람을 잃고도 모르고, 옥연이만 부르며 다니다가, 목이 쉬고, 기운이 탈진하야 山산비탈, 잔듸풀 우에, 털석 쥬저 안젓다가, 혼자말로, 옥연아버지는 옥연이 찾으려고, 저 건너 山산 밑으로 가더니, 어디까

지 갔누, 하며, 옥연이를 찾던 마음이 졸지에 변하야 옥연아버지를 기다린다[9]

이인직은 소설 첫 회에서 한자의 조합으로 된 이름이 최초로 등장하는 경우, 의미를 확인하기 위하여 한자 표기를 하는 경향이 있다는 사실을 짐작할 수 있다. 인용된 부분에서 맨 위에 등장하는 '玉蓮'의 이름 위에 '옥연'이 올라간 표기가 바로 그것이다. 이것이 이인직이 견지하고 있었던 일반적인 표기상의 원칙이라는 점은 「혈의누」 다음에 연재된 소설 「귀의성」에서도 마찬가지로 드러난다는 사실에서도 확인할 수 있다. 이인직은 「혈의누」와 달리 「귀의성」에서는 전체 텍스트에서 한자 표기를 배제하는데, 그럼에도 등장인물의 이름이 최초로 등장할 때는 반드시 한자를 표기하고 여기에 부속국문활자를 병용 표기한다.

| 고유명 | 玉蓮 | 옥연 |
|--------|------|------|
| 표기 문자 | 한자 표기 | 한글 표기 |
| 기능 | 의미(시각적 이미지) | 음성 |

표2 | 고유명의 표기

즉 이인직은 소설 속에서 옥련이라는 고유명을 쓰는 데 표2에서처럼 대립적 규칙을 갖고 있었다는 사실을 짐작할 수 있다. 즉 연재 첫 회에서 최초로 등장하는 옥련의 고유명이 '玉蓮'이라고 한자로 표기되는 것은 의미적인 차원의 지시 내용이고, 부속국문활자로 '옥연'이라 표기되는 것은 그것을 읽어내는 음성적 차원의 지시 내용으로 이해할 수 있는 것이

---

9) 이인직, 「혈의누」 1회, 『만세보』, 1906.7.22.

다. 이 사실을 확인하면, 연재 첫 회에 '玉蓮'은 단 한 번 등장하는 데 반해, '옥연'이 16회나 등장하고 있는 연유를 알 수 있다. 옥연이라는 이름은 난리통에 잃어버린 옥련을 찾아 그 이름을 절규하듯 내지르는 옥련 어머니의 목소리를 통하여 계속해서, 끊임없이 울려퍼지고 있는 것이다.

그러나 첫 회에는 16번이나 등장하였던 옥연을 부르는 목소리는 연재가 진행되면서 점차 자취를 감춘다. 물론 연재 첫 회 이후에 소설 내용상 옥련의 어머니가 더 이상 옥련의 이름을 목 놓아 부르지 않게 된 것도 사실이다. 하시만 그보다 더욱 흥미로운 점은 당시 사라진 옥연이라는 이름을 대체하였던 것이 바로 '옥년' 혹은 '옥련'이었으며, 옥연이 사라지기 시작하면서 고유명의 혼란상이 가중되기 시작하였다는 점이다. 도대체 어떠한 일이 벌어진 것일까?

바로 답해본다면, 이 모든 음성적 상황은 이인직이 옥련 어머니의 목소리를 통하여 구체화했던 옥련의 이름(혹은 표음문자인 한글을 통하여 음차하였던 그것)이 실제의 목소리가 아니라 단지 그의 관념 속에서만 울리는 목소리에 불과하였다는 사실로부터 비롯된다. 이인직이 듣고 있었을, 혹은 그렇게 상상하였을 목소리의 실재와는 전혀 다르게, 당시 사람들은 이 '玉蓮'이라는 한자 표기를 주로 '옥련' 내지는 '옥년'으로, 음가가 없는 ㅇ의 자리에 ㄹ이나 ㄴ음을 추가하여 발음하였지, 결코 소설 첫 회에서처럼 '옥연'이라고 발음하지 않았던 것이다.

연재 첫 회에는 옥련 어머니의 입을 통하여 단 한 개의 예외도 없이 옥연이라는 음성적 실체로 소설 속에서 단일하게 울려퍼졌던 옥련의 이름이 연재를 거듭할수록 '옥련'이나 '옥년', '옥연'으로, 심지어 '욱년'처럼 갈피를 잡지 못하고 불안하게 흔들리고 있는 것이다. 이에 대해서는 이인직이 상상하였던 옥련이라는 이름을 부르는 목소리와 세간의 그것 사이의 소리적 격차를 그제야 인지하게 되었고, 그로부터 자신이 경험한 문자와 음성 사이의 불일치에 당황했기 때문이라는 해명 외에 다른 합리적인 설명을 찾기 어렵다.

소설을 연재하기 전, 오랜 기간 동안 일본에서 유학한 뒤 귀국한 이인직은 낱낱의 한자를 각각 읽어내는 표음문자로써, 한글 두 자를 붙여 발음한다는 친밀한 언어적 감각을 잃어버렸던 것이다. 이 문제는 물론 오랜 시간 동안 조선의 음성에 개입하여 침윤되어 있었던 한자라는 문자가 그것을 읽어내는 음성을 고정시킬 수 있는 표음문자(알파벳)가 아니라 표의문자였다는 사실과 관련된 것이다. 즉 작가가 특정한 한자 단어의 낱낱을 나름의 소리를 통하여 읽어낸 뒤 그 음을 표음문자인 한글로 고정하여 매체에 활자화하였던 '그것'과, 조선 이래로 형성되어왔던 한자에 대한 현실음 혹은 세간에 형성된 한자에 대한 음성 사이에 화해할 수 없는 간극이 존재하였다는 것이다. 얄궂게도 작가는 연재가 진행되는 도중에 그러한 차이를 인지하게 되었던 것이다.[10]

---

10) 데리다는 서구의 이성중심주의와 소리 사이의 공모관계를 배경으로 음성문자(알파벳)를 통하여 소리를 점유하여 결국 존재 자체에 이르렀다고 믿는 환상이, 이른바 자신의 목소리를 스스로 듣는 과정을 통하여 주체성의 철학을 실현해온 것에 불과하였다고 본다. 그는 마찬가지의 비판을 소쉬르(Ferdinand de Saussure)에게 행하면서, 그가 음성적 '차이'의 체계를 통하여 스스로 과학성이라는 권위를 획득하고자 하였던 상황을 비판하고 자의성으로 대표되는 언어적인 차이의 공간적 체계가 실상은 서구 음성중심주의의 일부였다는 사실을 밝힌다. 그는 '차연(différance)'의 기획을 통하여 소쉬르가 완성한 차이의 체계에 이른바 시간적인 차원을 도입하여 해체를 꾀하고자 하였던 것이다. 물론 이 장에서 논하고자 하는 상황의 경우, 한자라는 소리에 대해서는 아무것도 지정해주지 않는 표의문자에 대해 한글이라는

玉같이, 희다하여 玉이라고, 부르는 사람은 玉蓮의 母親이오 / 蓮꽃같이 繁華하다하여 蓮花라고 부르는 사람은 玉蓮의 父親이라 / 그 아이, 이름 짓던 날은, 의논이 부산하다가, 媾和談判되듯, 玉字 蓮字를 合하야 玉蓮이라고, 지흔 일홈이라[11]

「혈의누」 연재 19회에 이르면, 이인직은 옥련이라는 이름을 지은 배경을 소개하면서 그 이름이 '옥' 지, '런' 자를 붙여 만든 것이라고 고쳐 말하고 있다. 당시 조선시대 이래 대표적인 몇 종의 운서를 살펴보면, '蓮'이라는 한자의 동음(東音)은 대부분 '런'으로, 일부의 경우 '년'으로 실현되고 있었다는 사실[12]을 확인할 수 있기도 하다. 하지만 언어적인 지식의 문제를 넘어서, 이인직은 연재 19회 이후에도 이 두 자를 합쳐 읽는 데 있어서 '옥련'이나 '옥년'이라는 당연하고도 가능한 선택 사이에서 고민하지 않는다. 앞선 고유명의 표에서 알 수 있듯이 연재 28~41회에서 이인직은 옥련과 옥년은 물론이고, 여전히 '옥연'이라는 소리 표기를 굳이 끄집어내 혼란을 자초하고 있다. 과연 이를 어떻게 해석할 것인

---

음성언어를 매개로 접근하고자 하는 욕망을 드러냈다는 점에서 데리다의 서구의 언어-존재에 대한 비판의 양상과는 정반대의 방향성을 띠고 있는 것처럼 보이기는 하나, 이 문제가 한자라는 표의문자를 점유하는 소리를 통하여 궁극적으로는 중국의 정신적인 차원에 접근하고자 하였던 조선의 내재적인 욕망과 관련된 문제라는 점에서, 또한 그와 관련되어 형성되어 있던 한자를 읽어내는 소리의 관습적 체계가 시대적 변모와 함께 비로소 붕괴하는 계기를 설명할 수 있다는 점에서 유효한 참조의 방법론이 될 수 있을 것이다(자크 데리다, 김웅권 옮김, 『그라마톨로지에 대하여』, 동문선, 2004, 57~136쪽, 제2장 '언어학과 문자학' 참조 ; 자크 데리다, 김상록 옮김, 『목소리와 현상』, 인간사랑, 2006, 9~42쪽).

11) 이인직, 「혈의누」 19회, 『만세보』, 1906.8.18.

가. 단지 이인직이 겪고 있던 언어적인 지식 결핍의 문제만이 아니라 여기에는 한자를 읽어내는 음성적인 차원과 관련하여 작가 자신이 기존에 형성해두고 있던 어떠한 언어적 자기 관념이 개입하고 있다는 사실 외에는 설명하기가 어렵다.[13]

그다음으로 해명되지 않으면 안 되는 문제는 과연 이인직이 '玉蓮'이

---

12) 조선시대 이래로 출간된 몇 종의 유해(類解)나 운서(韻書)를 살펴보면 '蓮'이라는 한자의 실제 음이 '련' 혹은 '년'으로 실현되었음을 알 수 있다. 1690년도에 출간된 『역어유해(譯語類解)』 상권 50쪽에는 '연화(蓮花)'라는 한자어가 실려 있고 이에 대한 음은 '련화'로 되어 있으며, 『삼운성회(三韻聲彙)』(1751) 역시 '蓮'이라는 한자의 동음으로 '련'이 실려 있다. 이는 『왜어유해(倭語類解)』 하권(1783) 29쪽에 실려 있는 '蓮'(련화)라든가 『화어유초(華語類抄)』(1883) 58쪽에 실려 있는 '蓮花'(련화)를 보아도 마찬가지이며, 「혈의누」 연재와 가장 가까운 시기에 출간된 사전 『국한회어(國漢會語)』(1895) 249쪽에 실린 '蓮'(련)을 보아도 마찬가지이다. 다만 1880년에 초판된 조선어학서 『교린수지(交隣須知)』(산정본, 1883) 2권 22쪽에는 "蓮花ヲ花中ノ君子トホメマス"를 "년화를 화중군자라 기리옵나니"라고 하며 '년'으로 읽고 있고, 1880년에 출판된 『한불ᄌ뎐』 277쪽에는 '蓮'이라는 한자에 대해 '년'이라는 발음이 달려 있고 'NYEN'으로 로마자 표기되어 있는 사례를 본다면 원래 '蓮'의 경우, '련'이라는 발음이 지배적이다가 1880년에 이르러서야 이를 발음하기 어려웠던 외국인들의 사전을 중심으로 '년'으로 변모해갔음을 짐작할 수 있다.

13) "청각적 이미지는 귀로 들린 것이다. 즉 그것은 들려진 소리가 아니라 소리의 들려진 존재이다. 들려진 존재는 구조적으로 현상적이며, 세계 속에 있는 실제적 소리의 질서와는 근본적으로 이질적인 질서에 속한다. 우리는 이 미묘하지만 절대적으로 결정적인 이질성을 현상학적 환원을 통하여서만 뚜렷이 드러낼 수 있다."(앞의 자크 데리다(2004), 119쪽.)

물론 소쉬르를 비판하면서 행하였던 데리다의 다음과 같은 말을 상기한다면, 모든 청각적인 이미지가 실제의 소리가 아니라 사실 완전히 다른 체계를 갖는 것이므로, 예를 들어 '동음(東音)'이라는 관념 자체도 역시 실제적인 음을 지칭하는 것이 아닌 발화자가 소유한 관념의 지배를 받는 것임은 당연하다. 다만 그러한 지배가 은폐되어 드러날 계기를 얻었는가 하는 여부만이 차이일 것이다. 말하자면 한자를 읽어낼 현실적인 실제 음이 존재하였던 것이 아니라 그러한 관념이 존재하였던 것이며, 이인직에 이르러서야 비로소 은폐되었던 관념이 드러날 계기를 얻었다고 보는 것이 옳다.

라는 문자를 읽어내는 데 있어 굳이 '옥연'이라는, 이른바 동음이라는 조선 이래의 일반적인 한자음의 관행을 거스르고 독자적인 음성적 이미지에 사로잡히도록 한 배경이 무엇인가라는 점이다. 하지만 여기에서 가능한 해명이란 추측 이상의 의미를 갖기 어려울 터이다. 이인직이 형성하고 있는 언어적 관념이란 공적인 영역을 통하여 설명될 수 있는 것이 아니라 지극히 사적인 경험의 영역과 관련된 것이기 때문이다. 물론 흥미로운 점은 이인직이 굳이 옥연이라는 표기를 꺼내어 쓰고 있는 심리적인, 혹은 언어적인 배경이겠으나 중요한 것은 그가 옥연이라는 표기를 고집함으로서, 본인이 의도하였든 의도하지 않았든, 스스로 한자에 대한 이념적인 소리[화음(華音)]뿐만 아니라 현실적인 소리[동음(東音)]라는 관념체계 자체가 내포한 한계 지점을 드러내 보여주는, 이중적인 방향성의 해체를 스스로 행하는 결과를 낳았다는 사실일 것이다.

그럼에도 이인직이 옥연이라는 표기를 쓰게 된 출처에 대하여 해명해본다면 일단 두 가지 가능성을 검토해볼 수 있다. 우선 그의 오랜 유학 생활[14]의 결과로 일본어에 더 익숙하여 국문에 대한 감각이 일반적인 전통으로부터 벗어나 있었기 때문이라고 설명하는 것이 가능하다. 비슷한 사례로 「혈의누」 연재 44회(1906.9.30)에서 '몃십연'이라는 표기

---

14) 강현조는 기존의 구장률과 함태영의 연구결과를 종합하여 이인직의 도일이 기존에 알려진 1900년 2월보다 더 이전에 이루어졌을 가능성을 확인하고 있으며, 1900년 3월에는 사비유학생이었던 이인직이 비로소 관비유학생으로 전환되었다는 신문기사를 통하여 1896년 무렵에 도일하였을 가능성을 제기하면서 이인직의 체류 기간을 약 10여 년 정도에 이르는 것으로 추정하고 있다(강현조, 「이인직 소설의 창작 배경 연구-도일 행적 및 「혈의누」 창작 관련 신자료 소개를 중심으로」, 『우리말글』 43집, 우리말글학회, 2008, 216~224쪽).

를 쓰고 있거나 연재 46회(1906.10.5)에서 '십연풍상', '측양' 등의 표기를 쓰고 있는 것을 보면 확인되는 바, 그는 어떠한 이유에서인지 두 글자 이상으로 된 한자어를 국문으로 음만 표기할 때 앞 음절의 종성받침이 무성음[전청(全淸)] 계열인 'ㄱ', 'ㅂ' 등이고 바로 이어지는 다음 음절의 초성이 'ㄴ', 'ㄹ' 등의 유성음[불청불탁(不淸不濁)] 계열일 때 이 'ㄴ', 'ㄹ'을 'ㅇ'으로 바꾸어 발음 표기하는 일정한 경향을 보이고 있다. 이러한 경향이 부속국문활자로 표기된 경우가 아닌 순 국문활자로 표기된 경우에만 등장하고 있다는 사실[15]로 추론해본다면, 이인직은 이렇게 바꾸어 쓰는 것이 더 국문답다고 생각하였을 가능성이 있다.

한편 이와는 방향을 달리하여, 이인직이 '옥연'이라는 표기를 꺼내어 쓰고 있는 연원에 대한 또 다른 해명은, 그가 옥련이라는 주인공의 이름을 19세기 중반인 1842년에 쓰인 담초 남영로(南永魯, 1810~1857)의 한문국역소설『옥련몽(玉蓮夢)』에서 따왔을 것이라는 판단이다. 현재 국립중앙도서관에 소장된『옥련몽』국역 필사본의 본문 속에는 제목이 전부 '옥연몽'으로 표기되고 있기 때문이다. 물론 「혈의누」와『옥련몽』사이의 명확한 내용적 연관성이 드러나지 않은 상황에서 단순한 표기상의 유사성[16]만을 두고서 이인직이 한문국역소설인『옥련몽』을 읽고 표기 방식을 참조했으리라고 판단하기는 조심스러우나, 시기적인 가능성을

---

15) 「혈의누」연재 29회에는 '三年四年(삼년사년)'이 등장하고 있으며 연재 38회에는 '一年(일년)', '今年(금년)' 등의 표기가 등장한다. 이러한 사례는 물론 '년'의 앞 음절 받침이 전청 계열이 아니라는 차이가 있으며, 45회 이후 「혈의누」전체 텍스트의 표기가 순 국문으로 바뀌었다는 점에서 일률적인 비교의 근거가 되기는 어려우나 참고의 대상은 될 수 있을 것이다.

두고 보거나 영향 관계를 좀 더 검토하여 본다면 이러한 가능성을 쉽게 배제할 수는 없다.


## 3. 울리지 못하는 이국의 소리와 외부세계의 언어적 형상화

이인직이 「소설 단편(小說 短篇)」에서 「혈의누」로 이어지는 일련의 작업을 통하여, 특히 언어를 통하여 표상될 수 있는 각기 다른 두 가지 영역, 즉 하나의 세계 내부에 내재된 위계성뿐만 아니라 세계 내부의 주관성과 이를 벗어나는 타자성의 영역에 대해 퍽 예민하게 드러내고 있었다는 것은 이미 새로울 것이 없는 주지의 사실이다. 특히 이인직이 자신의 텍스트 속에서 국한문의 계층적인 분화를 통하여 당시 세계의 구조적 층위를 예민하게 형상화하고 있는 점이라든가, 언어적 세계 사이에 놓인 왜소하고 가녀린 주체인 옥련의 존재를 통하여 조선이라는 언어적 세계와 일본이라는 언어적 세계의 표상성의 차이로 언문일치, 더욱 정확하게는 자국어 의식의 확인과 실현으로 나아간 과정에 대해서는 새삼

---

16) 『옥련몽』의 본문은 순 국문으로 표기되고 있으나 행간에는 한문으로 주가 달려 있다. 이는 한문을 읽고 쓰던 독자층을 배려한 것일 뿐 아니라 여러모로 당시 「혈의누」에 실현된 부속국문활자를 통한 국한 간의 내용—주석관계와는 반대의 방향을 보여주는 것이라 흥미롭다. 이를 본다면 당시 이인직이 부속국문활자를 통한 병용표기의 모델을 일본의 루비활자에서만 얻은 것은 아니었을 가능성이 있다. 즉 부속국문활자의 조판기술적인 실현은 일본의 루비활자를 경험하였던 것에서 얻었다 하더라도 내용적인 실현은 조선의 고전소설 관행에서 얻었을 여지가 있는 것이다. 다만 이 문제는 당시 고전소설의 표기 관행을 폭넓게 살피고 나서야 가능한 판단이므로 차후의 과제로 돌리고자 한다.

스레 강조할 필요조차 없을 것이다.

나아가 임화 이래의 「혈의누」의 해석적 측면에서, 이 작품이 중화의 구도 내부에서 오랜 시간 동안 근대성(modernity)의 시간이 개입할 수 없는 무시간성의 시대를 겪은 조선이 점차 만국공법의 세계 속에서 국민국가로서 자기실천을 꾀하는 과정에 대한 자기인식을 보여줄 때, 바로 이러한 근대성의 틈입 과정은 옥련이라는 왜소한 주체가 조선이라는 친숙한 세계를 떠나, 특히 언어적인 측면에서 소통불가능 혹은 번역불가능한 세계를 발견하게 된 양상과 정확히 겹쳐 있는 것으로 이해될 수 있을 것이다. 옥련이 동질 언어적 공간인 조선을 벗어나 일본이라는 이언어적 공간에 노출되는 대목에서, 고유명 옥련의 행방은 어떻게 되었는가를 살피는 것은 퍽 흥미로운 문제가 아닐 수 없다.

전쟁의 와중에 집을 떠난 옥련이 언어적인 차원에서 일본이라는 이언어적 세계를 처음으로 맞닥뜨리는 대목은 표1을 따른다면, 초반부 연재 18회 무렵에 해당된다. 다만 특이하게도 여기에서부터는 유독 옥련에 대한 표기가 한자 표기인 '玉蓮'으로 일정하게 고정되는 경향이 발견된다. 이 대목은 옥련이 러일전쟁에 참전한 일본 출신의 군의관 이노우에(井上軍醫)를 만나면서 자국 언어적인 세계의 주체성에서 벗어나 이언어적 세계와 처음으로 마주치는 부분에 해당한다.

　(가) 軍醫 井上少佐가 玉蓮의 情境을 불쌍히 여기고 玉蓮의 姿稟을 奇異하게, 여겨서 通변을 세우고 玉蓮의 意을 묻는다
　(軍醫)이애, 너의 아버지와, 어머니가, 어디로 간지 모르느냐
　(玉)……

(軍醫)그려면, 네가 내 집에, 가서 있으면, 내가 너를 學校에 보내서 공부하도록 하여 줄것이니[17]


(나) (井)雪子야 네가 玉蓮이를, 말도 가르치고 假名도, 잘 가르쳐 주어라, 말이나, 알아 듣거든 하루 바삐 學校에 보내겠다

(雪子)私가 御孃樣를 가르칠 資格이 되면 御宅에 와서, 종노릇 하고, 있겠습니까 (중략)

(井)雪子야 우리 玉蓮이 데리고 雜貨店에 가서 玉蓮에게 맞는 婦人洋服이나, 사서 가지고 沐浴집에 가서 玉蓮이 沐浴이나 시키고 朝鮮服色을 벗기고 洋服이나 입혀 보자[18]


(다) 玉년이가 婦人에게, 귀염 받을 때에는 門 밖에, 나가기를, 싫어하더니 婦人에게, 미움 받기, 시작하더니 門 밖에 나가면, 들어 오기를, 싫어하더라 / 婦人이, 옥연이를, 귀애할 때에는, 옥연이가, 어디 가서, 늦게 오면 門에, 의지하여, 기다리더니, 옥연이를, 미워하는 마음이 생기더니, 옥연이가, 오는 것을 보면, 에구, 조, 원수의 것이, 무슨 연분이 있어서, 내 집에 왔나 하면서, (중략)

저 아이는 井上軍醫의 養女라지 軍醫는 遼東半島 陷落될 때에, 죽었다지 그 婦人은 그 養女 玉蓮이를, 불쌍히 여겨서, 시집도 아니 가고 있다지

에구, 갸륵한, 부인일세

───────────
17) 이인직, 「혈의누」 18회, 『만세보』, 1906.8.17.
18) 이인직, 「혈의누」 23회, 『만세보』, 1906.8.25.

저, 철없는 옥연이가 그 恩惠<sup>은 혜</sup>를 다, 알른지<sup>19)</sup>

위에 인용된 (가)는 옥련이 통변, 즉 통역을 통하여 일본 군의관 정상 소좌와 처음으로 대화하는 부분이고 (나)는 일본으로 건너간 옥련이 정상, 즉 이노우에 소좌의 부인 그리고 하인인 설자와 처음으로 대화하는 부분이며 (다)는 일본에서 시간이 얼마간 흘러 옥련이 일본어에 익숙해지고 이노우에 소좌가 죽었다는 사실이 전해진 이후의 대목이다. 우선 (가)와 (나)를 살펴보면 특히 (나)에는 옥련의 이름이 직접적으로 대사 속에 등장하고 있으나 주로 한자로만 표기되어 있고 다른 국문전용 표기는 보이지 않는다. 사실 한글로 표기된 고유명들은 일본어가 통용되는 일본에서는 목소리를 통하여 울릴 리가 없으니 이는 당연하고도 합당한 설정일 것이다. 그래서인지 옥련이 일본에 건너온 초반부에 옥련의 고유명은 '玉蓮'이라는 한자에 '옥련'이라는 음성을 지시하는 한글을 올린 형태로 고정되어 있다.

또한 여기에는 특히 낯선 일본어 단어들이 한자 표기로만 등장하고 있는 것이 눈에 띈다. 즉 (나)에서 일본어인 '私(와타시)'를 '내'로, '御御樣(오죠상)'를 'ㅈ근앗씨'로 병용 표기하고 있거나, '假名', 즉 일본 글자인 '가나'를 '언문'으로 옮겨 의미 중심으로 번역하여 병용 표기하고 있는 것은 지금 소설 속의 서사가 일본이라는 낯선 언어적 공간에서 전개되고 있다는 사실을 알려줄 뿐만 아니라 당시 국문 독자들의 읽기를 배려한 세심한 언어적 설정인 것이다.

---

19) 이인직, 「혈의누」 27회, 『만세보』, 1906.9.1.

하지만 (다) 부분, 즉 연재 26~27회 무렵에 이르면 그동안 철저하게 같은 형태를 고수하던 옥련의 고유명이 국문 표기로 바뀌는 과정에서 다시금 균열이 일어나기 시작한다. 이전까지는 철저하게 고정된 하나의 형태를 유지하던 옥련의 고유명이 국문으로 표기되기 시작하면서 '玉[옥]녀', '옥년', '옥연', '玉蓮[옥련]' 등의 이형태들이 비규칙적으로 혼용되는 경향이 발견되는 것이다. 내용적으로 본다면, 다름 아니라 이 대목은 옥련이 일본어에 완전하게 익숙해진 지점, 즉 일본이라는 세계의 언어적 외부성이 완전히 중화되어 이미 언어적으로는 조선과 별 차이 없는 공간으로 변모하게 된 변화의 지점에 해당한다. 이 대목에 이르러서야 옥련이라는 언어적 주체가 일본어라는 외국어를 온전하게 읽고 쓸 수 있게 되어 더 이상 의사소통에 문제가 생기지 않은 것이다. 실제 「혈의누」 서사 내에서도 이 부분에 이르면 생경한 일본식 한자어들이 사라져 더 이상 노출되지 않으며, 인물들 사이의 대화 역시 마치 조선의 한 공간에서 벌어지듯 자연스럽다. 언어적으로 구축된 타자적인 공간으로서의 '일본'이 옥련에게 철저한 외부성의 공간일 때, 그 공간 내에서는 동음으로서의 한자음이든 그렇지 않든 옥련을 부르는 소리가 실현될 수 없었으며, 한일 간의 공통문어인 한자로 표기할 수밖에 없었던 것에 비한다면, 시간이 흘러 옥련이 일본어에 완전하게 익숙해져 마치 자신의 언어적 집 안에 있는 것처럼 느끼게 되었을 때 비로소 자신을 호명하는 목소리를 들을 수도, 말할 수도 있게 된 것이다.

이러한 변모의 양상은 이인직이 언어가 표상하는 세계의 성격, 더 구체적으로는 각각의 '민족(국가)어'가 구축하고 있는 민족국가에 대한 의식과 환경이 그 구성원들에게, 또한 그러한 세계의 경계를 횡단하는 주체들에게 어떠한 영향력을 행사하고 있는지에 대해 예민하게 자각하고 있음을 보여주는 것이다.

다만 옥련이 일본을 거쳐 미국의 상항, 화성돈으로 옮겨간 이후의 서사 전개에서 한일의 공통문어인 한자의 지배력이란 일본을 넘어선 언어적 세계에는 더 이상 영향을 미치기 어려운 것이다. 이는 이인직이 일본에서의 언어적 소통 불가능성과 미국에서의 언어적 소통 불가능성을 다르게 형상화하고 있는 것을 보면 그 차이를 확연히 알 수 있다.

(라) 平壤서부터 同行하던 兵丁이 玉蓮이를 부르는데, 말을 서로, 알아 듣지 못하는 故로, 눈치로 알아 듣고 따라 내려가니, (중략) 玉蓮이가 第一 답답한 것은, 서로 말 모르는 것이라, 벙어리, 심부름하듯 玉蓮이가 兵丁 손짓하는 데로만, 따라간다[20]

(마) 옥연의, 키로, 둘을, 포개 세어도 쳐다 볼 듯한, 키 큰 부인이, 얼굴에는, 새그물 같은 것을 쓰고, 무밋동같이, 깨끗한 어린 아이를, 앞에 세우고, 지나가다가, 옥년의 말하는 소리를 듣고, 무엇이라, 대답하는지 書生과, 옥연의 귀에는 [바바…]하니, 그 男子는, 淸國말을 하는 洋人이라, 淸國말로, 무슨 말을 하는디 書生과, 옥연의 귀에는, 또 [바바]하는 소리 같고 말소리 같지, 아니 하다[21]

20) 이인직, 「혈의누」『만세보』, 20회, 1906.8.19.
21) 이인직, 「혈의누」『만세보』, 36회, 1906.9.18.

(바) 그렇듯 곤란하던 차에 淸人勞働者 한 패가, 지나거늘 書生이 쫓아가서 筆담하기를 請하니, 그 勞働者 中에는 漢文字아는 사람이 없는지 손으로 눈를 가리더니, 그 손을 다시 들어, 홰홰 내젓는 모양이 無識하야, 글자를 못 알아본다 하는 눈치라 (중략) 淸人이 옥년이 옷을 본 즉 日服이라 日本사람으로 알고 옥연에게 向하야 日語로 말을 물으니 옥년이가 기쁜 마음을 이기지 못하여 淸人의 앞으로 와서 말대답을 하는디 書生은 鉛筆를 멈추고 섰더라 / 元來 그 淸人은 日本에 暫時遊覽한 사람이라 日本말을 한 두 마디 알아들으나 長荒한 수작은 못하는지라 옥년이가 첩첩한 말이, 나올 수록 그 淸人의, 귀에는 점점 알아들을 수 없고 다만 朝鮮 사람이라 하는 소리만 알아들은지라[22]

이인직은 옥련이 외부세계를 접하게 되었을 때, 그 세계의 외부성을 드러내기 위하여 단순히 신기한 그 세계의 근대적 문물을 제시하기보다는, 그 외부적인 공간에 놓인 주체의 언어적 소통 불가능성과 그로부터 야기되는 불안 의식을 보여주는 방법을 택한다. 이는 특히 일본에서 옥련이 그 세계의 언어에 익숙해지고 난 뒤에 그 세계의 외부성이 더 이상 강조되지 않고 마치 조선 내부에서 벌어진 일인 양 공간의 외부성이 중화되고 있는 사실을 보면 더욱 분명해진다.

하지만 옥련이 미국에 이르러서 만나게 되는 언어적 소통의 양상은 일본에서와는 비교할 수 없을 정도로 복잡한 위계적 질서로 구성되어

---

22) 이인직, 「혈의누」『만세보』, 36회, 1906.9.19(연재 36회가 실수로 2회 반복되었음. 실질적으로는 37회임).

있다(혹은 그렇게 상상되어 있다). (라)에서 드러나듯 일본 내에서 언어적 소통의 경우, 비록 옥련과 일본인 사이에는 원활한 소통이 이루어지지 못한다 하더라도 작가는 이미 어떠한 내용의 발화가 오고 갔는지 알고 써내려가는 데 비해, 미국 내에서의 의사소통은 이와는 달리 서양인이 하는 말이든, 청인이 하는 말이든 '바바'와 같은 의성어로 표현되어 그 언어적 소통이 원천적으로 차단되어 있다[(마)]. 게다가 공통문어인 한자를 통한 구완서의 소통[필담(筆談)]의 시도 역시 한자라는 문자를 모르는 청인에게는 소용없는 것이다[(바)].

옥련은 겨우 일본어를 알고 있는 청인을 만나 일본어로 소통을 시도하지만 이러한 시도는 서로의 언어적 능력의 격차 때문에 소용없게 된다. 결국 옥련은 구완서의 필담을 통하여 미국 내에서 처음으로 소통에 성공한다. 이는 이인직이 일본 유학을 통하여 일본 내에서의 언어적 경험을 갖고 있었던 것에 비해, 미국에서는 언어적인 경험을 한 적이 없다는 사실에서 비롯되는 문제라고 할 수 있다. 하지만 오히려 이러한 미국 내에서의 언어적 소통의 원천적 불가능성은 일본이라는 한자문명권의 국가 내에서는 은폐되어 있던, 한자가 갖는 문자적 유효성의 문제를 부각시킨다. 옥련이라는 언어적 주체가 일본 내에서 행하였던 언어적 소통의 경험이 하나의 언어가 담보하는 언어적 세계의 표상의 외부, 즉 언어적 세계들의 경계에서 드러나는 외부성의 차원을 드러내고 있다면, 미국에서의 언어적 소통의 경험은 바로 그동안 은폐되었던, 언어가 담보하는 세계 내의 계층적 위계에 대한 표상의 문제를 드러내고 있는 것이다.

말하자면 하나의 언어적 세계에서 다른 언어적 세계로 옮겨가는 데 있어 고유명 옥련을 호명하는 목소리가 들리지 않게 되어 이를 한자로 표기할 수 있었거나 그럴 수밖에 없었던 것이 일본이라는 언어적 세계 내에서의 상황이라면, 아예 한자라는 문자의 형상성이 갖는 의미적 유효성이 위협받는 것이 미국이라는 언어적 세계 내에서 벌어진 상황이 될 것이다. 다만 일본과는 달리, 옥련과 동행하였던 구완서라는 존재가 함께 있기 때문에, 즉 옥련이라는 고유명은 언제든 호명될 수 있었다는 사실은 차이로 기록해둘 만한 것이다.

이처럼 「혈의누」에 등장하는 이언어 간의 소통 가능성(소통 불가능성) 그리고 언어적 위계의 문제는 이후 등장한 여러 소설에 나타난 경우와 여러모로 비교할 수 있다. 예를 들어 1908년에 발표된 육정수의 『송뢰금』에서는 계옥의 가족들이 하와이로 떠나면서 그 여정 중에 원산과 부산 그리고 '신호'(神戸, 고베)를 이동하면서 겪는 이국적 세계에 대한 묘사라든가 계옥의 안질(眼疾) 때문에 포와도로 떠나지 못하고 신호에서 오랫동안 머무르면서 그곳에서 보고 듣게 되는 일본의 근대문물에 대한 묘사가 치밀하고 상세하게 드러난다.

태평양을 건너갈 배 한 척이 장기항에서 떠났다는 전보가 오더니 농민의 안질 검사를 한다고 유숙소 일판이 바짝 떠들며 너른 마당에 체조 시키듯이 사렬로 삼백여 명을 늘어 세우고 하나씩 호명을 하야 세우고 눈이 노랗고 코가 높다란 서양 의원이 손에다 뾰족한 못 갓흔 것을 들고 눈을 뒤집어 보며 「올라잇 굿」 하기도 하며 「튜래코마」 하기도 하는데 「굿」 소리를 들은 사람은 과거 때 급제나 한 듯이 좋아서 내려오며 「코마」 소리 만나는 사람의 얼굴은 주름살이 잡히었더라 그럭저럭 계옥이 일행 차례가 되었는데 부인 모자는 「올라잇」이라 하자 계옥이 눈을 보고 의원이 고개를 설렁설렁 흔들며

「씨비어원」이라 하니까 사무원이 입맛을 쩍쩍 다시며 / 이번 선편에는 못 가시겠소 안질이 대단하다니 치료를 한 후라야 될 터이요.[23]

위 인용된 부분에서 '올라잇 굿'이라든가, '튜래코마' 등 낯선 언어인 영어는 소설의 문면에 그대로 노출되어 있다. 그로 인해 이 작품에 드러난 '고베'의 풍경은 대단히 이국적인 것이긴 하되, 분명 독자들에게는 이 언어 세계로 파악되기는 어려웠을 것이다. 이 소설에 등장하는 계옥이나 이 소설을 읽고 있는 독자들은 분명 이해할 수 없었을 이국의 언어는 소통을 위한 언어가 아니라 단지 이국세계의 효과를 위한 볼거리에 지나지 않는다. 따라서 『송뢰금』에 등장하는 이국적 공간 '고베'가 진정한 의미의 언어적 세계의 바깥이 될 수 없었던 것은 『송뢰금』의 서사 내에서 두 가지, 즉 전통-근대문명이라는 시간적 세계의 충돌과 한국어-일본어(영어)라는 언어적 세계의 충돌이 나타나 있지 않기 때문이다. 인간이 외부세계를 접할 때 당연히 겪게 되는 언어적인 소통의 부재와 그로 인한 불안감이 전혀 고려되지 않은 것이다.[24] 아마도 유학 경험이 없었던 육정수가 항구의 정경을 직접 취재한 결과이거나 배재학당을 졸업한

---

23) 육정수, 『송뢰금』, 박문서관, 1908, 55~56쪽.
24) 이는 사카이 나오키(酒井直樹)가 '균질언어적 말걸기'라고 명명하였던, 서로 상이한 언어를 사용하는 집단 혹은 개체들 사이에서 그것이 실제로는 비균질적인 언어공간을 이루고 있다는 사실을 인식하지 못한 채, 동일한 '언어'를 사용하는 '우리'를 전제하고 말하는 태도를 연상시킨다. 물론 그의 맥락에서 이 언어는 개별 민족언어를 지칭하는 것만은 아니다(사카이 나오키, 후지이 다케시(藤井たけし) 옮김, 『번역과 주체-'일본'과 문화적 국민주의』, 이산, 2005, 48~49쪽).

그의 이력상 외국 선교사에게 들은 내용을 소설로 창작하였던 것에서 비롯된 상황일 것이다. 계옥의 가족에게 '신호', 나아가 일본이라는 외부 세계는 타자적인 공간이 아니라 여기 균질한 언어공간에 대한 연장(延長)으로 그려질 뿐인 것이다.

> 심진사는 빈한에 속이 상하던 차에 윤조의 풍치는 말을 듣고 큰 수나 날 듯이 개발회사 모집에 자원투입(自願投入)하야 평생에 듣도 보도 못하던 묵서가 땅에를 이르렀는데 그곳은 아직도 문녕신화(文明進化)가 못다 되어서 인류를 우마와 같이 천하게 대우하는 악풍이 그대로 있는 고로 토인(土人)들이 일반 동양에서 건너간 사람을 전신에 유혈이 낭자하도록 채찍질을 하여 가며 뼈가 빠지도록 노동을 시키며 (중략) 별안간에 토인이 와서 무엇이라는지 알아 들을 수도 없는 소리를 돌담 무너지는 것같이 미음 받침이 썩 많게 지르며 잠근 문을 딜컥딜컥 열더니 옥색 물을 풀어 들인 듯한 눈을 똑 바로 뜨고 한참 꾸짖다가 아무 말 없이 그 문을 도로 탁 닫고 자물쇠를 여전히 딜컥 잠그더니 어디로 가는지라[25]

「혈의누」에서 제시된 이언어적 세계에 대한 형상화 양상은 오히려 이해조가 1911년에 연재하였던 「월하가인」의 그것과 비교되는 바가 있다. 이 소설 속에서 이해조는 주인공인 심진사가 묵서가(멕시코)의 토인을 만나 소통 불가능한 양상에 이르는 대목을 보여준다. 「월하가인」이라는 소설은 이해조의 전작인 「빈상설」에 비해 그간의 작가의 고심이 느껴질

---

25) 이해조, 「월하가인」 27~28회, 『매일신보』, 1911.2.19~21, 각1면.

정도로 주제적인 측면이라든가 세계의 외부성에 대한 형상화의 측면이 눈에 띈다. 이 작품은 주제의 유사성뿐만 아니라 '묵서가'라는 외부세계를 형상화하는 태도 등 여러 면에서 앞선 시대에 출현한 「혈의누」와 『송뢰금』으로부터 영향을 받아 그 작품들을 발전시키고 있다. 이해조는 외부세계에서 벌어지는 언어적 소통의 부재를 통하여 그 세계의 외부성을 드러내는 「혈의누」의 방식, 즉 세계의 특수성을 보여주는 가장 중요한 매개로 언어를 들고 있는 태도를 다시 보여주고 있는 것이다. 물론 이 둘은 외부세계에 대한 태도에서 약간의 차이를 드러낸다고 볼 수 있는데, 이인직이 언어를 모르는 어린아이가 일본과 미국처럼 상대적으로 높은 문명국에 접하게 되어 언어를 배우면서 그 사회에 적응해가는 서사를 구현하였다면, 이해조는 '묵서가'에 존재하는 미개인들의 언어를 이해하지 못하여 소통하지 못하는 심진사의 서사를 보여주는 것으로 명백하게 구분된다. 이인직이 '조선'을 전형적인 사회진화론의 발전 도식의 아래 단계로 간주하고 계몽의 태도를 견지한다면, 이해조는 '조선'을 '미국', '중국'과 함께 문명국으로 보고 그들 사이의 소통을 비교적 가능한 것으로 상정하고 있으며,[26] '묵서가'와 같은 '미개'한 국가의 언어는 소통되지 않은 미분화된 것으로 간주하고 있는 것이다. 이 둘이 이러한 차이를 보이는 것은 그 둘의 출생 신분, 유학 경험의 차이 등 그들이 견

---

26) 「월하가인」에서 심진사는 '묵서가'에 함께 잡혀와 노동하던 왕대춘이라는 중국인을 만나는데, 그는 '묵서가'의 '토인'과는 달리 '서투른 죠션말로'(위의 글 29회, 『매일신보』, 1911.2.22, 1면)나마 그에게 말을 걸어 친분을 나누고 결국에는 심진사가 '묵서가'를 벗어나 미국으로 갈 수 있게 도와준다. 미국에서도 심진사는 언어소통에 어려움을 느끼지 않으며 쉽게 예수교 목사집의 사환 자리를 얻는다.

지해온 편력과 관련된 문제이겠지만, 그보다는 무엇보다 약 5년이라는 두 소설이 발표 시점의 차이에서 비롯된 것이다. 그사이에 이미 조선사회가 추상적 무시간성이라고 부를 수 있는 상태에서 벗어나 경험해온 시간의 경과를 양적으로, 혹은 시각적으로 형상화하여 보여줄 만한 모더니티의 배치 속에 편입되었던 까닭이다.

다시 「혈의누」 속 옥련의 문제로 돌아온다면, 미국 내에서 옥련의 국문/한문 표기 문제는 이전의 양상과는 전혀 달리, 한자라는 문자가 표상하는 계층적 위계의 문세로 느러난다.

(사) 그 때 옥년이가 高等小學校에서 卒業優等生으로 玉蓮의, 이름과 玉蓮의 사적이 華盛頓新聞에 낫는데 그 新聞을 보고 이상히 기뻐라는 사람 하나가 있는데 (중략) 그 때 華盛頓新聞에는 말은 옥년의 學校成蹟과 平壤 사람으로, 일곱살에 日本 大坂에 가서 尋常小學校 卒業하고 그 길로 米國華盛頓 와서 高等小學校에서 卒業하였다 한 簡單한 말이라 金氏가 分明히 自己의, 딸이라고는 質言할 수 없으나 玉蓮이라 하는, 이름과 平壤사람이라는 말과, 일곱살에 집, 떠났다 하는 말은 金冠一의 마음에, 정녕, 내 딸이라고, 생각 아니 할 수도 없는지라[27]

(아) 廣告 / 去十三日 黃色新聞雜報에 韓國女學生 金玉蓮이가 某學校 卒業優等生이라는 記事가 있기로 其留하는 (호텔)를 알고자 하야 玆에 廣告하오니 누구시든지 玉蓮의 留하는 (호텔)을 此告白人에게 알려주시면 相當

27) 이인직, 「혈의누」 37회, 『만세보』, 1906.9.20.

한 賞金<sup>상 금</sup>으로 (十留)<sup>십 유</sup>(米國돈십원)<sup>미 국</sup>을 仰旦홀<sup>앙 뎡</sup> 事<sup>ᄉ</sup> / 韓國<sup>한 국</sup> 平安道 平壤人 金冠一<sup>평 양 인 김 관 일</sup> / 告白<sup>고 빅</sup> / 現留<sup>현 유</sup>……<sup>28)</sup>

이인직이 한문 표기와 국문 표기가 각각 표상하고 있는 공/사적 위계에 대해서 뚜렷한 인식을 갖고 있었다는 사실은, 옥련의 이름이 더 이상 한자로 표기되지 않는 연재 37회와 43회에서 갑작스럽게 '玉蓮'이라는 한자 표기와 부속국문 표기가 등장하는 것을 통하여 확인할 수 있다. 이 두 경우는 옥련의 이름이 공적매체인 신문, 즉 『화성돈신문(華盛頓新聞)』에 게재되었던 상황에 해당하고 있기 때문이다. 특히 37회 무렵이 이미 전체 텍스트 내에서도 더 이상 옥련의 이름을 한자로 표기하지 않게 된 상황에 해당한다는 점을 감안한다면, 유독 공적매체인 신문에 게재되거나 그에 관련된 두 대목에서만 옥련의 이름이 새삼스럽게 다시 한자로 표기되는 양상이 발견되는 것은 퍽 흥미로운 일이 아닐 수 없다. 이는 이미 앞선 36회 무렵에 문자언어로서 한자문명권을 벗어난 미국이라는 세계 속에서 한자의 영향력이 무의미하다는 사실을 확인한 뒤에 벌어지는 상황이기에 더욱 그러하다. 「혈의누」 텍스트 전체의 표기적 변모의 방향이 한자를 배제하고 국문 중심으로 바뀌어가는 양상을 구축하고 있음에도, 이인직은 세계 내부에 존재하는 공적/사적 위계에 대한 예민한 언어적 감각을 드러내기 위하여 다시 국한문의 위계적인 차이를 참조하여<sup>29)</sup> 드러내고 있는 것이다.

---

28) 이인직, 「혈의누」 43회, 『만세보』, 1906.9.29.
29) 권영민, 『국문 글쓰기의 재탄생』, 서울대학교출판부, 2006, 30~47쪽.

## 4. 음성과 문자의 표기적 전시장으로서의 『만세보』

이상의 논의를 통하여, 당시 『만세보』에 실린 「혈의누」에서 '옥련'의 고유명을 호명하는 소리가 작품의 서사와 나아가 외부세계의 타자성을 드러내기 위한 일종의 도구로 사용되었다는 사실을 확인하였다. 이를 단지 고유명에 의한 호명과 그것에 결부된 언어철학적 문제로 국한시키기보다 일반적인 당대 어문의 문제로 확장시키려면 당시 『만세보』가 도입하였던 당대 어문환경에 대한 충격이라는 관점으로 다시 조명해볼 필요가 있다. 즉 「혈의누」에서 이름을 호명하는 데 있어 국한문 사이의 음성적 관계가 대두될 수밖에 없었던 상황은 『만세보』에서 소리를 재현하고 현상할 수 있는 기술인 인쇄활자 '루비', 즉 부속국문활자를 도입한 데서 비롯된 것이고, 이러한 상황이 초래한 당대의 에크리튀르적 변화에 대하여 논의하려면 관점을 더 넓히는 과정이 긴요하다는 의미이다.

당시 이 신문이 취하였던 독특한 국한문병용 표기에 담긴 언어적 의식을 논하기 위하여 창간호인 1906년 6월 17일 자 지면을 살펴보면, 당시 이 신문의 지면 속에는 적어도 세 가지 이상의 표기방식이 공존하고 있다는 사실을 금방 알 수 있다. 물론 『황성신문』처럼 주로 한문 표기를 중심으로 하던 신문도 국한문혼용 표기방식이나 구결 표기방식에서 단순하지 않은 다양한 층위를 보여준다는 것은 일찍이 충분한 연구를 통하여 알려졌다. 하지만 여기에 새로운 기술로 도입된 부속국문활자까지 사용하여 국문과 한문의 보충 표기가 가능해진 『만세보』의 지면은 그야말로 당대 언어생활의 다층적이고 다면적인 양상을 그대로 재현하는 언어적 표기와 소리의 전시장이었다고 하여도 틀린 말은 아니다.

(가) 歲光武十年夏於南山下新築一屋名曰萬歲報社是日也發刊第一號逐廷內外大賓及文人名士落而成之實盛擧也於是漢水玄采叩參末席起而告之曰今夫天下萬國新聞之設以千萬計新聞多則民智日開國勢日張新聞少則民智日愚國勢日蹙[30]

(나) 萬歲報라 名稱한 新聞은 何를 爲하여 作함이뇨 我韓人民의 智識啓發하기를 爲하여 作함이라 噫라 社會를 組織하여 國家를 形成함이 時代의 變遷을 隨하여 人民智識을 啓發하여 野昧한 見聞으로 文明에 進하게 하며 幼穉한 知覺으로 老成에 達케함은 新聞敎育의 神聖함에 無過하다 謂할지라[31]

(다) 文明한 國에 家家이 大學校를 設始하였다 하니 何이오 新聞社 [南村一人]

　　文明한 國에 人人이 高等敎科書를 讀하니 何이오 新聞紙 [北村一人]

　　文明한 國(나라)國에 文明한 人은 飯一時를 空고는 出入하되 新文을 未讀면 門에 出지 아니한다 하니 何한 事이오 耳目이 昏昏(愛讀生)

　　文明한 國에 官人이든지 勞動者이든지 各般社會에 月銀과 雇金中에 新聞紙價을 先 하고 衣食의 經費를 삼는다 하옵디다[聽世翁][32]

30)「궁정록사(宮廷錄事)」,『만세보』1호, 1906.6.17, 3면.
31) 오세창(吳世昌), '사설(社說)',『만세보』1호, 1906.6.17, 1면.
32)「국문독자구락부(國文讀者俱樂部)」,『만세보』1호, 1906.6.17, 3면.

이처럼 『만세보』에 드러난 다양한 표기방식 중에서도 특히 일정한 경향성을 드러내고 있는 대표적인 세 가지 방식을 거론해본다면, (가) 순한문 표기, (나) 국한문혼용에 한글로 주석음을 단 표기, (다) 국한문혼용에 한글로 주석 뜻을 단 표기로 구분할 수 있을 것이다. 즉 아예 구결(입겿: 한자음을 자연스럽게 읽어내기 위하여 표기하는 토시) 표기도 되지 않은 순한문 표기에서부터[33] 국한문혼용에 한자를 읽어낼 수 있는 녹음을 단 표기나 국한문혼용의 한자 부분에 의미적으로 대응하는 뜻을 붙인 표기 등이 등장하고 있는 것이다.

우선 (가)와 같이 순한문으로 쓰인 글의 내용적 성격은 주로 대한제국 관공서의 「공보」라든가 '축사(祝辭)' 등이 대부분이었다. 당시 이 신문에는 창간 초창기에 각계에서 축사가 답지하였는데, 이 축사들은 대부분 이와 같이 순한문으로만 표기되어 있다. 이러한 축사는 주로 당시 정계 혹은 학계의 유력한 지식인들이 보낸 것이었기에 한문으로 쓰여 있는 것은 당연할 터였다. 다만 이러한 성격의 글에 부속국문활자를 통한 주석 표기가 달리지 않았던, 혹은 달릴 수 없었던 이유에 대해서는 여러 가지 해석이 가능하다. 우선 일반적인 한문 문장의 경우, 이를 읽어내는 사람에 따라서 각기 다른 구결을 덧붙여 읽는 것이 가능하고 그것

---

33) 물론 『만세보』 1호에는 다음과 같이 순한문체와 국한문혼용체의 중간 단계로 원래의 한문 구조를 취하고 있는 문장에 국문으로 현토를 단 형태의 문체 역시 존재한다. "今於萬歲報社와普文舘之設에余甚嘉悅而深視也로라何者오萬歲報는新聞發行者也오普文舘은簡策印刷者也라新聞은引天下文明諸國已發之事하야著於一片紙上하야以所不聞으로敎導未發之國하야使之進步케하니此是爲國爲民之一脉絡이오"(「축사(祝辭)」, 『만세보』 1호, 1906.6.17, 3면.)

자체가 하나의 해석적 전통과 관계된다는 사실을 감안한다면 축사로 온 글에 타인이 섣불리 구결 표기를 하는 것은 무례한 일로 비쳐질 가능성이 농후하다. 물론 『만세보』 내에도 한문 문장을 읽고 쓰는 일에 능숙하고 정통한 이들이 존재하였으리라는 사실은 의심의 여지가 없으나 마치 전통적인 '문(文)'의 개념에서 보면 편지와도 같은 '축사'라는 글의 형식에 신문사가 마음대로 독음을 달아 내보낼 수 없었다는 사실은 충분히 짐작되는 바가 있다. 즉 이 신문에서 한문의 원래 구조를 그대로 띠고 있는 기사들은 내용상 그럴 만한 이유가 충분히 존재하였던 셈이다.

한편 이처럼 주석음이 달리지 않는 한문으로 된 기사에 대해서는 국문 주석음의 효용성 문제에 있어서도 생각해볼 여지가 있다. 우선 전통적으로 한문으로 된 텍스트에 독음과 자기 나름의 구결을 붙여 읽어낼 수 있는 이들에게는 한자 하나하나에 음을 달아주는 것은 의미가 없다. 이는 한문으로 된 텍스트를 읽어낼 수 없는 독자들에게도 마찬가지인데, 그들이 한자 하나하나의 독음을 안다고 하더라도 그 한자가 환기하는 의미나 어문구조를 알지 못하면 그 텍스트를 해독해낼 수 없는 까닭이다.[34] 애초에 한문을 읽고 쓰는 이들은 입으로는 낱낱의 한자 독음에 각기 나름의 구결을 덧붙여 읊으면서, 눈으로는 그 한자의 형상과 문장의 구조로 의미를 파악해내는 것이 일반적인 관행인 것이다. 애초에 읽어내는 음성과 관념으로서의 의미가 분리되어 있는 것이 조선 이래 한문으로 된 텍스트의 기본적인 특징이며, 형상을 통하여 의미를 환기할 수 없는 이들에게 그것을 읽어내는 소리로 독음을 제시하는 것은 의미

---

34) 앞의 최태원(1999), 12쪽.

없는 일이다.

따라서 창간호와 이후의 『만세보』 지면에서 가장 일반적으로 많이 등장하는 표기가 (가)와 같은 순한문 표기가 아니라 (나)처럼 국한문혼용에 한글로 주석음을 단 표기였던 것은 자연스럽게 이해할 수 있다. 이는 한문을 주로 하되 한문 글자 옆에 국문으로 주석을 하여 한문을 모르는 사람이더라도 국문을 보고 알게 하겠다는, 『만세보』가 창간되던 당시 천도교 교주인 손병희가 피력하였던 언어 계몽적 표기 이념과 두루 상통하는 것이다.[35] 따라서 창간호의 사장 오세창이 쓴 '사설(社說)'이나 주필 이인직이 쓴 기사 「사회(社會)」 같은 주요한 기사들이 주로 국한문혼용문에 한글로 주석음을 단 형태였던 것은 자연스럽게 이해할 수 있다. 이들은 문장상으로 본다면 이른바 국한문혼용이라고 지칭되는 문장 중에서 이미 한자의 문법 구조를 해체하여 원래 한문의 음을 읽어내는 자연스러운 구결문의 구조를 깨뜨리고 국문의 구조를 차용한 것이었으며, 여기에 부속국문활자를 통하여 그 독음을 제시한 형태였다. 따라서 분명 이전 『황성신문』에서 채용하던 국한문혼용에 비하여 인쇄기술적인 진보가 체감될 만한 것이었고 다양한 어문 사용 계층의 요구에 부응할

---

35) 「만세보시설(萬歲報施設)」, 『제국신문』, 1906.5.11. "천도교주 손병희씨가 천도교 교회 기관 신문을 발간한다는 말은 향일 기재하였거니와 그 신문 이름은 만세보라 하고 처소는 남서회동으로 정하고 기계와 활자는 이미 준비하였고 그 신문 만들기는 한문으로 주장하고 한문 글자 옆에 우리나라 국문으로 주석하여 비록 한문을 모르는 자라도 그 곁에 국문을 보고 알게 만들겠다 하며 신문 장광은 외국의 큰 신문과 같이 하고 값을 매우 염하게 한다는데 이인직씨의 명의로 일전 내부에 청원인허하였다 하니 불원간 간행이 되겠다더라."(앞의 김영민(2008)에서 재인용하여 현대어로 수정함.)

수 있는 것이었다.

하지만 이 문제를 조금만 주의 깊게 살펴보면, (나)와 같은 표기방식 유형에서도 앞선 순한문 표기와 마찬가지로 표기 선택상의 딜레마가 존재하였다는 사실을 금방 알 수 있다. 앞서 인용된 (나)는 오세창이 쓴 사설이었는데, 이 글의 표기방식은 한문이 갖고 있던 본래의 어문구조를 해체하여 국문의 그것처럼 하되, 주로 '신문', '사회', '지식', '국가' 등 근대적 개념어들을 중심으로 한자로 표기하고 이에 독음을 표기하는 것이었다. 다만 앞서 순한문 표기의 경우와 마찬가지로, 한자로 표기된 단어의 독음을 부속국문활자를 통하여 한글로 적어 넣는 행위에 의미가 있으려면 그 한자어를 읽어내는 소리만으로도 그것이 담고 있는 의미를 환기할 수 있도록 그 단어가 이미 독자의 언어생활에서 늘상 참조하는 가상의 어휘사전(glossary) 안에 들어와 있지 않으면 안 된다. 즉 '山(산)'이나 '江(강)'처럼 한자의 음이면서도 이미 충분히 국문화되어 당시 인민들의 언어생활 속에서 수용된 것들이어야 부속국문활자를 통하여 한자 단어에 독음을 다는 행위가 유효할 수 있는 것이다.

물론 당시 일본을 통하여 번역되어온 서구의 근대 개념어들은 한문을 주로 읽고 쓰는 계층에게나 국문을 주로 읽고 쓰는 계층에게나 익숙한 것이었다고 보기는 어렵다. 예를 들어 'Society'의 번역어로 일본에서 번역한 '사회'라는 번역어는 같은 한자문명권에 속해 있는 조선에서는 한자어 그대로 쉽게 들여올 수 있었지만 실제 내용은 아직 번역되지 않은 것이었다. 따라서 이미 조선시대 내내 확립되어 있던 동음이라는 한국화된 한자어의 읽기 관습을 따라 '사회'라고 표기하는 것은 다소 잠정적인 명명법에 해당하는 것일 수밖에 없다. 물론 한문 교육을 받은 자라면 한자의 형상이 환기하는 의미를 통하여 대강의 의미를 어림할 수 있을 것이고, 그렇지 못한 자라면 한자를 경유한 독음으로 된 단어라는 낯선 개념적 구체물이 환기하는 현전을 맞이하여 하나하나의 의미를 학습해나가지 않으면 안 될 것이지만, 사실 한자에 대한 지식의 유무가 한자로 표현된 외래의 개념어에 대한 이해의 정도에 심대한 차이를 가져오리라 기대하기는 어렵다. 주로 추상적인 언어적 개념은 궁극적으로 인간 개개인이 소유한 이념적 지평의 문제와 관련된 것이기 때문이다. 예를 들어 '자유(自由)'라는 낱낱의 한자가 갖는 의미를 알고 있다고 하더라도 서구적인 의미의 '자유(freedom)'라는 개념을 이해하지 못한 사람이 그 본래의 의미를 이해하리라 기대하기는 어려운 것이다. 결국 이처럼 낯선 근대적 개념에 대한 독음 중심의 표기는 당시 인민의 언어생활을 그대로 반영하는 것이 아니라 낯선 개념에 대한 인민의 앎의 욕망을 추동하는 계몽의 문제로 변모될 수밖에 없는 것이다.

이처럼 근대의 개념에 대한 음성적 재현의 측면 외에 (나)의 표기방식에서 발견되는 표기상의 또 다른 딜레마는 움직임을 표기하는 어휘의 표기방식이다. 주로 '독립하다'처럼 개념어에 '하다'가 붙은 형태의 표기라면 앞선 경우와 마찬가지였겠지만, (나)의 글 속에서는, 예를 들어 '作함이라'라든가 '隨하여', '達케함'처럼 표기하고자 하는 독특한 경향성이 등장하고 있는 것이다. 물론 이 문장은 이미 국문의 문장구조를 취하고 있기에 한자 위에 붙어 있는 독음과 어미를 붙여 읽으면 자연스럽게 읽을 수 있지만, 문제는 이렇게 한자의 독음만 그대로 표기하는 경향은 국문을 주로 읽고 쓰는 독자들에게는 그 의미가 닿지 않기 때문에 충분한 효과를 낼 수 없다는 점이다. 이 문제를 해결하기 위해서는 한자가 포함된 단어 전체를 국문으로 바꿔버리지 않으면 안 되나, 한자를 없애고 이를 국문으로 바꾸는 것은 한문을 중심으로 읽고 쓰는 독자의 요구를 배반하여 국한문병용 표기 본래의 취지를 깨는 것이 되고 만다. 따라서 표기된 한자 옆에 그 독음이 아닌 국문으로 번역된 의미를 표기하기 시작하는 (다)와 같은 표기 경향이 고안되기 시작한 것은 당연한 흐름으로 이해된다. 이 문제는 번역된 서구의 근대 개념어의 차원과는 달리 계몽의 구도만으로는 해명되지 않는 국한문의 글쓰기적 문제로, 순 국문체와 국한문혼용체 사이에 존재하던 오래된 간극을 보여주는 것이라고 할 수 있다.

이처럼 한자를 음성적으로 읽어내는 방식으로 주석음을 붙이는 표기방식이 드러내고 있는 여러 문제적 국면에서, 표기된 한자에 대해 국문으로 된 단어, 즉 의미로 된 주석 뜻을 다는 방식으로 표기적 변용을 꾀하고자 하는 움직임은 주로 초기 『만세보』에 설치된 「국문독자구락부(國文讀者俱樂部)」란에 실려 있는 글들을 통하여, 그리고 이후에는 이인직을 통하여 적극적으로 시도된다. 이인직의 경우, 그가 창간호에 쓴 기사 「사회」에서는 전형적인 (나) 유형의 표기방식을 드러내고 있으나,[36] 소설 창작에 나서는 시점에서부터는 적극적으로 새로운 표기방식의 실험에 나선다. 다만 당시 『만세보』에서 행하여진 이러한 새로운 표기방식

---

36) 이인직, 「사회(社會)」, 『만세보』 1호, 1906.6.17, 2면. "社會는 數世에 一社會가 成함도 有하며 瞬息에 一社會가 成함도 有하니 昔에 木食澗飮하든 野灣에 幾年代를 一社會라 稱함도 可하며 今에 鐵道列車 內에 集合한 若干人을 一 種會社의 團結을 形成하였다 함도 可한지라 (후략)"

의 실험을 논하기 위해서는 조선 이래의 언해적 전통과 독립협회의 국문 담론에 대하여 먼저 논의할 필요가 있을 것이다.


## 5. 조선의 언해적 전통과 '한문 훈독'이라는 관념적 허상


다만 『만세보』가 부속국문활자를 통하여 실현하였던 부속국문 표기는 단지 인쇄기술적인 관점에서만 본다고 하더라도 그다지 새로운 방식은 아니었다. 이러한 부속국문 표기는 비록 목판활자의 형식이라고 할지라도 조선시대에 훈민정음 창제와 더불어 발전해온 언해(諺解)의 일부인 한문 주석의 전통에서부터 발견되어온 일반적인 것이었기 때문이다. 1459년에 간행된 『월인석보(月印釋譜)』의 권두에 실린 「세종어제훈민정음(世宗御製訓民正音)」에서는 이미 한자의 대각선 아래에 작은 글씨로 그 한자에 대한 동국정운식 독음이나 이후 동음화된 독음을 한글로 표기하는 방식이 선행되고 있었다.

물론 이러한 독특한 표기적 실천 양상이 당대 어문환경에 초래하였던 담론적 효과를 충분히 살피지 않은 채 단지 비슷한 발상이 훨씬 이전 시기에 존재하였다는 사실만을 제시하는 것은 큰 의미를 갖기 어려울 터이다. 다시 말해, 같은 한자문명을 공유하고 있던 양 국가는 각각 다른 시기에 한자어를 어떻게 읽어낼 것인가 하는 문제에 천착하여 부속표기 혹은 병용표기 발상을 통하여 각각 다른 어문 전통을 구축해내었던 것이다. 우선 일본에서 '루비'라는 활자를 통하여 한자 옆에 그것을 읽는 독음을 적어 넣는다는 간단한 생각은, 앞선 시대 한문훈독이라는 전통이 초래한 한자 읽기 관습상의 혼란을 단번에 정리하는 효과를 얻었다.[37] 고모리 요이치(小森陽一)가 활자로서 '루비'에 주목하는 이유는 바로 앞선 시대 한자에 대한 음독과 훈독[38]의 다양한 양태들이 뒤섞여[39] 마에지마 히소카(前島密, 1835~1919)의 '한자폐지안(漢字御廢止之議)' 이후 일련의 한자 폐지의 주장[40]으로 복잡해진 일본 어문의 혼란상을 이 인쇄표기상의 기술과 출판매체를 통하여 타개할 수 있다는 판단에서 비롯된 것이다. 즉 당시 한자를 통하여 발생한 언문일치의 요구를 언어정책이나 제도의 변화를 통하여 당시 인민에게 새로운 어문체계나 관습을 강요하지 않고서도 복수적인 표기체계의 구축과 미디어적인 파급력으로 무마할 수 있었던 것은 루비라는 표기를 통해서였다. 한자 표기를 포기하지 않고 한자를 일본어의 일부로 끌어들여 절충적인 표기형식을 이

---

37) "1874년 11월 2일에는 모든 한자에 방훈(傍訓), 즉 루비(るび = ふりがな)를 단 소신문 『요미우리신문(讀賣新聞)』이 창간되어 단숨에 대신문과 소신문을 합쳐 가장 많은 부수를 발행한다. 근대 일본의 미디어 리터러시를 형성하는 데 한자에 루비를 다는 활자인쇄기술만큼 획기적인 역할을 한 것도 없다. 그런 의미에서 루비라는 일견 곁다리로밖에 보이지 않는 조그마한 문자들이 근대 일본어의 근간을 지탱하고 있었다고 해도 과언이 아니다."(고모리 요이치, 정선태 옮김, 『일본어의 근대-근대국민국가와 '국어'의 발견』, 소명출판, 2003, 65쪽)
  위와 같이 고모리 요이치는 루비라는 활자인쇄술이 근대 일본어에 미친 영향을 지적하고 있다. 물론 이는 일본어로 훈을 달 수 없어 음독만이 가능한 한자이자 숙어, 즉 번역된 문명 개념어가 환기하는 근대 일본어의 감각을 설명(위의 책, 86~89쪽)하기 위한 전제에 해당하는 것이다. 이는 오규 소라이(荻生徂徠, 1666~1728)로부터 모토오리 노리나가(本居宣長, 1730~1801)로 이어지면서 형성된 일본 훈독의 전통(마루야마 마사오·가토 슈이치, 임성모 옮김, 『번역과 일본의 근대』, 이산, 2000, 30~48쪽)을 번역된 문명 번역어들이 깨뜨리면서 근대 일본어의 음성적 감각이 형성되었다는 것이다.
38) 사이토 마레시, 황호덕·임상석·류충희 옮김, 『근대어의 탄생과 한문-한문맥과 근대 일본』, 현실문화연구, 2010, 88~95쪽.

룬 현재 일본어의 근간이 된 것이다.

하지만 조선에서 언해의 과정에 앞서 존재하였던 부속국문 표기는 이와는 달리 한자를 읽어내는 음을 고착하려는 의도를 실현하는 것이었다. 이는 『동국정운』 이래로 조선의 어문정책의 핵심이 이른바 화음(華音)과 동음(東音) 사이의 격차, 즉 중국과 조선에서 각각 한자를 읽어내는 음 사이의 차이를 해소하는 가장 정확한 음성적 표준을 마련하는 것에 치중되어 있었던 것과 무관하지 않다. 훈민정음 창제 이후 발간된 언해류가 먼저 한문의 원텍스트와 함께 이를 읽어내는 독음 주석과 구결을 부속국문 표기로 먼저 제시하고, 이후에 의미를 새길 수 있는 번역으로써 국문으로 된 언해를 제시하는 체계를 갖고 있었던 것은 바로 한문을 읽어낼 가장 정확한 음성적 표준을 마련하고, 한문이 담고 있는 의미는 번역을 통하여 풀어낸다고 하는 음성과 의미의 이원적 체계가 진작부터 확립되어 있었다는 사실을 명징하게 드러내고 있는 것이다. 다만 앞서 한국의 언해적 전통상에 있어 초창기에 등장하였던 한자-한글 병용을 통한 독음 주석의 관습은 초기 한글의 보급 국면에서 한자를 읽어

---

39) 앞의 고모리 요이치(2003), 9~29쪽. 고모리 요이치는 오규 소라이와 모토오리 노리나가를 비교하면서, 소라이가 한문을 읽을 때 중국어 발음대로 읽어야 하며 종래 계승된 훈독 방법을 취하여서는 안 된다고 한 입장과 달리, 노리나가는 한문을 통하여 고유 일본어를 재구성할 수 있다는 신념을 표출함으로써 대립되는 관점을 취한 것으로 보았다. 하지만 고모리 요이치는 이러한 두 사람의 입장 차이에도 한자어로부터 소리를 추출해낼 수 있다는 관념을 갖고 있었다는 점에서는 공통적이었으며, 이것이 일종의 일본 전래적인 전통을 이루고 있다며 비판적으로 접근하고 있다.

40) 이연숙, 고영진·임경화 옮김, 『국어라는 사상-근대 일본의 언어 인식』, 소명출판, 2006, 54~59쪽.

내는 음성을 시각화하여 확정하기 위한 용도로만 활용되었다. 조선시대 내내 다양한 어문 관련 출판물들인 '운서(韻書)'류나 '유해(類解)'류 등을 통하여 한자어의 동음이라는 읽기 관습과 전통이 정연하게 확립된 이후, 이러한 대역(對譯)의 전통은 몇몇 한문 교육적인 목적 외에는 굳이 유지될 필요가 없었던 것이다.

이처럼 조선의 한문 전통에서는 구결을 중심으로 한 한문 음독의 전통이 거의 절대적으로 확립되어 있었기 때문에 실제로 훈독이란 한문을 읽어내는 관습이 아니라 뜻을 새기는 번역, 즉 언해적 관습으로 간주되었다.[41] 이는 전통적으로 일본에서 한문훈독체(漢文訓讀體)가 한문을 읽는 음성적 관습[42] 속으로 통합되어 들어가 있던 상황과는 본질적으로 다른 것이었다. 조선에서의 한문 훈독, 즉 언해의 전통은 뜻을 새기는 별도의 과정으로 존재하였던 것이지, 결코 읽는 방법 자체에는 영향을 줄 수 없

---

41) 안병희, 「口訣과 漢文訓讀에 대하여」, 『震檀學報』 41, 진단학회, 1976, 153~156쪽. "음독이란 구결을 넣어서 읽는 것을 가리키고, 석이란 훈독을 가리킨다. 이 음독과 훈독은 한문학습의 필수요건으로 보인다. 음독을 하여 한자의 독음과 문맥을 정확히 알아야 하고, 훈독을 하여서는 문의를 정확히 파악하여야 하기 때문이다." 안병희는 유희춘(柳希春)의 일기를 통하여 400년 전의 한문 학습을 확인하면서 조선시대에 한문을 번역하여 읽는 방식, 즉 훈독이란 석(釋)에 해당하는 언해임을 밝히고 있다.

42) 이연숙, 「일본에서의 언문일치」, 『역사비평』 70, 역사문제연구소, 2005, 324쪽. "일본의 글말 세계는 같은 한자사용권에 속하는 한국과는 상황이 꽤 달랐다. 우선 일본의 글말에는 여러 양식이 있었음을 기억해두자. 일본의 한문은 한자를 읽는 순서를 나타내는 기호와 한문에는 없는 어휘 활용을 표시하는 기호를 사용하여 한문을 일본어식 신택스(syntax)로 변환시켰다. 언뜻 보기에는 한문이지만, 읽는 방법은 일본어인 '한문훈독체'가 바로 그것이다. 이것은 한국의 이두와 비슷한 측면이 있지만, 이두는 어디까지나 주변적 현상이었음에 비해 '한문훈독체'는 일본 한문의 '정통'이었다."

었다. 즉 한국이나 일본에서 언문일치의 문제에 있어 가장 중요한 부분이 한문의 표기와 그것을 읽어내는 음성 사이의 일치였다고 하더라도,[43] 양국의 상황은 사실 전혀 달랐던 셈이다. 마찬가지로 한자 폐지 주장이나 언문일치 요구가 일본과 한국에서 단지 시기만을 달리하여 제기된 것처럼 보인다 하더라도 이러한 양 국가의 어문환경의 근본적인 배치 때문에 그러한 주장이 제기된 배경은 실제로 정반대의 방향성을 가리키고 있었던 것이다.

이와 같은 상황을 본다면, 조선에서 한문을 보고 뜻을 중심으로 읽어낸다는 일본적인 개념의 '훈독'이 존재하였을 것인가,[44] 오히려 조선 후기 일본과 접촉하는 과정에서 일본의 훈독적 전통이라는 관념이 한국에 유입되어[45] 재구축된 양상이 드러난 것에 불과한 것은 아닌가 하는 의문은 충분히 들 수 있다. 즉 일찍이 안병희(安秉禧, 1933~2006)가 조선시대 한글에서의 한문 훈독이란 실제로 언해, 즉 번역이었다고 단언하였던 것

---

43) 가라타니 고진, 박유하 옮김, 『일본근대문학의 기원』, 민음사, 1997, 64~71쪽. "'언문일치' 운동은 무엇보다도 '문자'에 대한 새로운 관념에서 비롯되었다. 막부의 통역 마에지마 히소카를 사로잡은 것은 음성 문자가 갖는 경제성, 직접성, 민주성이었다. 그는 서구의 우월성은 음성 문자에 있다고 생각했고, 음성 문자를 일본어에서 실현시키는 일이 긴급한 과제라고 생각하였던 것이다. (중략) '한자 폐지' 제언에 명료하게 나타나고 있는 것은 문자는 음성을 위하여 씌어져야 한다는 생각이다. 이 일은 필연적으로 구어에 대한 강조로 연결된다. 일단 그렇게 되면 한자가 실제로 '폐지'되는가 하는 것은 별 문제가 되지 않는다. 이미 한자도 음성을 위하여 씌어져야 하는 것으로 간주되고 있으니 한자를 택할 것인지 가나를 택할 것인지는 선택의 문제에 지나지 않기 때문이다. (중략) 앞에서 나는 언문일치의 본질은 문자 개혁, 즉 '한자 폐지'에 있었다고 썼다. 물론 실제로 한자를 폐지하느냐 아니냐 하는 것은 문제가 아니었다. 문제는 언문일치를 통하여 '문'(한자)의 우위가 근본적으로 뒤집혀졌다는 것이며, 또한 언문일치가 음성 문자의 사상에 의해 이루어졌다는 것이다."

은[46] 대단히 이중적인 방식으로 이러한 상황을 요약하여 보여주고 있다. 조선 이래 한국의 어문 관습에서 본다면, 한문에 대한 음독과 언해(번역) 과정을 분리하여 이중적인 체계를 만들어 운용하는 것으로 충분하였던 까닭에, 굳이 한문 훈독이라는 다소 거추장스러운 절충적 형태의 새로운 음성적 관습을 만들어낼 필요가 없었던 것이다. 물론 조선의 어문적 관습이 일본보다 훨씬 더 중화문명권에 가까웠기에 비롯된 경향임을 부인할 수는 없다. 하지만 이처럼 진작에 분리되어 개별적으로 발전해온 한문과 국문이 특정한 신분적 계층과 연관되어 이른바 비균질적인 리터러시(literacy)의 문제로까지 발전해온 조선 이래의 어문적 전통에 대한 더 면밀한 검토 없이, 일본에서 파생된 한문 훈독이라는 다소 잠정적인 형태의 전통을 조선의 어문환경의 변천 과정 속에서 거슬러 찾아내려는 연구적 관점에 재고의 여지가 있다는 사실만큼은 분명해보인다.

이와 같은 관점을 경유하여 다시 『만세보』에서 쓰인 부속국문 표기로 돌아와보면 몇 가지 관점들이 더 분명하게 확정될 수 있다. 즉 『만세보』 초기, 한자에 음을 달아 한문을 모르는 계층에게 읽기의 편의를 도모하

---

44) 김문경, 『漢文と東アジア―訓讀の文化圈』, 東京: 岩波新書, 2010, 94~149쪽. 김문경은 이 책의 2장 「東アジアの訓讀-その歷史と方法」에서 조선에서 한문의 훈독적 전통에 대해 다루면서 조선시대에 남아 있던 한문 훈독적 전통에 대해 살피고 있다. 하지만 그는 읽기의 방식이라는 차원에서 볼 때, 훈독을 명백히 일본의 개념으로 접근하고 있다. 그는 부속국문활자로 쓰인 유길준의 『노동야학독본』을 한문 훈독의 경향을 일본에서 역수입한 사례로 들고 있는데, 여기에서는 이러한 사례가 한문의 읽기 관습에 영향을 줄 수 없었다는 사실은 간과되고 있다.
45) 이병근, 「兪吉濬의 어문사용과 『西遊見聞』」, 『진단학보』 89, 진단학회, 2000, 309~326쪽.
46) 앞의 안병희(1976), 154쪽.

겠다는 생각은 한자를 둘러싸고 한국과 일본이 각각 쌓아올린 다른 어문환경의 차이에 대한 충분하지 못한 이해에서 비롯되었다는 것이다. 즉 조선에서 한자에 대한 독음과 구결은 이미 한문의 읽기 방식 내로 들어와 있었기 때문에 이는 한문을 알지 못하는 계층에 큰 의미를 갖기 어려웠다. 이처럼 한자에 주석음을 다는 표기가 효용성 측면에서 문제를 일으켰다면, 당연히 당시 '국문독자구락부'나 이인직이 주도하였던 것처럼 한자에 대한 주석음이 아닌 의미 중심의 주석 뜻을 다는 대안이 도출될 수밖에 없다. 한자 1자에 1음절이라는 전통적인 음성적 규정이 깨지면서 그 의미를 실현시키고자 하는 시도는 바로 이와 같은 대안의 방향성 속에서 실현될 수 있었던 것이다.

하지만 문제는 이러한 부속국문 표기가 한자 1자에 대응하는 의미의 묶음으로서의 국문 단어라는 관념을 강제한다는 사실일 것이다. 국문체였다면 단지 한자어로 된 단어만 빼고 분절 없이 써내려갈 수 있는 데 비해, 문장 중에 한자 1자에 속하는 부분은 어느 정도 의식하고 규정하여 대응하여야 하는 곤란한 상황에 놓이게 되는 것이다. 『만세보』의 창간호 기사인 「국문독자구락부」에 존재하는 '何<sup>엇지</sup>한事<sup>일</sup>'이라는 구절을 예로 들어본다면, '何<sup>엇</sup>지한事<sup>일</sup>'과 '何事<sup>엇지흔일</sup>' 사이의 선택은 전적으로 기사의 저자와 부속국문 표기를 다는 사람의 몫이 되는 것이다. 오히려 이는 이인직이 연재한 소설이나 언해된 경전 같이 기존의 국문체 전통이 존재하는 글에서나 가능한 일이지, 논설이나 사설 같은 글에서는 엄두조차 낼 수 없을 만큼 불가능한 문체적 변개(變改)를 전제로 한 일이기도 하였다. 어디까지나 훈독적 전통과 나름의 관습이 정착되어 참조적 규정이 존재하였던 일본과는 전혀 사정이 달랐던 것이다. 관습과 제도가 뒷받침되지 않는 상황에서 이러한 표기적 변이의 국면을 몇몇 소수의 어문적 실천을 통하여 바꾸는 것은 당연히 무리일 것이다. 특히 주로 소설을 읽는 계층이 사용하여 발전시켜온 국문체라는 간명한 해결책이 존재하는 상황에서 굳이 이를 일본식 한문 훈독 상황으로 조성하는 것은 이른바 효율성이라는 관점에서 당연히 문제를 발생시키는 것이다. 따라서 이인직이 「혈의누」 이후 자연스럽게 순 국문체로 나아간 것은 회귀를 의미하는 것이 아니라 가장 효율적인 당연한 결정이었던 것이다.

물론 이러한 과정은 한자와 그 독음이 1대 1의 대응을 취하지 않으면 안 된다는 조선시대 어문정책의 암묵적인 전통이 깨져가는 과정인 동시에, 이른바 국문체의 확립 과정으로 이해될 여지가 있다. 이 모든 변화가 신문의 하루 자 지면에서 모두 일어났다는 사실은 이 문제를 흥미롭게 만드는 한편, 그 역사적인 변모 양상을 충분히 짐작해낼 수 없도록 어렵게 만든다. 중요한 것은 이러한 표기적 변천 과정이 일본의 사례처럼 한문 훈독의 경향이 음성적 측면에 침투하여 새로운 읽기의 전통으로 형성되기는 어려웠다는 사실이다. 이는 조선시대의 어문정책이 한자에 대응하는 독음을 주로 1음절에 일대일로 대응시켜 유지하는 데 집중하였다는 사실과, 언해의 전통을 따라 한문을 번역하거나 독자적으로 존재 가능한 순 국문 문장이 원래부터 존재하였다는 역사적 사실에서 비롯되는 것이다. 적어도 한국에서는 일본의 한문 훈독의 관습에서 비롯된 음성적 혼란은 존재하지 않았고, 언문일치의 양상 역시 한국과 일본이 전혀 다른 방식으로 경험하였다는 것만큼은 분명하다.

## 6. 낯선 근대적 개념어의 소리적 현전과 계몽의 구도

한편『만세보』가 부속국문활자를 통하여 한자를 읽어내는 음성을 시각화하여 아직 의미화되지 않은 채 낯선 음성으로 존재하였던 근대 개념어들의 문제를 적극적으로 환기하였다는 사실은 앞서 강조한 주지의 일이나, 이 문제는 이미 10년 전에 독립협회의 주역이었던 서재필(徐載弼, 1864~1951)과 주시경(周時經, 1876~1914)이『독립신문』의 지면을 통하여 제기하였던 국문(한글)과 한문의 문제와 일련의 전후 맥락을 구성하는 것이다. 즉 한문과 국문을 번역적 관계에 놓인 서로 다른 언어로 인식하기 위한 전제조건이 바로 양자 간의 의미적 등가교환이라는 관념의 형성이라고 본다면,『만세보』가 보여준 부속국문 표기는 낱낱의 한자에 소리(음 읽기)를 달아야 할 것인가, 의미(뜻 읽기)를 달아야 할 것인가 하는 선택적 환경을 조성하고 있는 것만으로도 한문의 권위를 상대화하는 효과를 낳았다. 10여 년 전 당시만 하더라도『독립신문』의 국문전용론자들의 일방적 주장에 불과하였던 한자 폐지, 국문전용의 이념에 대한 가시적 성취를 보여준 셈이 되었기 때문이다. 당시의 문제를 좀 더 깊이 이해하기 위해서는 시간이 걸리더라도, 비슷한 문제를 이미 10년 전에 제기하였던『독립신문』의 사례를 좀 더 상세히 살펴볼 필요가 있을 것이다.

『독립신문』1897년 8월 5일 자 지면에는 국문과 한문에 대한 논설이 하나 실린다. 이 논설의 요점은 다름 아니라, 한자로 된 근대적 개념어를 어떻게 읽어낼 것인가 하는 문제였다. 당시 국문전용을 주의로 채택하고 있던 이 신문에서 한자로 된 개념어에 한자를 병기할 것인가 아니면 음차된 한자음을 제시하는 것으로 충분한가는 중요한 문제였던 것이다.

국문으로 책을 번역하자고 들면 두 가지 일을 제일 먼저 하여야 할 터이라 첫째는 국문으로 옥편을 만들어 글자 쓰는 법을 정해 놓고 그대로 가르쳐 '아'자와 '비'자를 합하거드면 '아비'라 하는데 뜻인 즉 임이의 남편이요 부모 중에 사나이라 그렇게 주를 내어 전국 인민을 가르쳐 놓거드면 '아비' 두 자면 사람마다 무슨 말인지를 알 터이요. 말로 하여도 '아비'요 책을 보아도 '아비'라 누가 모를 사람이 있으리요 그렇지마는 한문으로 하거드면 '父'자를 써 놓거드면 한문 아는 사람은 보고 '아비'인 줄 알거니와 한문 못히는 사람은 모를 터이요 또 읽히어 들리더라도 '부'라 하니 '부'를 '아비'로 알 사람이 몇이 있으리요. (중략) 한문하는 사람들이 말하되 한문 글자로 쓰지 아니 하면 조선말에 모를 말이 많이 있다 하나 그것은 다만 한문 공부만 하고 국문 공부는 아니 한 사람의 말이라 설령 '독립신문'이라 하면 '독립'도 한문 글자요 '신문'도 한문 글자로 쓰나 그것은 국문을 공부 하니 하였기에 홀로 '독', 설 '립', 새 '신', 들을 '문' 자만 생각하고 '독립'이란 말은 남에게 의지 아니한 것을 '독립'이라 하는 것으로는 배우지 아니 한 탓이라 만일 조선 인민을 가르치되 '독립'이란 말은 남에게 의지 아니하는 것으로 가르쳐 놓을 것 같으면 '독립'만 보고도 그 뜻을 알 터이요. 홀로 '독', 설 '립'을 배우지 아니한 사람도 뜻을 책을 보고도 알 터이요 누가 말 하는 걸 듣고도 알 터이라 조선에 한문 글자로 된 말이 많이 있으나 그것을 한문을 주를 내어 가르치지 말고 국문으로 주를 내어 가르쳐 놓을 것 같으면 뜻도 더 소상히 알 터이요 배우기도 더 쉽고 말과 글이 같아질 터이요 한문 생각은 당초에 하지도 아니 할 터이라[47]

---

47) 「론셜」, 『독립신문』 92호, 1897.8.5, 1~2면.

아마도 서재필일 것으로 추정되는 이 논설의 저자는, 예를 들어 '아비'라는 단어를 가르칠 때 아비의 뜻을 사전을 통하여 '임이의 남편이요 부모 중에 사나이'와 같은 식으로 주를 내어 전국의 인민에게 계몽하고 학습하도록 하는 것이 적절하다고 말하면서, 이를 한자로 '父'라고 써놓으면 한문을 읽고 쓰는 계층은 이 의미를 바로 알 수 있으나 그렇지 않은 계층은 이를 바로 알 수 없으며, 이를 '부'라고 읽더라도 이 단어의 의미가 '아비'인지는 알 수 없다는 사실을 역설한다. 이 논설은 한자어에 대한 음성적 독음이라는 것이 의미 파악에는 큰 기여를 하기 어렵다는 지적으로, 앞서 『만세보』의 기사 중 (가)의 사례에 해당한다. 즉 당시 한문 구조에서 낱글자에 대한 독음이 이루어진다고 하더라도 그것이 의미 해석에 크게 기여하기 어렵다는 모종의 합의가 당시에 존재하고 있었다는 정황을 드러내는 것이다. 말하자면 이는 조선시대 이래로 내려온 한자의 형상과 그것을 읽어내는 음과 현실 언어생활에서 벌어지는 의미 사이의 불일치, 즉 언문일치의 문제를 지적하고 있는 것이다.

　　나아가 이 글은 '父'와 '부'의 관계 같은 단일글자의 일대일 음성적 대응에서 벗어나 '독립'과 '독립' 같은 근대적 개념어의 음성적 재현의 차원도 마찬가지임을 주장하고 있다. 하지만 이 논설의 저자는 '父 : 부 : 아비', 즉 한자의 형상 : 한자의 소리 : 한자의 의미(실제 언어생활에서 사용하는 국문 대응어)라는 3항 관계가 가능한 한자어에 비해, 근대적 개념을 표현하는 한자어 '독립 : 독립 : ?'의 경우에는 3항 관계가 불가능하다는 사실은 굳이 간과하고 있다. '아비'는 당시 인민의 언어생활 속에 이미 들어와 쓰이고 있는 국문 단어이지만, '독립'은 마땅한 국문 단어가 존재하지 않기에 이를 낯선 한자 개념어 그대로 배우지 않으면 안 된다는 차이가 존재한다는 사실을 적시하여 드러내지 않는 것이다. 물론 논자는 이 차이를 언어에 대한 교육과 매체를 통한 담론적 보충으로 메울 수 있다고 판단하고 있다. '독립'처럼 직접 한자를 드러내어 그 낱낱의 한자의 의미를 중심으로 전체 개념어의 의미를 알아내기보다는 '독립'이라고 쓰되, 이 단어의 의미를 충분히 교육하면 된다는 것이다. 국문 중심의 교육의 필요는 낯선 근대적 개념어들을 인민의 실질적인 언어생활 속으로 끌어들여 그 속에 위치하도록 한다는 사실 때문에 중요하다.

글자들을 모아 옥편을 꾸밀 때에 '門 문'이라 할 것 같으면 도무지 한문을 못 배운 사람이 한문으로 '문 문' 자는 모르나 '문'이라 하는 것은 열면 사람들이 드나들고 닫으면 사람들이 드나들지 못하는 것인 줄로는 다 아니 '문'이라 하는 것은 한문 글자의 음일지라도 곧 조선 말이니 '문'이라고 쓰는 것이 마땅할 것이오 또 '飮食 음식'이라 할 것 같으면 '마실 음', '밥 식' 자인 줄을 모르는 사람이라도 사람들의 입으로 먹는 물건들을 음식이라 하는 줄로는 다 아니 이런 말도 또한 마땅히 쓸 것이오 '山 산'이라 하든지 '江 강'이라 할 것 같으면 이런 말들은 다 한문 글자의 음이나 또한 조선말이니 이런 말들은 다 쓰는 것이 무방할 뿐 더러 마땅 하려니와 만일 한문을 모르는 사람들이 한문의 음으로 써서 놓은 글자의 뜻을 모를 것 같으면 단지 한문을 모르는 사람들만 알지 못할 뿐이 아니라 한문을 아는 사람일지라도 한문의 음만 취하여 써서 놓은 고로 흔히 10자면 일곱이나 여덟은 모르나니 차라리 한문 글자로나 쓸 것 같으면 한문을 아는 사람들이나 시원히 뜻을 알 것이라 그러나 한문을 모르는 사람에게는 어찌 하리오 이런 즉 불가불 한문 글자의 음이 조선말이 되지 아니한 것은 쓰지 말아야 옳을 것이오[48]

앞선 서재필의 논설이 게재되고 한 달 뒤, 주시경은 『독립신문』에 편지를 보내어 이 문제에 대한 자신의 견해를 밝힌다. 그는 여기에서 '문'이나 '음식' 혹은 '산', '강' 같은 한자어의 독음이나 이미 단어화한 단어들은 한자병기 없이 그대로 써도 좋을 것이라고 하나, 한문을 모르는 사람이 한문의 음으로 써놓은 글자의 뜻을 모를 만한 경우에는 차라리 한문을 아는 사람이라도 알 수 있게 한자를 그대로 노출시켜 써야 하며, 한자의 음을 그대로 써서는 안 된다고 주장한다. 주로 일본에서 번역된 서구의 근대적 개념어들이 문제될 것인데, 서재필은 그러한 번역된 개념어들을 자주 사용하고 그 의미를 교육하면 충분히 그 의미를 계몽할 수 있으리라는 낙관적인 견해를 펼치는 데 반해, 주시경은 '독립'이나 '사회' 같은 근대적 개념어들은 한글을 통하여 한자어의 음을 표현해봤자 큰 효과가 없으므로 차라리 '獨立'이나 '社會'처럼 한자를 노출시켜 써야 한다는 실용적인 견해를 펼쳤다. 문명을 경유하여 번역된 낯선 언어들이 일종의 카세트 효과를 일으킨다는 사실은 널리 알려진 것이되,[49] 이 두 논자는 그러한 낯선 언어들이 일으키는 효과에 주목하기보다는

<hr />

48) 「주상호의 국문론」, 『독립신문』 114-115호, 1897.9.25~28.

49) 야나부 아키라, 서혜영 옮김, 『번역어 성립 사정』, 일빛, 2003, 47쪽. "여기서 중요한 것은 이러한 '네모난 문자'(한자 '個人'를 가리킴 — 인용자)의 의미가 원어의 individual과 똑같아지는 것이 아니라는 점이다. 이들 말을 아무리 뚫어지게 바라보아도 individual의 의미는 나오지 않는다. 대신 이러한 새로운 문자의 건너편에 individual의 의미가 있다고 하는 약속이 놓여지게 된다. 그러나 그것은 번역자가 멋대로 한 약속이므로, 다수의 독자들에게는 역시 이해되지 않는다. 하지만 어려워보이는 한자에는 잘은 모르지만 뭔가 중요한 의미가 있다고 독자측에서도 받아들여주는 것이다. / 일본어에서 한자가 지니는 이러한 효과를 나는 '카세트 효과'라고 부른다. 카세트(cassette)란 작은 보석함을 이르는 말로, 내용물이

그 낯선 단어들이 당시 조선 인민들의 언어생활 속에 얼마나 의미적으로 정착되어 있는가 하는 문제에 주목하였던 것이다. 이러한 상황은 일본에서 번역된 개념들이 주로 한자어로 표기되었기 때문에 같은 한자문명권에 속해 있는 조선에서 그 한자어들이 스스로 시각적으로 비슷하게나마 의미를 재현하고 있으며, 그러한 개념어들은 받아들여지기 쉬운 상태가 조성되었을 것이다.

이처럼『독립신문』에서 이루어진 한자어에 대한 음독 문제라든가 근대적인 개념어를 어떻게 표기하여야 할 것인가 하는 문제에 대한 논의를 살펴보면, 이 문제가 이후『만세보』나 이인직에 국한된 문제가 아니라 당시로서는 퍽 포괄적인 문제였다는 사실을 금방 알 수 있다.[50] 즉 낯선 소리로 울리고 있으면서도 현전되지 않는 서구의 근대적 개념어들은 적절한 순 국문 번역 어휘가 발명되기 전까지는 단지 번역된 그 한자어의 음으로 지칭할 수밖에 없었으며, 울리고 있는 낯선 음성적 현전이 근대적 개념과 담론을 이끌어 계몽을 추동하는 양상은 지속적으로 나타나고 있었다.『만세보』에서 부속국문 표기를 통하여 비로소 가능하였던 낯

---

뭔지는 몰라도 사람을 매혹시키고 애태우게 하는 물건이다. '사회'와 '개인'은 예전 사람들에게 말하자면 이 '카세트 효과'를 갖는 말이었고, 정도의 차이는 있을지언정 오늘날의 우리들에게도 여전히 그렇다고 생각한다."

50) 황호덕,「한문맥(漢文脈)의 근대와 순수언어의 꿈」,『한국근대문학연구』16, 한국근대문학회, 2007, 113~118쪽. 황호덕은「혈의누」의 한 대목을 들면서 이인직이 한자를 독음 중심으로 읽어내는 과도기적 통합의 양상을 취하고 있다고 비판하면서, 그것이 일본어의 유입을 용이하게 한다고 본다. 즉「혈의누」에 드러나는 문명어들은 그러한 번역적 재현의 은폐에 해당한다는 것이다. 하지만 이러한 비판은 사실 온당하지 않다. 이러한 어문적인 상황은 결코 이인직에게만 국한된 문제가 아닌 과도기의 보편적 문제인 까닭이다.

선 근대적 개념어의 현전으로서 음성의 시각화는 이전 시대부터 내려오던 근대적 개념을 둘러싼 계몽의 문제를 다시금 환기시켰던 셈이다.

이처럼 문자언어인 한자를 어떻게 읽어내고 이를 어떻게 한글이라는 문자를 통하여 음성화하여 표현할 것인가는 조선시대 이래로 매우 중요한 문제였다. 물론 이는 단지 어문전통적 국면과 관계된 것이 아니라, 중화의 문명권이라는 지정학적 문제와 긴밀하게 연관된 것일 수밖에 없어 한층 복잡한 문제적 국면을 갖는다. 특히 개화기라는 문명적 교체기 와중에 한자에 대한 과거의 음성적 표준이 새롭게 재구축되는 과정에서 일어났던 착종의 양상은, 지나간 어문전통의 잔영과 새로운 어문전통의 수립이 겹치는 공간에서 일어나는 흥미로운 증례일 것이며, 단선적인 어문전통의 변천 과정을 더 다층적인 관점으로 이해할 수 있게 해주는 중요한 사례일 것이다.

# 제3장

연설, 말의 정치성과
계몽하는 주체의 등장

## 1. 연설의 시대: 매체로서의 '연설'과 정치

근대 초기 일본을 매개로 도입된 미디어로서의 '연설'이라는 언설의 형식 혹은 그러한 제도는, '독립협회'를 중심으로 불기 시작한 서구문명에 대한 개화의 관점에서 비롯된 민주주의에 대한 요구를 담아내는 효과적인 도구로 기능하였다. 연설의 정치성은 한 인간이 자신의 목소리를 도구로 하여 타인에게 자신의 생각을 전파하여 자신의 목소리를 듣는 수많은 인간들을 감화시키고 신체를 변화시켜 움직임을 추동하는 것에서 비롯된다. 나아가 연설을 통하여 감화된 정신과 변화된 신체는 개개인의 인간들을 스스로 근대적 주체로 자리 잡도록 하여, 인간들로 하여금 자신이 속한 사회, 나아가 자신의 목소리를 통하여 국가에 참여할 수 있다는 일종의 환상을 부여하였다. 따라서 연설이라는 미디어가 매개한 민주주의적 요구란 필연적으로 조선시대 이래로 왕정정치의 근본에 대한 위반성을 띨 수밖에 없다.

지금까지 근대 초기 연설에 대한 연구는 그것이 서재필, 윤치호(尹致昊, 1865~1945) 등 독립협회 주역들로부터 도입되어 독립협회의 새로운 정치적 상상력을 형성하는 데 중요한 매개를 하였다는 사실에 주목한다. 신용하는 『독립협회연구』를 통하여 독립협회가 지속적인 연설회와 토론회를 개최하여 이른바 개화된 국민의 정치적 역량을 키우고 이러한 현실정치 참여의 열망을 바탕으로 관민공동회(官民共同會), 만민공동회(萬民共同會)를 열어 아래로부터의 개혁을 꾀하고자 하였던 역사적인 전개를 세밀하게 살펴, 이후 연구에 중요한 방향성을 제시하고 있다.[1] 나아가 당시 서재필이 도입한 연설/토론의 양식적인 측면을 해명하고, 이를 당시 토론의 양식적 문법에 대한 수용의 문제라든가 만민공동회 내에서 토론의 역할에 대해 역사적인 접근 등을 꾀하였던 전영우의 연구는[2] 근대적인 연설/토론의 문제를 그 자체로 하나의 연구 영역으로 확정하여, 이후 독자적인 연구 대상으로 다룰 수 있게 한 의미 있는 작업이다.

이후 근대적인 연설과 토론에 대한 후속 연구들은 크게 나누어, 토론체 소설처럼 근대 연설과 토론이 갖는 파급력이 서사 양식 속에 포함된 양상을 다룬 연구들과, 근대적인 미디어로서 연설과 토론이라는 언설 양식의 성격을 본격적으로 다룬 연구들로 나누어볼 수 있다. 이 장에서 다루고자 하는 내용은 당대 여타의 서사 양식에 의해 재현된 연설과 토론의 문제보다는, 근대적인 미디어로서 연설과 토론이라는 언설 양식을 규정하고자 하였던 연구의 경향과 맥을 같이한다. 이러한 경향의 대표적인 성과로는 신지영의 일련의 연구들과 홍순애의 연구 등을 거론할 수 있을 것이다.

---

1) 신용하, 「독립협회의 사회사상의 사회학적 연구」, 서울대학교 박사학위논문, 1975.

　　　　, 『독립협회연구-독립신문·독립협회·만민공동회의 사상과 운동』 상·하, 2006, 일조각.

2) 전영우, 『한국 근대토론의 사적 연구』, 일지사, 1991.

우선 신지영은 연설, 토론회에서 참가자들에게 요청되었던 형식의 준수가 일종의 신체적인 규율 기제로 작동한다는 사실을 예민하게 지적하면서, 그것이 궁극적으로 감각의 변화를 이끌고 있다는 사실을 보여준다.[3] 그의 연구는, 당시 독립협회의 연설과 토론회의 존립 의의를 일방향적인 계몽 수단으로 규정하고자 하였던 기존의 단선적인 흐름을 비판하고, 낭내 연설과 토론회가 담보하였던 시공간적인 규제나 말하기 형식상의 규제 등의 규율 기제가 참가자들에게 내면화되면서 스스로 계몽의 내용과 형식을 재구축하는 과정을 통하여 근본적인 태도의 변화를 낳고 있다는 사실을 지적하고 있다는 점에서 기존의 시각을 확장적으로 교정하는 중요한 의미를 갖고 있다. 다만 이 연구의 경우, 당대의 연설과 토론 참여자들이 연설과 토론 제도가 요청하는 내면적 규율화와 그것을 통하여 담보되는 계몽의 재구축이라는 일종의 내적 회로를 밝히는 것에만 그치고 있어, 당시 대한제국 내에서 연설과 토론이라는 행위가 갖는 정치성의 존립 양상이라든가 그것에 대한 법적 규제가 어떻게 형성되었는지와 같은 외적인 차원의 해명은 거의 이루어지지 않았다는 한계를 보인다.

이와 달리 홍순애의 연구는 1910년대 이래로 연설이 정치적인 매체로 작용하여, 한편으로는 일제 식민권력에 의한 정치적인 수사의 도구로, 다른 한편으로는 피식민지 지식인을 중심으로 하여 민족 계몽과 실

---

3) 신지영, 「연설, 토론이라는 제도의 유입과 감각의 변화」, 『한국근대문학연구』 11, 한국근대문학회, 2005, 25~33쪽.

력 양성의 도구로 전유되었다는 사실을 밝히고 있다는 점에서[4] 기존의 논의를 보완하는 측면이 있으나, 1910년 일제강점 이래로 조선인들에 의한 정치적인 연설이 전면적으로 통제되었다는 사실을 감안한다면 이를 단지 연설이라는 하나의 제도가 갖는 양가적 전유의 문제로 일률적으로만 다루는 것은 여러모로 아쉬운 점이다. 오히려 적극적으로 연설과 강연이라는 각각의 언술 연행적 매체를 구분하여, 그 각각이 제국주의 식민권력과 피식민지인들의 저항적인 실천 사이의 문제로 볼 필요가 있다는 시사점을 남긴다.

이 장에서는 이러한 기존의 연구 성과들이 남긴 문제들, 즉 연설이라는 매체가 구성하고 있는 계몽성뿐만 아니라 나아가 당대의 정치적인 상황 속에서 정치적인 매체로서 연설이 연행되었던 배경을 살펴보고, 개화계몽시대에 도입된 연설이라는 언술 양식이 조선시대 이래부터 전통적으로 국가정책의 최고 의결기관이었던 폐쇄적인 왕정의 내부에서 개방적인 광장으로 정치적 중심을 이전시키는 데 중요한 매개 역할을 하였다는 사실에 주목하여, 연설이라는 행위가 실질적인 행위적 차원을 넘어 그 용어가 구축한 담론적인 차원에서 정치성과 맥락화되어 통제되고 금지되었던 배경에 대해 살펴보고자 한다. 나아가 연설의 정치성에 대한 통제가 법적 규제로 결정되는 기원적 맥락과 이를 우회하기 위한 일반의 노력이 어떻게 강연이라는 학술성을 매개로 한 행위와 관련되어 일제강점기 내내 각각 정치성과 학술성을 대표하는 행위로서 이항대립

---

4) 홍순애, 「근대소설의 형성과 연설의 미디어적 연계성 연구-1910년대를 중심으로」, 『현대소설연구』 42, 한국현대소설학회, 2009, 603~611쪽.

이 형성되어 일제의 식민통치 전략과 접속하였는지 해명하기 위한 역사적 기반을 마련해보고자 한다.


## 2. 연설(筵說)과 연설(演說), 상이한 시대적 상징들의 불편한 마주침

대한제국 말기 처음 한국에 도입된 언설 양식으로서의 연설(演說)은 단지 한 시대에 존재하였던 발화행위의 양식이라는 점보다 더 중요한 의미를 갖는다. 이는 대한제국이 겪을 수밖에 없었던 시대적 격변의 와중에서 연설이 개화, 즉 일본을 통한 서구적인 근대화의 주요한 제도적 방법론이 되었다는 사실과 무관하지 않다고 판단된다. 가령 서구를 유람하고 돌아온 유길준(俞吉濬, 1856~1914)이 『서유견문(西遊見聞)』에서 소개하였던, 국민의 당연한 권리인 자유와 민권과 같은 서구 정치원리의 핵심적인 개념은 처음에는 분명 공허한 울림에 지나지 않았을 것이다. 하지만 계몽이라는 기획 아래 그 실행적 매체로서 충실히 기능하였던 『독립신문』 등 언론들의 활동, 특히 독립협회 등을 중심으로 실시되었던 연설회나 토론회에서 연행(演行)되었던 말하고 듣는 언어수행적 실천을 통하여 비로소 개개인의 이념과 사상 속에서 일정한 이념적 가치로 기능할 수 있게 되었다. 문자를 중심으로 한 언론매체가 갖기 마련인 일방향성에 가까운 소통구조가 이해 가능성이라는 관점에서 볼 때 태생적인 한계를 안고 있는 것에 비한다면, 서구의 정치적 이념을 사회 분위기를 통하여 직접 경험한 인물이 연설과 토론을 매개로 전달하는 정보의 성격이란 유기적으로 맥락화된 것이면서 목소리를 도구로 쓴다는 점에서 존재적 실감을 갖기 마련이다. 일반적으로 연설 뒤에 이어지기 마련인 개별적인 질문과 토론의 상호적인 성격 등 즉각적인 개입과 재구성이 가능한 연설/토론이라는 매체의 성격은 계몽 기획에 더 적절하다고 볼 수 있다.

따라서 이 무렵 시작된 연설과 토론회는 근대 서구의 정치적 이념과 사상을 추구할 수 있는 제도적인 방법이자 수단으로서 의미를 가졌으며, 그러한 의미에서 본다면 필연적으로 이전 시대와의 단절을 선언하지 않을 수 없는 완전히 새로운 정치적 실천을 담보하는 행위가 될 수밖에 없었다. 조선왕조의 정치체계가 강력한 왕권을 바탕으로 군신 간의 뚜렷한 위계를 중심으로 하여 상소와 조령[조칙(操飭)]이라는 기록문화상의 엄격한 절차와 관행을 통하여 운용되고 있었고 대한제국 역시 이러한 정치적 원리로부터 멀지 않았다면, 연설이라는 행위는 목소리가 담보하는 정서적인 울림을 바탕으로 서구의 정치적 이념을 국민들에게 감화시키고 계몽하여 조선시대 이래 전통적인 정치의 중심을 왕정 내부에서 바깥으로 옮겨오는 셈이었던 것이다.

1911년 제임스 게일(James S. Gale)이 편찬한 『한영자전(韓英字典, Korean-English Dictionary)』에는 '연설'이라는 표제어 아래 두 개의 다른 동음이의의 의미가 등재되어 있다. 그 하나가 "연셜 s. 연설(筵說) (자리) (말슴) An audience of the emperor"라면, 다른 하나는 "연셜 l. 演說 (부를) (말슴) A lecture ; a speech ; an address"이었다.[5] 이 사전이 나오기 전인 1897년, 마찬가지로 게일이 펴낸 동명의 사전 『한영ᄌ뎐』[6] 속에는 '연설(演說)'이라는 단어가 '연셜하다'라는 동사의 형태로 등재되어 있었던 반면,[7] '연설(筵說)'이라는 단어의 경우 등재조차 되어 있지 않거나, 혹은 그럴 수도 없었다는 사실을 아울러 생각해본다면, 당시 한글 표기적 관점에서는 두 단어가 '동음이의'였겠으나 한문 단어의 측면으로는 결코 동음일 수 없었다는 것을 알 수 있다. 오히려 단어의 쓰임상, 결코 같은 문맥에 놓일 수 없을 만큼 상이한 위계를 갖고 있던 두 단어가 비로소 한 사전의 같은 문면에 나란히 놓일 수 있었던 배경은, 1910년 대한제국이 일제에 강점되어 상징적으로나마 겨우 남아 있던 조선왕조 체제의 모든 권위의 잔영이 소멸하였던 시대적인 상황 속에 있음을 짐작하기는 그리 어렵지 않다.

우선 연설(筵說)이라는 단어는 주로 조선왕조 숙종 이래로 왕을 중심으로 이루어진 강연(講筵) 중에 연석에 앉은 신하가 왕에게 올리는 의견을 의미하는 용어였다. 자리를 뜻하는 '연(筵)'이라는 글자에 담겨 있는 공간적인 함의를 감안한다면, 이는 어떠한 구체적인 행위를 지칭하는 용어라기보다는 그 자체가 조선왕조에 있어서 기록문화를 매개로 군신

---

5) 제임스 게일, 『韓英字典(Korean-English Dictionary)』, Yokohama: The Fukuin Printing Co., 1911, 699쪽.

6) 1897년 제임스 게일 선교사가 출판한 『한영ᄌ던』의 서문에서 게일은 이 사전의 1부(part I)는 프랑스 신부들이 정리하였던 단어 목록에 의거한 것임을 밝히고 있는데, 이는 1880년에 출판된 『한불ᄌ던』을 가리키는 것이며, 이 사전과 마찬가지로 『한영ᄌ던』 역시 로마자화된 한글 단어들을 영문 알파벳 순서대로 표제어를 수록하고 있다. 하지만 1911년에 게일이 발간한 『韓英字典』은 이와는 달리 한글 알파벳 순서로 단어를 등재하고 있을 뿐만 아니라 대대적으로 개편된 것으로 이 둘은 거의 다른 사전이라고 보아도 무방하다.

7) 제임스 게일, 『한영ᄌ던』, Yokohama: Kelly & Walsh Ltd., 1897, 832쪽. "연설하다 l. 演說(널을)(말슴) To make a speech ; to speak publicly"

간에 형성되어 있던 상징적인 법도와 위계를 표현하는 것으로 이해할 수 있다. 가령 1864년 고종 1년 영사(領事)였던 조두순(趙斗淳, 1796~1870) 등은 임금 앞에서 『소학(小學)』의 음을 읽고 주해하면서 성덕한 군자의 도리에 대해 진언한다. 조두순은 이와 같은 강연(講筵)이 끝난 뒤, "지금 이 상하(上下, 임금과 신하)가 나눈 이야기는 마땅히 연설로서 기록하여야 합니다(斗淳曰, 今此上下酬酢, 當以筵說書入矣)"라고 간언하고, 당시 고종은 "연설(筵說)로 그것을 남겨두고 조지(朝紙)에 적어 반포하기에 충분하다(上曰, 以筵說爲之, 而頒布朝紙, 可也)"[8]고 말한다.

당시 이처럼 임금이 강연을 하는 데 기사관(記史官)과 주서(注書) 등이 배석하여 주고받은 연설을 기록하는 것은 궁중의 일반적인 법도였는데, 이러한 연설은 단순히 군신 사이의 대화를 기록한 것에 지나지 않는 것이 아니라 군신 간의 권위를 상징적으로 표현하는 것이었기 때문에, 이러한 연설의 내용을 기록하는 데 있어서는 그 법도가 엄정하였고, 따라서 기주(記注)를 담당하던 해당 주서가 특정한 내용을 누락하거나 첨서하는 경우, 엄하게 추고(推考)를 받는 경우가 많았다.[9] 또한 허가 없이 연설의 내용을 외부에 공개하거나 전파하는 것이 금지되어 있을 정도로 연설에 대한 처분은 까다로웠다. 이는 이 연설이 왕을 중심으로 하는 정

---

8) 민족문화추진위원회 옮김, 『신편 국역 고종승정원일기』 15, 파주: 한국학술정보, 2005, 151~156쪽. 1864.11.10(음)의 기록.

9) 당시 이 연설(筵說)을 기록하는 데 착오가 있어 해당 주서가 추고를 받았던 사례가 당시 『승정원일기(承政院日記)』에 자주 기록되어 있다.

"기주의 법의(法意)는 얼마나 심각하고 신중한 것입니까? 그러나 지난 29일 소대(召對)에 드셨던 연설의 내용이 누락된 바가 있고 게다가 아래에는 첨서까지 했으니 일전에는 없었던 일이며, 꺼려지기 그지없는 일입니다. 당해 주서에게 중한 벌을 내림이 마땅하나 본원에서

치체제 아래에서 대단히 중요한 정치적인 함의를 담고 있었기 때문이었는데, 이 연설의 기록에 근거하여 신하들이 상소를 올리거나 탄핵하는 일이 자주 있었을 정도로 그 기록이 갖는 권위가 상당하여, 그 기록의 생산과 처분에 있어서 신중할 수밖에 없었던 것이다. 이러한 조선시대의 연설의 전통은 대한제국이 개국한 이후에도 끊이지 않고 계속 이어졌으며, 특히 개국 이후에는 이러한 연설이 『대한제국 관보(官報)』나 『황성신문』 등을 통하여 공개되는 경우도 있었다.

한편 대한제국 말기 이후 주로 개화파들에 의해 언설 양식이자 제도로 도입된 연설(演說)[10]은 1873년 후쿠자와 유키치가 영어 '스피치(speech)'의 번역어로서 채택하였던 것이다.[11] 그는 1898년 자신의 저술을 모은 『후쿠자와전집(福澤全集)』 1권의 앞머리 「서언(緖言)」에서 연설이라는 용어가 연설에 관련된 서양 책 『회의변(會議辨)』을 번역하면서 옛 나가쓰번(中津藩)에서 쓰고 있던 '演舌'이라는 단어로부터 동음의 한 음절을 바꾸어 만든 것임을 밝히고, '토론(討論)'이라는 단어 역시 이때 만들어진 것임을 밝힌다.[12] 그는 이 「서언」의 뒷부분에 자신이 1874년 6월 7일

---

추고를 청하는 것 외에 달리 가능한 벌이 없으니 이를 어찌해야 하겠습니까?"(『승정원일기』, 2672책 2장 1면, 1864년(고종1년) 11월 1일의 기록, 원문은 다음에 제시한다. "記注法意何等審慎, 而去月二十九日召對入侍연설(筵說), 有所漏落, 至於添書以下, 事未前有, 萬萬未安, 當該注書, 所當重勘, 而本院請推之外, 無他可施之罰, 何以爲之")

10) 조선시대에서 연설(演說)이라는 용어는 아예 쓰이지 않은 것은 아니었으나 이는 주로 불교와 관련된 용어로 불교의 법리를 설법하는 말하기 행위를 가리키는 것으로 국한되어 쓰였다. 이는 『조선왕조(實錄)』의 성종과 세종조의 몇몇 기록을 통하여 확인된다.

11) 고모리 요이치, 정선태 옮김, 『일본어의 근대-근대 국민국가와 '국어'의 발견』, 소명출판, 2003, 46쪽.

한 집회에서 행하였던 연설의 전문을 싣고 있는데, 이 연설 속에서 후쿠자와는, 이 집회에서 자신이 최초로 서양식의 연설을 연습하고자 하였음을 강조하고 있다.[13]

1880년대 초 일본에 유학하였던 유길준, 서재필, 윤치호 등은 바로 당시 후쿠자와 유키치가 세운 교육기관인 게이오기주쿠(慶應義塾, 현 게이오대학)에 기반을 두고 있던 후쿠자와 유키치와 교유하면서 이러한 연설에 대해 배웠고, 이후 미국 유학 등을 통하여 좀 더 본격적으로 연설

---

12) 후쿠자와 유키치, 「서언(緒言)」, 『후쿠자와전집』 1, 時事新報社, 1898, 80~81쪽. "번역할 당시 제일 먼저 원어에 있는 '스피치(speech)'에 대해 무어라고 역자로 써야 좋을 지 알 수 없었던 나는 옛날 번이었던 나가쓰(中津)에서는 번사(藩士)가 번청(藩廳)에 대해 바라는 것을 말하여 알리는 행위(願届)가 일반적이었던 때에는 각자의 일신상의 일이나 또 공무상 정실에 관하여 공공연한 바람에 지나지 않는 것을 알리거나 이에 그치지 않고 서면을 제출하는 사례가 있었고, 그 서면을 연설서(演舌書)라고 부른다는 걸 알았다. 다른 번에도 그러한 사례가 있는지 아닌지는 몰랐지만 어쨌거나 연설(演舌)의 문자를 나가쓰에서 인상 깊게 기억하였던 까닭으로 회사 친구와 상의했더니 설(舌)자는 얼마간 속되다 하여 같은 음의 설(說)을 써서 연설(演說) 2자를 얻어 '스피치'의 원어를 번역하였다."
13) 「메이지7년 6월 7일 집회의 연설(明治七年六月七日集會の演說)」, 위의 책, 82~83쪽. "여러분, 이 집회는 처음부터 서양식의 연설을 연습(稽古)해 보고 싶다고 하는 취지였으나, 어쩐지 다소 일본의 말은, 혼자서 무엇에 대해서 말하는 것에는 익숙하지 않아 연설의 형식이 되지 않아서, 일전에도 당혹스러우셨을 것입니다. 그래도 잘 생각해본다면 일본의 단어에도 연술(演述)이라는 것이 없었다고 하기는 어렵겠으니, 필경 옛날부터 사람이 하지 않았던 것이니까 하지 맙시다, 하여 하지 않았다고 주장한 경우라면, 제한이 있는 것도 아니며, 무엇이든지 생기는 날은 있지 않을까요. 대저 학문의 취지는 책을 읽는 것뿐이 아니라 가장 으뜸은 이야기, 다음에는 물건 같은 것을 보거나 찢거나 하는 것이고 다음에는 도리를 생각하고 그다음에는 책을 읽는다고 말해줄 수 있는 것이니까, 지금 일본에서 사람이 모였을 때, 스스로 생각하는 것을 분명하게 많은 사람을 향해서 말하는 것이 가능하지 않다고 말하는 것은 처음부터 학문의 방법을 하나 잃어버린 모양으로, 사람의 이목구비 오관 중 하나를 잃어버린 것과 같은 것은 아닐까 (후략)"

을 공부한 뒤, 1896년 무렵 귀국하여 이를 소개하였던 것이다. 특히 서재필의 경우, 귀국하여 배재학당에서 수업하면서 학생들을 중심으로 회의 규칙과 연설 방법을 배우는 모임인 협성회(協成會)를 지도하면서[14] 근대적인 연설과 토론 방법 등을 가르쳤고, 이것이 1897년 8월부터 독립협회에서 토론회를 개최하는 데 중요한 밑바탕이 되었다.[15] 당시 독립협회에서 실시한 토론회에서는 정치, 경제, 종교, 교육 등 다양한 주제에 대해서 열띤 토론을 벌였을 뿐만 아니라 서재필, 인경수(安駉壽, 1853~1900), 윤치호, 이상재(李商在, 1850~1927), 남궁억(南宮檍, 1863~1939), 지석영(池錫永, 1855~1935) 등 독립협회 지도자들의 계몽적인 연설이 함께 실시되어, 근대적인 연설과 토론이 제도적으로 확립되는 계기가 되었고[16] 일반 대중들의 민주적인 의사결정 절차와 정치적인 참여의 가능성을 제고하는 데 중요한 역할을 하였다.[17] 특히 윤치호는 헨리 로버트

---

14) "배재 학당 학도들이 학원 중에 협성회를 모아 일주간에 한 번씩 모아 의회원 규칙을 공부하고 각색 문제를 내어 학원들이 연설 공부들을 한다니 우리가 듣기에 너무 즐겁고 이 사람들이 의회원 규칙과 연설하는 학문을 공부하여 조선 후생들에게 선생들이 되어 만사를 규칙이 있게 의논하며 중의를 좇아 일을 결처하는 학문들을 처지게 하기를 바라노라."(『독립신문』, 1896.12.1, 2면.)

   "배재 학당 학도들은 근일에 협성회를 모아 의회원 규칙과 연설하는 법을 공부들을 하는데 규칙을 엄히 지키고 속에 있는 말을 두려움 없이 하며 일 의논할 때에 거조가 제제 창창하여 혼잡한 일이 없고 꼭 중의를 좇아 대소 사무를 결정하니 우리 생각에는 의정부 대신네들이 배재학당에 가서 이 아해들에게 일 의논하는 법을 배워 가지고 가서 일을 의논하면 좋을 듯하더라."(『독립신문』, 1896.12.3, 1면.)

15) 앞의 전영우(1991), 92~121쪽.

16) 위의 책, 121~140쪽.

17) 앞의 신용하(2006), 322~337쪽.

(Henry M. Robert)의 책『로버트의 명령의 규칙(Robert's Rules of Order)』(1876)을 번역한『회의통용규칙(議會通用規則)』을 간행하고 1898년 4월부터 배포하면서 독립협회에서 지속적인 토론회를 통하여 확보된 일반 대중의 정치 참여에 대한 열망을 당대 정치 영역으로 이전하여 대한제국에 근대적인 의회를 설립하는 데 이르고자 하였다.

이렇게 서재필, 윤치호 등 독립협회 주역들로부터 도입된 연설이라는 제도는 정치적인 행위의 중심을 폐쇄적인 왕정 내부로부터 개방적인 거리 밖으로 옮겨오고자 하였던 행위를 의미하는 것으로, 그 존재 자체가 필연적으로 조선의 왕도정치적 전통과 충돌하지 않을 수 없었다. 특히 당시 독립협회가 중심이 되어 지속적으로 개최한 연설과 토론회는 대한제국과 주변 정세와 관련된 여러 가지 정치문제를 논의한다는 점에서도 정치적인 함의를 가늠하는 것이었지만, 그보다는 군신이라는 상하의 철저한 관계성 아래 이루어졌던 이전의 정치적 의사결정 행위를 다수의 정치적 참여를 전제로 한 열린 공론장 속에서 소리의 울림이 담고 있는 정서적 감화력을 바탕으로 하는 연설의 매체적 가능성으로 옮겨오고자 하였던 것에 정치성의 핵심이 놓여 있다고 보는 것이 더 적절할 것이다. 따라서 이렇게 정치적인 영향력을 가진 매체로서의 연설이나 토론은 당시 기존의 정치체제를 위협하는 반역적인 힘을 가진 것이었기에 필연적으로 기존의 정치세력과 충돌할 수밖에 없었다. 이러한 충돌이 최초로 가시화된 사건은 1898년 당시 독립협회가 주도한 만민공동회였다.

만민공동회는 1897년 이래로 독립협회가 상설하였던 연설 및 토론회를 통하여 축적된 새로운 근대적 정치 참여의 역량이, 아직 조선왕조의 미망으로부터 깨어나지 못하고 있던 당대 대한제국이 견지하고 있던 재래의 정치적 중심성과 충돌하는 대목을 보여주는 것이었다. 당시 독립협회는 이러한 자신들의 의견을 황제와 정부에 상소를 올려 제기하는 것에 그치지 않고, 1898년 10월 무렵에는 관민공동회를 열어 대한제국의 관료들을 참석하도록 하여 협회의 정치적 요청을 관철하고자 하였다.

당시 관민공동회에 참석한 관료들 중 주로 비개혁적인 성향을 가지고 있던 관료들은 의회 규칙에 의거한 회의를 통하여 정치의 주체를 황제에서 시민으로 옮겨오고자 하는 독립협회의 정치적인 시도 자체를 불온한 것으로 여겼을 뿐만 아니라, 이들이 자유롭게 사용하던 연설이라는 정치적 의견 표출 행위에도 불편함을 표시하였다.

더구나 용서할 수 없는 반역 죄인인 박영효(朴泳孝), 서재필, 안경수(安駉壽)를 대신에 의망하여 의원(議院)에서 투표를 하고 큰길에서 연설을 하면서도 조금도 거리낌이 없었습니다. 이 세 역적이 범한 바가 대역무도한 줄은 삼척동자들도 모두 알고 있는데 감히 이들을 버젓이 천망(薦望)하였으니, 그 마음에 임금을 무시하고 있다는 것을 알 수 있습니다. 이 협회의 반역한 죄상이 이미 드러났는데, 이른바 중추원의 관료라는 사람들은 또한 폐하의 신하이면서 어찌 차마 아무렇지도 않게 앉아서 그 의논을 듣고 있었단 말입니까[18]

그들이 종가(鐘街)에서 만민공동회를 열었을 때 재신(宰臣)들을 협박하여 불러다가 땅에 늘어앉히고 만민들로 하여금 둘러싸 구경하게 한 다음, 이른

---

18) 민족문화추진위원회 옮김, 『신편 국역 고종승정원일기』 450, 파주: 한국학술정보, 2005, 216~217쪽. 1898.12.21(음)의 기록.

제3장 연설, 말의 정치성과 계몽하는 주체의 등장

바 윤치호와 이상재(李商在)라는 자가 번갈아 가며 서로 높은 자리에 올라 장(長)이라 호칭하면서 호령을 하였습니다. 아, 대신 위에 군림한 자가 누구이며, 만민의 장이 된 자는 또 누구입니까? 게다가 임금의 사신이 내려와 칙령을 선포할 때에 사신은 땅에 서서 선유(宣諭)하고 저들은 의자에 앉아서 명을 받으니, 그들의 마음과 눈앞에는 임금도 없음을 알 수 있습니다. 이것이 용서할 수 없는 두 번째 죄입니다. 그들이 연설(演說)이라는 것을 하면서 비판하기를, '기둥과 서까래만 바꾼 채 낡은 집에 그대로 살고 있을 뿐 새로 터를 닦아 좋은 집을 지을 줄은 모른다.' 하였으니, 그들의 마음이 어디에 있는지는 쉽게 알 수 있습니다. 이것이 용서할 수 없는 세 번째 죄입니다[19]

당시 관민공동회 사건을 두고 비판의 상소를 올리고 있는 대신들의 목소리에는 이렇게 기존의 신분제도 및 정치적 계급제도를 무시하고 '의장(議長)'이라는 새로운 회의 진행의 주체를 뽑아 회의를 진행하는 전례 없는 법도와 더불어 연설이라는, 자신들에게는 전혀 익숙하지 않은 의견 표출 행위에 대한 반감이 짙게 묻어 있다. 그들의 분노의 목소리에는 새롭게 구성된 정치적 공론장 속에서 기존에 자신들이 영위하던 신분이나 권위에 대한 아무런 보호 없이, 의견 표출 수단인 연설 내용의 논리적 타당성과 목소리가 담보하는 대중적 감화력만이 유일한 의사결정의 요소였던 연설의 민주성에 대한 불편함과 공포가 내재되어 있었던 것이다. 결국 대한제국에 있어서 연설은, 조선 이래로부터 단단하게 구축되어온 군신의 관계, 즉 왕과 신하의 신분적 위계가 형성하고 있던 격

---

19) 위의 책, 279~282쪽. 1898.12.22(음)의 기록.

식과 제도를 무너뜨리는 것이었다는 점에서 필연적으로 기존 제도를 위협하는 새로운 정치성을 의미하는 것으로 인식될 수밖에 없었다. 이것이 당시 만민공동회의 해산 이후, 대한제국의 기존 정치세력이 민회의 조직과 공공적인 의견 표출에 대하여 대단히 예민하고 까다로운 시선을 구축하게 되었던 심리적인 배경이라고 할 수 있다. 연설은 존재 자체부터 기존의 정치체제를 위협하는 주요한 수단이었다는 점에서 정치적으로 불온하고 반역적인 행위의 대표적인 상징이 아닐 수 없었다.

## 3. 대한문 앞에 모인 사람들: 연설 행위에 대한 법적 규제의 기원

1898년 11월 4일, 고종은 지난 달 말 독립협회가 관민공동회를 열어 정부 관료들을 초청하고 회의를 통하여 헌의(獻議)한 6조에 대해 재가하였던 지난날의 결정을 모두 번복하고, 당시 민회(民會, 독립협회)의 압박으로 재가(裁可)를 요청하였던 박정양(朴定陽, 1841~1904) 등 개화파 대신들의 본관 면직을 명하고, 나아가 모든 협회를 혁파하라는 조령을 내려 의회민주주의의 초기 형태를 통하여 결정된 헌의6조의 내용과 형식에 대해 가능한 모든 반대를 표시하였다.[20]

---

20) 앞의 책, 448, 186~187쪽, 1898.9.21(음)의 기록. "일전에 관민공동회(官民共同會)에서 6개 조항을 논하여 진술한 것은 채택할 만한 것이 있는데, 그 내용은 또한 장정(章程) 가운데에도 있다. 대신은 이미 직책이 있으니 몰랐을 리가 없을 것이다. 잘못을 충고하는 의리로 볼 때 혼자서 아뢰거나 여러 사람이 연명으로 상소해도 안 될 것이 없는데, 민회(民會)

이는 고종이 10월 말 관민공동회에서 6개조를 헌의하였던 당시, 이를 흔쾌히 재가하면서 스스로 5개조를 덧붙였던 전날의 태도에 비한다면 여러모로 갑작스러운 변화라고 볼 수 있다. 고종의 태도가 급변한 배경에는 당시 의정부 찬정 조병식(趙秉式, 1823~1907), 군부대신서리 유기환(兪箕煥, ?~?), 법부협판 이기동(李基東, 1856~1922) 등이 익명서를 붙여, 독립협회가 군주제를 폐지하고 공화정을 실시하려는 음모를 꾸미면서 대통령에 박정양(朴定陽, 1841~1904) 등 독립협회 인사를 임명하려고 한다고 모함한 사건이 놓여 있다. 그럼에도 이러한 수구세력의 모함에 대해 고종이 취하였던 독립협회 17인 구속, 독립협회 혁파 등의 조치는 여러모로 과한 것이라고 여겨지는데, 이러한 다소 과한 조치 속에서 읽어낼 수 있는 것은 다름 아니라 조선 이래로 정치의 전통적인 중심이

---

로부터 핍박을 받아 손 가는 대로 옳다고 썼고 갑자기 결재할 것을 청함으로써 짐을 불안하게 하였다. 그대로 둘 수 없으니, 그 당시 시임 대신의 본관을 모두 면직시키라"

위의 책, 185~186쪽, 1898.9.21(음)의 기록. "지난번에 독립협회(獨立協會)에 관해 한계를 정해 주고 더 이상 활동을 못하도록 신칙한 것은 따뜻한 마음으로 정중히 한 것일 뿐만이 아니니, 지혜를 발달시키고 개명(開明)한 데로 나아가도록 한 것이며, 회의 순서를 정하고 규정을 따르도록 한 것이었다. 이것은 개도(開導)하는 지극한 뜻에서 나온 것인데 발길을 돌리지도 않고 그 자리에서 패거리를 모아 더욱 위세를 부렸고 명을 거역하여 더욱 기세등등해져서 당해낼 수 없을 정도였으며, 심지어는 조정을 꾸짖고 대신을 쫓아내는 데까지 이르렀다. (중략) 이것을 심상히 처단해서는 안 될 것이니, 이른바 '협회(協會)'라고 이름한 것은 일체 혁파하라. 그리고 내부(內部), 법부(法部), 경무청(警務廳), 한성부(漢城府)로 하여금 일체 단속하고 신칙하도록 하되, 각회 중에서 가장 드러나게 사람들을 부추겨 현혹시키고 사리에 어그러지게 흉악한 짓을 한 자는 사실을 명백히 조사하고 엄히 붙잡아다 그날로 조율하도록 하라. 해당 관원은 높고 낮은 관원들을 막론하고 만일 털끝만큼이라도 인정에 끌려서 용서해 주고 숨겨주는 폐단이 있으면 보고되는 대로 범한 모든 죄를 결코 용서하지 않을 것이다. (후략)"

왕정으로부터 공화정으로 이전되는 변화에 대한 고종의 불안이다. 당시 고종이 내린 독립협회 혁파라는 조치는 단순히 감정 변화에 따른 우발적인 사건에 지나는 것이 아니라, 당대 사회의 정치적인 변화 국면에서 필연적으로 발생할 수밖에 없었던 사건임을 알 수 있다. 이전까지는 외부에서 열린 회의에서 중요한 정치적 현안에 대한 연설과 토론, 투표의 형식을 통하여 결정된 조칙이 황제에게 올라가 재가를 구하는 정치적 결정 방식을 단 한 번도 경험해본 적이 없던 고종의 입장에서는, 헌의6조의 결정 과정과 그에 대한 재가에 얽혀 있는 시대적인 의미를 나중에서야 이해하고 불안에 휩싸이게 되었을 가능성이 적지 않다. 따라서 당시 독립협회가 제안하고 관민공동회를 통하여 수렴된 헌의6조를 둘러싼 성과는 단지 대한제국에서 의회민주주의적인 정치성의 획득 시도라는 긍정적인 면모만을 내포하고 있는 것이 아니라 동서양의 상이한 정치성이 극단적으로 충돌되는 지점을 상징적으로 보여주는 것이다.

　문제는 당시 고종이 내린 '협회혁파령'이라는 강경한 조치가 명확한 법률적 규정을 통하여 정초된 것이 아니라 전통적인 왕정 중심의 정치체제 내에서 제왕의 주권적인 권위를 재확인하는 방식으로 이루어졌다는 점인데, 이는 어쩌면 당연한 일이다. 제왕의 명령이 곧 법률이라는 전통적 관념에 따른 독립협회 해산은, 이후 거의 두 달여에 이르는 만민공동회의 지속적인 집회와 농성에 직접적인 빌미를 제공하였을 뿐만 아니라[21]

---

21) 신용하는 만민공동회의 목적과 성격을 체포된 독립협회 지도자 17인의 석방과 독립협회의 복설, 즉 집회 결사의 자유권 운동을 통한 민주적인 언론의 자유 확보를 위한 운동으로 정리하고 있다(앞의 신용하(2006), 하, 535쪽).

대한제국과 독립협회 양쪽 모두에서 협회의 설립과 연설, 토론과 같은 정치적 행위의 범위와 근거를 명확하게 규정하는 성문화된 법률의 필요성을 부각하도록 하는 근거가 되었다. 당시 만민공동회에서 주장한 주된 쟁점들 중에서 가장 근본이 되는 것은 바로 협회의 복설과 집회, 결사의 자유권의 보장에 대해 일관된 법 표준을 마련하고[22] 이를 이행하는 것이었기 때문이다. 가령 1898년 11월 20일경 황국협회 보부상을 끌어들여 인화문 밖에서 농성중인 만민공동회를 해체하려는 시도가 무위로 돌아간 뒤, 격분한 민심을 탐지하기 위하여 방문한 의정부 대신들과의 대화를 보도하고 있는 『독립신문』의 내용을 보면, 양쪽이 처하여 있던 입장의 차이가 어떠한 지점에서 비롯된 것인가에 대한 문제가 선명하게 드러난다.

의정부 의정 서리 김규홍씨와 탁지부 대신 민영기씨와 참찬 권재형씨와 경무사 민병한씨가 그저께 밤에 인화문 밖에 진복하였는 관민 공동회에 와서 말 하기를 우리들이 모두 정부 대관으로 평일에 당직 직책을 잃고 법률과

---

22) 가령 다음과 같은 만민공동회의 상소 중 일부는 협회의 설치와 해산에 대한 표준적인 법 적용의 부재를 비판하고 있는 것이다. 「만민 지쇼(젼호 련쇽)」, 『독립신문』, 1898.11.15, 1~2면. "임금이라 백성의 마음이 합한 즉 나라 권이 튼튼하고 백성의 마음이 나뉜 즉 나라 권이 미약하여지는 것은 이치의 떳떳함이니 당초에 협회를 설치한 것은 써 백성의 마음을 합하여 나라의 권을 높이고 혹 학문도 토론하여 써 정치도 돕고 혹 상무도 연구하여 써 백성의 생업을 불어나게 한 바이라 대범 이러한 즉 나라 권이 튼튼하고 외국 사람들이 업수이 여기는 것이 스스로 써 들어오지 못 할지니 협회의 나라 권에 관계 있는 것이 이렇게 긴중하거늘 회 규칙을 의논하여 정하라신 / 조칙이 이미 어제 날에 내리시옵고 각 회를 협파하라신 / 조칙이 또 오늘에 반포가 되어 표준(標準)이 서지 못하여 민정이 서로 의심들을 하오니"

장정과 규칙을 지키지 못한 고로 인민들이 근 20일을 밤낮 불계하고 풍천 노숙하며 이렇게 신고들 하는 것을 우리 눈으로 친히 보니 실상 부끄러우나 (중략) 협회는 전과 같이 복설 하여줄 것이니 회 이름과 회 규칙은 회 중에서 상의하여 정부로 기별하면 그대로 허가하여 줄 것이니 이 다음부터는 민국 간에 큰 관계되는 일이 있더래도 본회 사무소에서나 번회를 하지 종로나 다른 데로는 개회 말며 통상회는 이전하여 독립관으로 개회할 일이며 (중략) 공동회 인민들이 서로 말하여 가로대 우리 대황제 폐하의 성덕이 요순 같으시와 정부에 마련하여 주신 법률과 장정과 규칙이 다 어질고 아름답건만은 각부 대신네들이 하나도 봉행을 아니 하고 전국 백성들을 지우금 속이기로 (중략) 지금 오신 대신네의 말씀이 비록 이렇게 확실하신 듯하나 우리들은 그래도 믿지 못하겠소 한데 대신들이 중언부언으로 백성들을 대하여 맹서를 하고 백성들과 분명히 약조하며 하는 말이 우리 대신들이 이왕은 다 잘못하였으되 오늘날 백성들에게 변별할 말이 없거니와 이 다음부터는 별로히 정신들을 차려 법률과 장정과 규칙을 각근 준행하여 백성들의 생명과 재산을 온전히 보호하여 주겠으니 백성들은 다시 정부 대신들을 의심 말고 튼튼히 들 믿으라 하고 재삼 사과하며 위로하고 도로 정부로 들어갔다더라[23]

협회를 복설하여 주겠다는 의정부 대신들의 굳은 약속에도 당시 만민공동회에 모인 백성들이 의심의 눈초리를 거두지 못하는 것은 법률과 규칙을 적용하는 데 있어 이른바 절차적 정당성에 대한 근본적인 불신 때문이다. 위 인용된 부분에서 만민공동회 측이 정부 측에 답변한 인사

23) 「어저께 광경」, 『독립신문』, 1898.11.22, 1면.

는, 법률과 규칙과 장정은 황제인 고종이 내린 것이고 모든 문제는 이를 실행하는 신하들이 일관된 법 적용을 하지 못한 문제로 파악하고 비판하고 있으나, 실제로 이 문제 속에는 전통적인 왕정과 의회 중심의 공화정 사이에서 법률의 제정과 보존에서 드러나는 근본적인 차이가 내재되어 있는 것으로 보아야 한다. 위의 협회혁파령이 보여주듯 법 적용에 있어 절차적 정당성이 확보되지 못하는 것은 왕정체제 내에서 주권 권력이 분립되어 있지 않고 모든 주권적 결정이 왕에 의해 이루어지고 있기 때문인 것이다.

따라서 당시 만민공동회의 요구는 의회를 설립하여 협회의 설립과 집회 결사에 관한 성문화된 법률을 마련하고, 그 법률에 의해 법적 처분과 판단을 행하는 공화제의 의회민주주의가 확립되지 않고서는 충족되기 어려운 것이었다. 그럼에도 당시 만민공동회는 한편으로는 고종 황제의 주권적 권위를 존중하면서도 다른 한편으로는 자신들의 요구를 관철하기 위한 수단으로 이 문제를 철저하게 법률의 적용 차원에 국한하여 비판하고 있다. 즉 그들은 섣불리 왕의 주권적 권위에 도전하기보다는 왕의 명령을 법률로서 간주하되, 한편으로는 그 법률의 적용에 있어서 비일관적인 측면을 비판하며 협회혁파령이라는 조칙이 독립협회에만 적용되고 황국협회의 보부상들에게는 적용되지 않았던 상황에 대하여 정부 대신들을 힐난하면서도,[24] 한편으로는 중추원의 장정을 개편하여 근대 의회로서 법의 제정을 담당하도록 하는 요구를 그치지 않는다. 결국 궁극적으로 법률을 제정하고 적용하는 데 근대적인 의회의 입법 기능으로 왕의 주권적 권위를 견제하고자 하였던 것이다.

하지만 만민공동회의 이러한 원대한 계획은 고종이 군대를 동원하여 만민공동회를 해산하면서 무산되고 만다. 당시 고종이 만민공동회를 해산하면서 내린 칙어 속에는 만민공동회를 해산한 열한 가지에 달하는 이유가 들어 있는데,[25] 이러한 이유들은 한결같이 엄격한 법적 기준에 의한 것이 아니라 제왕의 권위와 그 아래 혈육관계로 놓인 백성이 마땅히 따라야 할 도리에 호소하고 있다. 이러한 결정은 결국 조선 이래로 전통적인 왕정체제 내에서 주권자의 권위에 대한 재확인 과정과 다름 없다는 사실을 보여준다. 이는 조선 이래로 내려온 대한제국의 제왕 중심의 정치이념과, 의회 내에서의 연설과 토론을 통한 법률 제정과 적용이라는 새로운 민주적 정치이념 사이의 간극이 그만큼 깊었을 뿐만 아니라, 결코 해소될 수 없는 것임을 보여주는 가장 상징적인 장면이다. 다만 이 맥락에서 흥미로운 것은 무력을 동원한 만민공동회의 완전 해산 이후 대한제국의 내부(內部)를 중심으로 신문 규칙이나 집회 결사에 대한

---

24) 『독립신문』, 1898.11.22, 2면. "대신들이 처음 대답하기를 부상(보부상 — 인용자) 복설하여 준 것은 농상공부에서 한 일인즉 우리는 당초에 알지 못하였노라 하니까 인민들이 울며 하는 말이 대신들이 저렇듯이 무슨 일들을 순전 모른다 하니 우리 인민들이 누구를 믿고 살겠소 한데 탁지부 대신 민영기씨의 말이 농상공부 대신 김명규씨가 황국협회 상무소를 일전에 복설하여 주었지 부상은 복설하여 주지 아니하였다 하더라 한데 인민의 말이 / 조칙으로 각 협회를 모두 혁파하라 하셨는데 황국협회 상무소는 먼저 복설하여준 까닭은 무슨 주의며 (중략) 대신들의 말이 농상공부에 탐지하여 만일 상무소로 복설하여 주었는데 그것들이 부상의 행세는 도저히 엄금하겠고 만일 부상으로 복설하여 주었을진대 정부에 회의하고 소위 부상 명색은 영위 혁파하겠노라." 당시 만민공동회 정국에서 보부상으로 이루어진 황국협회는 정부의 편에서 만민공동회를 무력화하는 데 다각적인 노력을 하였던 바 있다. 이후 대한제국 구정부는 독립협회를 혁파하면서 황국협회는 상무소를 복설하여 주었던 것이다. 위 인민의 항의는 그것에 대한 것이다.

25) 『독립신문』, 1898.12.27, 1~2면.

규칙 등을 속속 제정하려는 움직임이 시작되었다는 점이다. 이는 1898년 말 만민공동회 사건이 가져온 예외상태를 법적 제도의 공백 때문으로 이해하고, 명확히 성문화된 법률을 제정하여 이러한 문제 상황을 해결하고자 하는 의도를 표현하고자 하였던 것으로 이해할 수 있다.

당시 대한제국에서 이러한 언론(신문)에 대한 규칙과 협회와 집회에 대한 규칙의 제정을 주도하였던 인물은 만민공동회 당시 경무사(警務使)로 재직하고 있다가 중용되어 12월 초 내부협판 서리가 된 민병한(閔丙漢, 1861~?)이었다. 그는 앞선 1898년 11월 20일에 만민공동회에 방문하였다가 법률의 정당한 적용에 대해 따져 묻는 민회 참석자들의 비판에 직면하여 낭패를 경험하였던 인물로, 내부협판 서리가 되자마자 한편으로는 신문조례의 제정을 주도하였을 뿐만 아니라,[26] 다른 한편으로는 법부대신 이도재(李道宰, 1848~1909)와 함께 '집회 및 협회규례와 보안조례'에 관계된 청의서를 의정부에 제출하여 추진하였다.[27] 당시 민병한이 기안한 신문조례는 일본의 신문조례를 본떠 만들어졌으며, 처음

---

26) 『독립신문』, 1898.12.27, 1~2면.

27) 「집회集會와 및 협회 규례와 및 보안保安죠례에 관계 된 청의서」, 『독립신문』, 1899.1.21, 3면. "대새 들은 즉 각국에 다 협회가 있어서 나라를 이롭게 하고 백성을 편안하게 하는 도우 우의를 충성으로 섬기고 아래를 무휼하는 의로서 표준을 삼아 혹 회를 열어 연설도 하고 혹 넓게 평론하는 것을 하여 정치도 도우며 생민을 이익케 하으나 그 정부에서 규칙을 만들어 주어 구속(拘束)하고 법률을 정하여 집약(戢約)하여 분의를 범하고 기강을 어지러히 하는 사항을 감히 조단(造端)하지 못 하게 하며 윗 사람을 꾸짖고 영을 만모하는 말씀을 감히 입에 내지 못하게 하여 순순하고 화협하여 한결같이 충애로써 주장 삼는 것이 이것이 협회의 본의거늘 (중략) 이에 집회와 협회 규례와 보안 조례를 강구하여 조목 조목이 밝혀 서로 움직이는 인민 등으로 다 알게 하여 (후략)"(이 기사는 『독립신문』의 논조를 따르고 있는 것이 아니라 당시 제출된 청의서를 그대로 전재하고 있는 것이다.)

에는 36개조였으나 수정을 거쳐 33개조로 확정된 것으로 알려지고 있다.[28] 이는 독립협회 등 새로운 정치세력들이 갖고 있는 정치적인 힘의 근간이라고 할 수 있는『독립신문』등의 신문매체를 규제하여 무력화하기 위한 목적을 갖는 것이었고, 이를 문자화된 법령을 통하여 영속하고자 한 의도를 표현하고 있는 것이었다. 당시『독립신문』은 이러한 움직임에 대하여 적극적으로 우려를 표하면서 이를 말할 자유, 즉 언권(言權)의 보편적인 자유에 대한 내국인에 국한된 침해로 간주하면서 사설을 통하여 비판하고 있으며,[29] 이러한 신문조례가 불과 몇 주 만에 내부에 의해 발의되고 의정부를 거쳐 중추원에 상정되고 반포되기 직전에는 체념적 어조로 해당 법률의 절차적 정당성과 차별적 적용에 대한 우려를 표시하고 있다.[30] 물론 이 신문조례는 명확히 알 수 없는 이유로 실행되지 않았지만, 앞서『독립신문』이 제기한 우려와 마찬가지로 결과적

---

28) 정진석은 장지연의 유품 속에서 1899년에 제정하려다가 실패한 신문지조례를 발견하여 공개한 바 있다. 그는 신문지조례의 내용이 1891년 일본에서 시행된 (실제로는 1879년에 제정되어 지속적으로 보완된) 신문지조례의 내용과 거의 일치할 뿐만 아니라 대한제국에서 이후 1907년에 공포된 광무신문지법의 내용과 거의 일치하여 허가제, 보증금제, 사전검열, 정정보도 의무, 재판 기사의 게재 의무, 보도금지 조항, 행정처분, 사법처분 등을 포함한다고 분석하고 있다(정진석,「최초의 신문지조례 제정과 그 내용」, 웹진『언론중재』, 언론중재위원회, 2001).

29)『독립신문』, 1899.1.10, 2면. "만일 새로 난다는 신문 규칙이 경계 없이 까다로워 정부에서는 무슨 학정을 하든지 백성은 아무 말도 못하고 백성은 무슨 억울한 일이 있든지 호소무처(呼訴無處 — 인용자) 하게 되면 그런 규칙은 나라를 해롭게 하며 욕 보일 터이요 또 이런 규칙은 다만 대한 사람이 하는 신문에만 압제요 외국 사람의 신문에는 무슨 말이 나든지 금하지 못할 터이니"

으로『독립신문』같은 한국인들의 신문은 폐간되는 결과로 이어졌다.

신문조례와 마찬가지로 당시 민병한에 의하여 기안된 '집회와 협회 규례 및 보안조례'는 중추원에 의하여 부결되거나 수정을 겪지 않으면 안 되었는데, 25조에 이르는 것으로 알려진 당시의 '집회와 협회규례 및 보안조례'는 지금은 남아 있지 않아 그 면모를 짐작하기 어렵지만, 중추원에 의해 반려되었고,[31] 협회는 혁파하되 규례는 반포하지 않는 것으로 결론지어졌다.[32] 당시 신문조례와 '집회와 협회규례 및 보안조례'의 공통된 결과로 신문은 폐간되고 협회는 혁파되었으나 법률은 제정·공포되지 않았는데, 이는 외면적으로는 마치 내부와 의정부라는 권력에 의하여 주도된 이른바 법 제정의 시도가 중추원, 즉 새롭게 개편된 의회 권력에 의하여 견제되어 권력분립의 민주적 절차가 반영된 상황처럼 보

---

30) 『독립신문』, 1899.1.27, 1~2면. "(전략) 새로 내는 신문 규칙 초를 대강 보니 압제가 너무 심한지라 재판 배상 벌금으로 말 못하도록만 하였으니 대한의 법률이 공평하며 법관들이 사정도 보지 않고 세력도 두려워 않고 다만 소리곡직만 가지고 재판한 것 같으면 까다로운 규칙 밑에서도 신문이 되려니와 지금 같이 법률이 문란하여 죄가 이어도 세만 좋으면 방면이오 유세한 사람이 미워하면 재판도 없이 무한 곤욕을 당하니 (중략) 이 규칙을 내외 국인에게 고르게 시행할 터이면 오히려 원통치 아니하나 대한 정부가 필경 외국 사람이 하는 신문은 규칙 말도 못할 터인 즉 이 규칙이 시행되는 날에는 대한 사람의 신문은 쓸데 없는 휴지가 되고 외국 사람의 신문은 날마다 성할 터이니 어찌 하여 대한 사람은 못 견디게 굴고 외국 사람의 권리와 이익만 잘 되게 하랴는지 한심하다마는 (후략)"

31) 『황성신문』, 1899.1.17, 2면. "재작일(再昨日)에 정담집회(政談集會)와 협회와 보안조례(保安條例)를 중추원회의(中樞院會議)에 제출하였다가 결정하지 못하고 추타(推他)하기로 갱정(更定)하였다더라."

32) 『미일신문』, 1899.2.4, 3면. "(전략) 중추원에서 제 의관이 의논하기를 협회는 폐단이 많으니 영위 혁파하고 규례는 반포 아니 하는 것이 좋을 듯하다고 의견서를 미부(尾附)하여 그 규례를 도로 정부에 들여 보내었고"

인다. 하지만 이를 둘러싼 맥락은 결코 간단하지 않다. 결과적으로 본다면 독립협회로서는 언론과 연설을 중심으로 한 정치적인 행위를 보장받을 수 있는 최소한의 법적 기준조차 마련되지 못한 상황에서 협회를 해산하지 않으면 안 되었을 뿐만 아니라, 연설 및 언론 등 모든 정치행위가 금지되었으며 협회가 새롭게 조직되는 것 역시 불가능한 상황이 조성되는 등 결과적으로 법률적 기준에 대한 절차적 정당성에 의한 결정이 아닌 초법적인 명령에 의한 결정이 이루어지는 결과만을 낳았기 때문이다.

따라서 당시 이러한 법률 제정의 의도가 반려되거나 좌절되었던 배경 속에는 법률을 제정하여 새로운 정치세력에 대한 통제를 성문화하여 법적 체계 내에 기입하고자 하였던 의도뿐만 아니라, 해당 법률이 제정되었을 때 이러한 법률적인 요건을 충족하는 협회의 존재를 인정하지 않을 수 없게 된다는 불안을 갖고 법적 기준의 해석을 중심으로 벌어질 법적 정당성의 빌미를 주지 않기 위한 의도 역시 게재되고 있음을 간과해서는 안 된다. 성문화된 법의 정당성과 그 효력을 인정하는 것은 필연적으로 대한제국이 기존에 유지하고 있던 왕도정치의 국가이념을 버리고 법치국가의 이념을 받아들이게 됨을 의미하는 것이기 때문이다. 그렇게 본다면 내부를 중심으로 한 법률 제정에 대한 당시 대한제국의 발빠른 움직임에도 불구하고 실행하는 데 그리 적극적이지 않았던 것은 어떠한 의미로든지 당연한 선택으로 보인다. 실제로 만민공동회 이후, '집회와 협회규례 및 보안조례'의 제정 여부와 관계없이 협회의 조직이나 집회의 개회 그리고 공공적인 연설 행위는 보안 우려라는 애매한 구실을 빌미로 대한제국의 법률 초월적 위치를 이용하여 얼마든지 금지될 수 있었으며, 조선왕조의 전례로부터 그리 벗어난 것도 아니었다. 실제로 대한제국에서 관련 법률이 제정되지 않았는데도 1900년대 초기까지 경무청을 중심으로 협회의 설립이 아예 금지되었고,[33] 특히 외부에서의 집회 및 연설 활동에 대한 보안이 강화되어 가두에서 연설을 하다가 경무청에 피착(被捉)되는 사례가 많았던[34] 것은 대한제국 내에서 협회와 연설을 중심으로 한 정치적 시도에 대한 탄압이 법률적 근거에 의한 것이 아니라 초법적인 근거에 의한 것이었음을 단적으로 보여주는 것이다.

하지만 대한제국에서 이러한 왕의 주권적 권위에 의한 정치적 통제는 일제의 영향력이 커지면서 대한제국의 몰락이 가시화되던 상황에 따라 그리 오래 지속될 수 없었는데, 모든 협회의 설립을 제한하였던 대한제국의 통제적 영향력은 일제의 비호를 받으면서 일진회(一進會)가 조직

---

33) 『황성신문』, 1906.4.3, 2면. "우리 한국에 비로소 독립협회가 있다가 얼마되지 않아[未幾]에 드디어 일어나 엎어지고[遂至蹶仆] 그후[其後]에 보안회가 있[有保安會]다가 역시 역시 거친 껍데기에 이르고[亦至狼貝]하고 또 일진회(一進會), 개진교육회(開進教育會), 국민교육회, 청년회(靑年會), 정토종교회(淨土宗教會) 등 모든 종류의 민회(民會)하여" 위의 신문기사는 대한자강회가 설립될 당시의 것인데, 이 기사에서는 협회에 관한 지난 역사를 회고하면서 대한제국에 독립협회가 있었으나 폐지되고 이후에 협회에 대한 보안이 강화되어 열리지 못하다가 이후 일진회, 개진교육회, 국민교육회, 청년회 등이 열리기 시작하였다고 쓰고 있다.

34) 당시 신문 기사에는 공공장소에서 연설하다가 경부에 '피착(被捉)'되었던 사례가 자주 등장한다. 가령 다음과 같은 사례를 보면 당시 연설을 금지하는 분위기를 짐작할 수 있다.
「피착자현(被捉自現)」, 『황성신문』, 1901.11.25, 2면. "일전 덕어학교(德語學校)의 토론회(討論會) 연설(演說)로 인하여 이 학교 교관 삼인이 경부(警部)에 피인(被囚)함은 이미 썼[已記]거니와 그 학도(學徒) 중 홍순원(洪淳爰) 씨도 피촉(被捉)하였고 당시 회장 신흥우(申興雨) 씨는 숨어 피하[隱避]였더니 그 아버지 면휴(冕休) 씨가 피착(被捉)함을 보고 재작일(再昨日) 경부(警部)에 스스로 나타났[自現]다더라"

되었던 1904년의 상징적인 상황을 기점으로 더 이상 유효하지 않게 되었다.[35] 당시 일진회가 처음으로 개회하였던 1904년 8월 20일에 경무청은 경찰들을 보내어 해산을 명하였으나 일본 헌병이 막으면서 자신들이 판단하여 해산 여부를 결정하겠다고 나서서[36] 일진회가 개회될 수 있었던 것이다.[37] 이 상징적인 장면은 퍽 중요한 것으로 생각되는데, 대한제국에 있어서 만민공동회의 경험 이후 명확한 법적 기준 없이 대한

---

35) 김종준은 당시 일진회가 초기 설립 당시부터 일본의 낭인 세력뿐만 아니라 한국주차군과 관련되어 있음을 보이고 있다(김종준, 『대한제국말기(1904~1910년) 일진회 연구』, 서울대학교 박사학위논문, 2008, 20~24쪽).

36) 「일진회문(一進會聞)」, 『황성신문』, 1904.8.22, 3면. "유신회원(維新會員)이 재작일(再昨日) 하오 2시 대광교(大廣橋) 아래 지묵도가(紙墨都家)에 집회(會集)하였는데 경무청(警務廳)에서 칙명(勅命)을 봉승(奉承)하고 총순(摠巡)과 순검(巡檢)을 파송(派送)하여 해산(解散)함을 효유(曉諭)하였더니 일본 헌병(憲兵)이 불가(不可)하다고 말하되 이 회 인원(人員)의 언론(言論)이 불가(不可)한 즉 귀 순검(巡檢)의 촉거(捉去)를 기다리지 않고[不待] 일본 사령대(司令隊)로 일병착거(一幷捉去)할 터이니 단지 다음회를 지켜보기(第觀下回)가 늦지 않았[未晩]다 하기로 순검(巡檢)이 금지를 늦추[弛禁]매 임시회장(臨時會長) 윤시병(尹始炳) 씨 등이 개회하고 유신(維新)의 목적을 설명하되 위로부터 유신(維新) 일자(一字)를 흡족하지 못한[未洽] 뜻[旨意]가 있으시다니 회명을 개정하여 일진(一進)이라 칭하고 주지(主旨)를 당중(當中)에 공포(公佈)하였는데 1은 제실(帝室)을 안녕(安寧)케 할 일이오 2는 정부(政府)를 개혁(改革)할 일이오 3은 인민(人民)의 생명재산(生命財産)을 보호(保護)할 일이오 4는 군정(軍政)과 재정(財政)을 정비(整備)할 일이라 하고 회명개정(會名改正)함을 정부(政府)에 통고(通告)하고 위원을 택정(擇定)하여 이 회의 규칙을 의정하기로 가결하고 통상회(通常會)를 매 토요일 하오 2시로 결정하고 특별회(特別會)는 마땅히 이 일이 많은 가을에 하여야[當此多事之秋] 한계가 없을 것이라 하여[不在此限] 하오 4시에 폐회하였더라" 이러한 상황 전후는 『대한미일신보』 1904년 8월 24일 자 잡보 「일진개회」를 통하여서도 확인된다.

37) 당시 주한일본공사관의 기록 속에는 1904년 7월 20일 자로 당시 일진회의 임시회장이었던 윤시병의 「일진회 창립 취지서(一進會 創立 趣旨書)」가 남겨져 있는데, 이 창립취지서에는 일진회가 명백한 정치성을 지향하고 있던 협회임이 드러난다. 다만 전후 기록을 감안할 때 7월 20일로 표시된 날짜는 오식인 것으로 보인다.

제국 황제의 명령이 갖는 위엄과 그에 근거한 판단만으로 철저하게 통제되었던 협회의 설립과 공개적인 장소에서의 정치적인 연설 행위가 다름 아닌 일본 군대라는 외부적인 힘에 뒷받침되어 허용될 수밖에 없었던 상황을 보여주고 있기 때문이다. 이는 결국 황제가 가진 권위의 가시적 소멸을 의미하는 것에 다름 아니었다.[38] 물론 일진회의 설립이 곧바로 대한제국에서 협회의 설립이나 정치적인 연설의 허용을 의미하는 것은 아니었으나, 당장 1904년 무렵에 교육이나 종교에 목적을 두었던 협회들이 하나둘씩 개회하기 시작하였으며 이러한 상황은 1906년 대한자강회(大韓自强會)의 설립을 통하여 '애국'을 표방한 정치적인 목적을 담보로 한 협회의 설립이 본격화되어 결국 내부(內部)에 의하여 보안법(保安法)[39]이 제정, 공포되기까지 계속된다.[40]

---

38) 최기영은 한말 국민교육회의 설립에 관한 논문에서 독립협회가 1898년 12월 해산된 이후, 민간단체의 설립이 전무하다가 1904년 7월 일본의 황무지 개척권 요구에 반대하여 결성된 보안회(輔(保)安會)가 민간단체 설립의 시초라고 보고 있다. 이 보안회는 황무지의 소유권을 요구하는 일본 상인들의 부당성을 연설을 통하여 강변하다가 일본 상인들과 충돌을 빚고 결국 여러 명이 경무청에 구속되는 등 고초를 겪다가 그해 8월 초에 일시 해산하였다가 같은 달에 다시 개회하였다(최기영, 「한말 국민교육회의 설립에 관한 검토」, 『한국근현대사연구』 1, 한국근현대사학회, 1994, 29~30쪽).

39) 대한제국의 법률 제2호 보안법은 광무 11년(1907년) 7월 27일에 공포되었으며 이는 경찰관에 의한 보안 유지 및 공개된 장소에서 문서·도서의 게시, 반포, 낭독 등에 대한 금지를 포함하고 있었고 정치에 관한 불온한 동작을 행할 우려가 있는 사람의 퇴거를 명령할 수 있는 내용을 포함하고 있었다. 이 보안법 전문은 『황성신문』 1907년 7월 31일 1면에 전재되어 있다.

## 4. 연설과 강연의 영역적 분화와
## 정치적인 중립 영역이 형성된 계기

　이상에서 살펴본 것처럼 당대에 연설이라는 언설 행위는 제왕을 중
심으로 형성되어 있던 조선왕조의 정치적인 중심을 거리로 이끌어오는
행위였다는 점에서 필연적으로 정치적일 수밖에 없다. 이러한 연설이
담보하는 정치성은 특히 1898년 만민공동회의 대립적인 경험을 통하여
극적으로 결정화되었다고 볼 수 있는데, 이후 1904년까지 공개된 장소
에서의 연설 행위뿐만 아니라 협회의 설립조차 이른바 제국적인 주체의
처분에 의해 금지된 것은 바로 이러한 연설이 담보하고 있던 정치성 때
문이다. 이러한 20세기 초의 상황 속에서 러일전쟁을 통하여 대한제국
에 정치적 영향력을 본격화하기 시작한 일본 제국주의의 개입과 그들과
의 충돌 경험은 더 복잡한 정치적인 판도를 형성하였다.

　이러한 정치적인 국면과 별개로, 정치적인 협회의 설립이 본격화된
1906년 무렵과 나아가 일제의 주도로 제정된 보안법에 의해 정치적 연
설에 대한 금지가 법적 규정으로 확보되었던 1907년 이전의 시대적 상
황에서, 제국적인 주체에 의해 행하여진 초법적 금지에 대응하여 연설

---

40) 당시 1907년에 공포된 '보안법'은 정황상 당연하게 일제의 영향력 아래에서 제정·공포된
　　것임을 짐작할 수 있다. 당대 정치적인 상황과 관련하여 이 보안법의 제정이 담고 있는 의
　　미가 어떠한 것이었는가와, 이 보안법에 명시된 정치적인 언론 행위에 대한 통제가 동시
　　대 '애국계몽'을 표방한 협회들에 어떠한 영향을 끼쳤는가는 여러모로 흥미로운 작업이겠
　　으나, 이 책에서는 시기적인 문제와 체제상의 문제로 제외하고자 하며, 뒤 이어 좀 더 확장
　　된 논의를 통하여 다루어보고자 한다.

이라는 언설 행위가 담보하는 정치성을 우회하기 위한 당대 지식인들의
노력이 어떻게 전개되었는가는 흥미로운 주제이다. 1904년 당시 일진
회처럼 노골적으로 일제를 등에 업고 정치성을 드러낼 수 있었던 협회
를 제외하고 대부분의 협회들은 여전히 협회혁파령의 통제에서 자유로
울 수 없었기 때문이다. 당시 일진회 이후 서서히 조직되기 시작된 협회
들이 주로 비정치적인 성격을 표방한 종교와 교육 등의 목적을 갖는 협
회였다는 사실 역시 이러한 전반적인 정세와 무관하지 않을 것이다. 당
시 이러한 움직임은 1904년에 조직된 국민교육회(國民敎育會)를 통하여
확인할 수 있는데, 국민교육회는 협회의 이름이 드러내고 있는 것처럼
근대적인 학교를 설립하고 교육에 필요한 교과서를 편찬하는 협회였으
며 근대적인 교육에 대한 계몽적인 이념을 담보하는 것이 목적이었다.
당시 대한제국은 국민교육회의 활동에 촉각을 곤두세우고 의심을 풀지
않아 창립총회에 순검을 파견하였고, 국민교육회가 여러 번 발간을 신
청한 회보도 허가하지 않았다.[41] 이러한 통제에 대해 국민교육회는 협회
의 규칙에서부터 학술과 교육으로 협회의 영역을 한정 짓고 비정치성을
강조하면서 스스로 정치적인 협회가 아님을 여러 번 강조한다. 이러한
기조를 바탕으로 1904년 9월 9일 국민교육회는 창립총회에서 결의한
협회의 규칙의 대요(大要)를 『대한믹일신보』에 싣고 있는데 그중 일부를
살펴보면 다음과 같다.

---

41) 앞의 최기영(1994), 33~36쪽.

제1조 본회는 국민교육회라 명칭할 일

제2조 본회의 목적은 일반 국민의 교육을 면려하여 지식을 발달케 하되 완고의 폐습을 혁태하고 유신의 규모를 확립할 일

제3조 본회는 전조의 목적을 관철하기 위하여 매양 개회할 때에 교육 상의 유익한 의견을 서로 강론하되 정치상에 관한 일은 일절 물론하고 다만 좌기한 제 항에만 종사할 일

1. 학교를 광설할 일

2. 문명적 학문에 응용할 서적을 편집하며 혹 번역하여 발간할 일

3. 본국사기와 지지와 고금명언전적을 취집하여 광포하여 국민의 애국심을 고동하고 원기를 배양할 일 (후략)[42]

국민교육회는 앞서 지적한 바와 같이 당시 신문에 게재되었던 회칙에서, 회의 목적을 교육을 면려하고 지식을 발달하게 하는 것으로 국한하고 있으며, 특히 정치적인 사안에 대해서는 결코 논의하지 않는다는 사실을 명시하고 있다. 국민교육회가 연동교회의 주임목사였던 제임스 게일의 집에서 조직된 협회였으며 그의 영향력 아래에서 결성된 것이었음을 감안한다면 국민교육회가 표방한 비정치성[43]은 종교적인 영향에

---

42) 「국민교육회규측의대요」, 『대한믹일신보』, 1904.9.9, 2면.

43) 『황성신문』, 1904.8.27, 3면. "일작(日昨)에 모모 유지지사(有志之士)들이 연동(蓮洞)에 집회(會集)하여 국민교육회를 조직하였는데 그 목적은 국민(國民)에게 유익한 서책(書冊)을 편집간포(編輯刊佈)하며 범지식(凡智識)을 발달케 하고 교육을 확장(擴張)할 일[事]에 종사하고 회원은 물론 내외국인과 남녀하고 대한국민교육 상에 유지(有志)한 인으로 성립하며 정치(政治)상 관한 사항은 일절 물론(勿論)하기로 결정하였다더라."

서 비롯된 것으로 해석할 여지가 없지 않다.[44] 그러나 비록 그렇다고 하더라도 국민교육회가 취하였던 비정치적인 위치는 협회의 설립에 대해 예민한 반응을 보였던 대한제국의 정세에 대하여 자회의 영역을 비정치적이라 선언하는 자기증명적인 태도라는 사실에는 변함이 없다. 다만 위의 국민교육회의 회칙에서 눈길을 끄는 것은 3조에서, 매번 개회할 때마다 교육상 유익한 의견을 서로 '강론(講論)'한다고 쓰고 있다는 사실이다. 협회의 비정치성을 강조하여 대외에 드러내어줄 필요가 있었던 이 조항에서, 협회 내에서 목소리를 통하여 상호 간 의견을 나눈다는 상황에 당연히 쓸 수 있었던 '연설(演說)'이라는 용어를 회피한 심리적인 배경에 대해서는 짐작하고도 남음이 있겠으나, 그 빈자리를 채웠던 것이 다름 아니라 '강론(講論)'이라는 단어라는 사실은 또 다른 주목을 요한다.

'강론'이라는 단어는 조선 이래로 사대부들이 학문의 도리를 풀어서 설명하고자 할 때 쓰였던 단어로, 그 공간적 함의 때문에 임금이나 세자에게 학문의 이치를 가르치는 데 국한하여 썼던 앞선 '강연(講筵)'과 달리, 특별히 군신 간의 관계가 아니더라도 범용하게 쓰였던 단어이다. 이 단어는 1880년 『한불ᄌ젼』에 등재될 무렵에는[45] 단순한 학문적인 담화

---

44) 제임스 게일은 1909년에 쓴 자신의 책 『과도기의 한국(Korea in transition)』(New York: Laymen's Missionary Movement, 182~184쪽)에서 만민공동회 사건의 여파로 옥살이를 하게 된 인사들, 특히 이승만이나 이상재, 이원긍 등의 인물들이 옥중에 있을 때 지속적으로 방문하여 그들에게 기독교를 전도한 과정을 상세하게 기록하고 있다.

45) 『한불ᄌ젼(DICTIONNAIRE CORÉEN-FRANCAIS)』, Yokohama: C.Levy, imprimeur-libraire, 1880, 130면. "강논하다, KANG-NON-HĂ-TA. 講論. (Parler, délibérer). Prêcher, discourir, disserter, haranguer, expliquer la doctrine."

만이 아닌 종교적인 교리를 설명하는 '프리치(preach)'라는 의미를 포함하였다. 게일은 1897년판『한영즈뎐』에는 이 단어를 수록하지 않았다가 1911년판에서 '강론하다'라는 표제어를 수록하여 일반적인 담화 행위를 가리키는 용어[46]로, 특히 '강론회'라는 표제어를 "A meeting for preaching or teaching"이라고 풀이하면서[47] 강론이라는 단어를 종교적인 의미와 학술적인 의미의 절충 지점에서 쓸 수 있는 단어로 규정하고 있다. 물론 국민교육회는 회보가 발간되지 않았기에 당시『대한믜일신보』에 실린 국민교육회 규칙이 회에서 제정한 그대로 전재된 것인가 아닌가 하는 문제는 확정하기 어려우나, '연설'이라는 단어의 정치적인 함의 때문에 회피하였던 빈 공백의 지점에 쓸 수 있었던 단어가 종교적인 의미와 학술적인 의미를 동시에 충족하는 '강론'이라는 단어였다는 사실은 분명 시사하는 바가 크다.[48]

한편 한층 더 흥미로운 양상은 이 국민교육회 회칙이 10여 일이 지난 뒤에는『황성신문』에 국한문 혼용으로 번역되어 실린 이후에 발견된다.

---

46) 앞의 제임스 게일(1911), 29쪽. "강론하다 *l*. 講論 (강를) (의론) To discuss ; to talk over."
47) 위의 책, 29쪽. "강론회 *l*. 講論會 (외울) (의론) (모돌) A meeting for preaching or teaching."
48) 당시『대한매일신보』는 영국인 어니스트 배델(Ernest T. Bethell, 1872~1909)이 발행인이었고 양기탁(梁起鐸, 1871~1938), 박은식(朴殷植, 1859~1925) 등이 관여하고 있었다(정진석,『역사와 언론인』, 커뮤니케이션북스, 2001, 164~180쪽). 김권정은『대한매일신보』의 양기탁이 1895년 기독교에 입교하였던 신자였을 가능성을 제시하면서 이 신문이 기독교 친연적인 성향을 갖고 있었다는 사실을 지적하고 있는데, 이를 보면 당시 이러한 어휘 선택의 주체가 양기탁이었을 가능성을 배제하기 어렵다(김권정,「애국계몽파의 기독교 인식에 관한 연구-『대한매일신보』를 중심으로」,『숭실사학』17, 숭실사학회, 2004, 69~73쪽).

다름 아니라, 얼마간의 시간 차이를 두고 번역되어 다시 실린 회칙에서
다른 내용은 거의 대동소이하지만 앞선 기사에서 선택되었던 '강론'이
라는 단어 대신 '강연(講演)'이라는 용어가 선택되었기 때문이다.

제일조 본회는 국민교육회라 명칭할 일

제이조 본회의 목적은 일반국민의 교육을 면려하여 지식을 발달케 하되 니
고(泥古)의 폐습(弊習)을 혁거(革祛)하고 쇄신의 규모를 확립할 일

제삼조 본회는 전조의 목적을 관철하기 위하여 매 개회 시에 교육상 유익한
의견을 상호 강연(講演)하되 정치상에 관한 일은 일절 물론하고 단 좌개 제
항에 종사할 일

　일 학교를 광설할 일

　이 문명적 학문에 응용할 서적을 편찬 혹 번역하여 간포

　삼 본국사기와 지지의 고금명인전적을 수집광포하여 국민의 애국심을
고동하고 원기를 배양할 일[49]

'강론'이나 '강연'이라는 단어 모두 한자어였다는 사실을 감안하면 이
는 단지 두 텍스트의 국한문 간 번역의 문제가 아니라 개념어 선택상의

---

49) 『황성신문』, 1904.9.19, 3면. 원문은 다음과 같다. "第一條 本會난국민교육회라名稱할事
/ 第二條 本會의目的은一般國民의敎育을勉勵하야智識을發達케호디泥古의弊習을革祛
하고刷新의規模을確立할事 / 第三條 本會난前條의目的을貫徹하기爲하야每開會時에敎
育上有益한意見을互相講演호디政治上에關한事난一切勿論하고但左開諸項에從事할事
/ 一 學校를廣設할事 / 二 文明的學問에應用할書籍을編纂或繙譯하야刊佈할事 / 三 本
國史記와地誌의古今名人傳蹟을蒐集廣佈하야國民의愛國心을鼓動하고元氣를培養할事"

문제임을 알 수 있다. 20세기 초라는 시기가 서구로부터 주로 일본을 경유하여 들어온 근대적인 개념어들과 조선시대 이래로 전통적으로 존재하고 있던 개념어들이 혼재된 양상을 이루고 의미가 재조직되던 시기였음을 감안한다면, 거의 같은 맥락 속에서 서로 다른 실천을 이루는 이 사례가 심상해보이지 않는 까닭은 이러한 어휘 선택의 맥락 속에 개개인이 영위하고 있던 언어환경과, 구축하고 있던 이념적 기대 지평이 반영되어 있다는 판단 때문이다. 당시『황성신문』의 사장이었던 장지연(張志淵, 1864~1921)이 역사적인 지식에 밝고, 현실정치에 참여적인 지식인이었음을 감안한다면, 종교적으로나 학술적으로 모호한 성격을 갖고 있었던 '강론'이라는 단어를 배제하고 이미 정치성과 맥락된 '연설'이라는 단어의 개념적 이항대립 쌍으로 '강연'이라는 학술적인 단어를 선택한 배경은 어느 정도 수긍되는 바가 있다. 특이하게도 이후『황성신문』내에서는 강연이라는 단어가 자주 등장하기 시작하는데,[50] 이는 당시 연설이라는 행위가 맥락화하고 있던 정치성을 회피하여 학술성을 담보로 한 강연이라는 행위와 그것을 가리키는 개념의 목적과 함의에 대해서 일종의 경계적 인식이 확립되고 있다는 사실을 보여준다. 물론 세부의 기사 내에서는 여전히 연설과 강연이 혼용되어 쓰이는 경우가 많지만, 연설

---

50) 이후 '강연'이라는 용어가『황성신문』에서 어떻게 등장하는지 대표적 사례를 몇 가지 제시해보면 다음과 같다. "본년(本年) 삼월 이십구일 사립육영어학교(私立育英語學校)에서 교육발달(教育發達)하기 위하여 강연회(講演會)를 개설하얏는디 학원 2백여 인과 학원 부형과 방청 내외국인 6백여 인과 출석한 부인 오십여 인이 제반 토론(討論)을 하였는데 교장 이동휘(李東暉) 씨가 교육방침(教育方針)과 개명(開明) 상 필요한 연설(演說)과 외국인 기부금 공포와 학교취서(學校就緖)에 대하여 가문지설(可聞之說) 수천언(數千言)을 설명한 후 토론문제(討論問題)를 제출하기를 (후략)"(「심교강연(沁校講演)」,『황성신문』, 1905.4.10, 1면.)

이라는 용어가 갖는 정치성을 배제하고 강연이 담보하는 학술성을 강조하고자 할 때 주로 강연이라는 용어가 선택되면서 연설이 담보하는 정치성과 강연이 담보하는 학술성 사이에 명확한 구분이 자연스레 형성되었던 것이다.

오가키 다케오(大垣丈夫) 씨 유자(儒者)의 폐해를 논하고 공맹의 진의를 밝힘 만당신사(滿堂紳士) 제군(諸君)이여 청컨대 잠시 경청하시는 수고[勞]을 하여 주[賜]시오 대저 정치(政治)를 방론고언(放論高言)할 진대 연자(演者)도 의기(意氣)가 헌앙(軒昂)한 즉 청자(聽者)도 장절통쾌(壯絕痛快)함이 극(極)할지나 그러나 고서(古書)에 취(就)하며 사실(事實)에 기반하여 주도신밀(周到愼密)히 강연(講演)하는 학술상연설(學術上演說)은 연청(演聽) 양자가 같이 장쾌(壯快)함을 느끼지 아니할 터이나 능히 완색(玩索)하면 도리어 대단히 계발처가 있을진저 단 예수(耶蘇), 공맹(孔孟), 석가(釋迦) 삼성(三聖)은 세계대성(世界大聖)이라 우리들 범인(凡人)의 몸으로는 실로 세계대성의 진의를 설명하려고 방언(放言)함은 소위 한 무리의 소경들이 코끼리를 평하는 것[羣盲評象]에 부끄러운 웃음[恥笑]을 면치 못할지라 그러나 또한 본제(本題)를 게출(揭出)하기에 이른 동기는 세상 논자 중에 시서육경 성현의 도[詩書六經聖

---

"경주군(慶州郡) 공립소학교(公立小學校)에서 금년 하기시험(夏期試驗)을 경(經)한 후 (중략) 동교에 최간선(最幹旋)하는 전주사(前主事) 김한은(金翰殷) 씨가 임석(臨席)하여 교육에 필요한 담론을 <u>강연(講演)</u>하였고 중대장(中隊長) 박용준(朴容俊) 씨도 국민권장지의(國民勸獎之意)로 <u>연설(演說)</u>하였는데(후략)"(「경교성황(慶校盛況)」, 『황성신문』, 1905.9.12, 2면) 이 외에 「천황점벽(天荒漸闢)」(『황성신문』, 1904.10.19, 2면)이나 「법교개학상보(法校開學詳報)」(『황성신문』, 1905.1.27, 2면), 「만국평화회의(萬國平和會議)의 제출문제(提出問題)」(『황성신문』, 1905.7.21, 2면)에서 '강연'이라는 용어가 쓰이고 있는 양상을 주목할 수 있다.

賢之道]를 준봉(遵奉)하는 중국[支那], 조선이 이미 금일과 같이 쇠약한 이상
에는 도저히 경학(經學)은 유해무익(有害無益)하고 문명신학(文明新學)의 주
지(主旨)에 배반(背反)함인 즉 편히 폐지(廢止)할 것이라는 설(說)에 대하여
나는 중국[支那], 조선이 쇠약한 까닭은 결코 경학(經學)의 죄가 아니오 학자
가 성현의 도[聖賢之道]를 활용치 못함이라 논변(論辨)코져 할 따름이라[51]

위에 인용되고 있는 것은 1906년도에 국민교육회에서 일본인 오가
키 다케오를 초청하여 실시하였던 유학 관련 연설 기록의 초반부이다.
이 연설의 연사는 연설이라는 행위의 종류를 정치상의 연설과 학술상의
연설로 나누고, 특히 학술상의 연설을 강연으로 지칭하고 있다. 이 연설
앞부분의 요지는 정치를 논하는 연설은 청자가 통쾌함을 느끼기 쉽지
만, 사실에 의해 주도면밀하게 강연하는 학술적인 연설은 연설자나 청
자 모두 장쾌함을 느끼기 어렵다는 것이다. 이 연사는 당대의 정치 현안
을 다루어 청자들을 격동시키는 연설에 비해 유학이라는 학문의 도를
설명할 자신의 학술상의 연설, 즉 강연은 그 성격과 목적이 다르다는 전
제를 제시하고 있는 셈이다. 여기에서 주목할 것은 기존의 연설이라는
단어를 정치적인 목적에 귀착하고 그것과 이항대립적인 단어로 강연을
내세우려는 움직임이 이때부터 조금씩 구체화되기 시작하고 있다는 사
실이다. 이때부터 시작된 정치적인 연설과 학술적인 강연으로 그 어휘
적 용법을 구분하려는 움직임은 대한제국의 대외적 영향력이 감소하기
시작하여 일본 제국주의의 식민권력에 의하여 조선이 강점된 이후 더

---

51) 『황성신문』, 1906.6.23, 3면.

분명하게 확정되었고[52] 1907년에 이루어진 보안법의 제정 반포로 시작된 일본 제국주의의 지식관리체계와 연동되어 더 분명하게 구분된다.


## 5. 연설하는 목소리를 기록하는 속기 관행과 연설하는 규범의 형성: 안국선의 『연설법방』


19세기 말 대한제국이 국가적인 정책 차원으로 시행한 학부 주관의 관비유학을 통하여 게이오기주쿠 보통과(普通科)에서 공부한 적 있는 유학생들에게 연설과 토론이라는 담화 방식은, 해당 의숙의 학풍상 지식과 사상을 학습하고 표현하는 데 가장 중요한 교육 수단이었으므로 반드시 습득해야만 하였다.[53] 당대에 일본 유학을 경험하였던 이들은 대부분 전공과 상관없이 연설과 토론이라는 제도화된 지식 확보 및 표현에 필수적인 기본적인 학문을 습득하는 데 노력을 아끼지 않았다. 그들

---

52) 홍순애는 1910년대 당시 '연설'과 '강연'의 용어와 개념이 혼용되어 있다는 사실을 지적하고 있는데(홍순애, 「근대소설의 형성과 연설의 미디어적 연계성 연구–1910년대를 중심으로」, 『현대소설연구』 42, 한국현대소설학회, 2009, 609~610쪽), 그의 해석과는 다소 다르게 실상 김창제의 「연설법요령(演說法要領)」(『청춘』 7, 1917.6) 등은 오히려 정치적인 문제를 다루는 연설과 학리에 기반한 강연이 나뉘고 있다는 사실을 보여주고 있다. 1920년대 이후, 대대적으로 허용된 것이 연설회가 아닌 학술성에 기반한 강연회였다는 사실을 감안한다면, 바로 당대 제국주의 식민권력이 연설과 강연의 구분을 고착화하여 일종의 제국주의적 지식의 공리계를 구성하고자 하였던 것이 아닌가 하는 추론이 가능하다. 다만 본 장은 연설과 강연의 초기적인 분화의 기원을 해명하는 데 목적을 두고 있으므로 1910년 이후 연설과 강연의 존립 양상에 대해서는 다음 장을 통하여 해명해보고자 한다.

은 관비유학을 통하여 후쿠자와 유키치 등과 교유하면서 그가 학문의 수단으로 도입하였던[54] 연설과 토론이라는 담화 방식을 습득하였고 이후 독립협회 내에 토론회와 협성회 등을 조직하여 이를 통하여 정치적 민주주의 역량을 키워나갔던 것이다. 이러한 노력들이 당대 왕정으로부터 의회(중추원) 설립을 통한 민주주의 공화정으로 이행하고자 하였던 최초의 정치 실험인 만민공동회의 경험으로 이어지는 원동력이 되었다는 사실은 부인하기 어렵다. 비록 그 실험은 고종이 내린 협회혁파령으

---

53) 『게이오기주쿠의 학풍(慶應義塾之學風)』, 東京: 庚寅新誌社, 1894, 91~92쪽. "게이오 의숙(義塾)의 연설관(演說館) 및 모든 클럽은, 학교 특유의 학풍을 만드는 데 있어 도움이 된다. 기존의 의숙의 교육법은, 오로지 독서에 의지하는 것이었고, 확실히 독서는 육성의 한 수단이 될 수 있지만, 이에 비해 직접적으로 세상의 사상이나 감정을 연마하여 심지를 개발하는 것에는 별도의 방법이 있으니, 연설, 토론, 담화가 그것이다. 의숙의 연설관 및 모든 클럽이 인재육성에 효과가 있음을 알아야만 한다. (중략) 다만 연설관은 선생(후쿠자와 유키치 ─ 인용자)이 그의 고묘(高妙)한 사상, 기혜(奇慧)한 관찰을 직접적으로 학생을 향해 전하는 장소로서, 학생들은 한 달에 여러 번 연설관에서 사교적인 감정을 증진하거나, 처세법의 비결을 받거나, 장차 정치, 경제, 문학의 진정한 의미를 전달받는 것이다. 이를 통하여서 그들의 심기(心機)는 우연하게 움직이게 되고 지력 역시 따라서 활기를 더하는 마음을 느낀다. 그리하여 일단 심지(心智)의 속[奧]을 연 그들의 사상, 감정은 다시 새로운 사상, 감정을 생겨오게 하니, 생동감 있는 움직임의 뛰어난 작용의 정신적 습관이 체제에 형성되어 건전한 상식이 날로 새롭게 될 수 있다."

54) 후쿠자와 유키치, 「서언」, 『후쿠자와전집』 1, 時事新報社, 1898, 80~81쪽. "인간세상의 진보는 실로 놀랄 만한 것으로서 우리나라 연설법과 같은 것은 곧 그 일례이다. 금일의 실제를 본다면 사람이 그 마음으로 생각하는 바를 입으로 말하여 공중에 고하는 것은 심상(尋常)한 보통의 일일 뿐만 아니라 속기법조차 행해지고 실용에 이른 정도의 세간에서, 연설 따위 백 천년 이래의 관습이 아니라고 생각하는 사람들도 있을 수 있겠지만 그 연설은 이십년 전의 야릇한 법으로는 당시 이것을 실행할 수 있다고 하는 것인 양 공부하였던 우리들의 노고는 용이하지 않았다."

로 실패하였으나,[55] 근대 초기 한국에서 새로운 정치적 공론장 형성에 기여하였다는 점에서는 평가하지 않을 수 없다.

결국 당대 독립협회를 중심으로 실시되었던 연설 및 토론회[56]는『독립신문』등의 언론매체에 순 국문으로 실렸던 계몽적인 논설들이 당면하지 않으면 안 되었던 한계들을 극복하는 중요한 의미를 담고 있었다. 물론 이는 문자화된 글쓰기의 형태로 제시된 논설 등의 서사양식이 직면할 수밖에 없는 국문/국한문혼용에 관련된 리터러시의 문제 때문이기도 하나, 오히려 이는 글쓰기라는 매체 자체에 내재된 전달력의 한계 때문이기도 하다. 특히 신문이라는 매체를 통하여 실리고 있던 글쓰기라는 양식들은 그것이 전달하는 정보의 질과 양에 있어서 당대의 여타 매체에 비해 당연한 우위를 보이는 것은 분명하지만, 그 글쓰기 내부에서 논리로 구축된 생경한 근대적 개념들은 단지 신문매체에 실린 논설 등의 서사양식을 통하여 독자들에게 실감을 통하여 전달되기에는 분명한 한계를 노정하고 있기 때문이다.

개화기 당시 근대적인 개화의식을 고취하기 위한 주요한 수단이 연설과 토론이었다는 사실은 바로 이러한 이유 때문이었을 것인데, 주로 일본 유학을 통하여 근대적인 개념들이 실천적으로 맥락화되는, 생생하게 역동화된 개념의 의미망을 경험하였던 이들이 자신이 소유한 목소리의 존재적인 실감을 통하여 사실성의 차원을 보증하면서 인간의 목소리의 울림이 갖는 감화력을 이용하여 지식을 전달하는 연설이라는 새로운

---

55) 앞의 전영우(1991), 92~140쪽.
56) 앞의 신용하(2006), 상, 322~338쪽.

매체는 바로 이러한 당대 논설 등의 계몽적인 글쓰기의 한계를 넘어서는 특별한 효과를 갖는 것이다. 따라서 한국의 개화기가 주로 일본을 통하여 수입된 서구의 근대화된 개념들을 역동화하고 당대 현실적인 상황에 맥락화하는 시기였음을 감안한다면, 그러한 개화기의 계몽적인 움직임을 주도적으로 촉진하였던 매체가 바로 연설과 토론이라는 담화양식이었음을 납득하기는 그리 어렵지 않다.

이처럼 연설과 토론의 시기였던 1907년 무렵, 개화기의 공론장에 등장한 안국선(安國善, 1878~1926)은 이미 1895년에 안명선(安明善)이라는 이름으로 관비유학을 통하여 게이오기주쿠 보통과를 졸업한 뒤, 동경전문학교에서 정치경제학을 전공하고 귀국하였다.[57] 그는 귀국하는 길에 박영효와 관련된 역모 사건에 휘말려 투옥되어[58] 1904년부터 1907년에 이르기까지 진도에 유배되었다가 여타 지식인들에 비해 다소 늦은 시기에 저술 및 연설 활동을 시작하였다. 하지만 그는 유배 중에도 여러 잡지에 글을 투고하고 있었을 뿐만 아니라 일본에서 가져온 정치·경제 서적 번역도 게을리 하지 않았다. 1907년 1월 말경[59] 유배에서 풀

---

57) 차배근, 『개화기 일본유학생들의 언론출판활동연구(1)-1884~1898』, 서울대학교출판부, 2000, 140쪽.

58) 안국선의 생애와 저작물에 대해서는 윤명구(1973), 권영민(1977), 김영민(1989), 최기영(1991) 등의 논의를 참고할 수 있다. 위와 같은 논의에 따르면 안국선은, 1899년 11월경 유학생활을 마치고 함께 귀국하였던 오성모(吳聖模)와 역모 사건에 휘말린다. 당시 일본에 망명한 박영효는 국내 지지세력을 규합하고자 정권 장악에 필요한 자금이 필요하였는데, 오성호가 이에 연루되면서 안국선도 함께 경무청에 투옥되었고, 이후 안국선은 미결수로 복역하다가 1904년에 진도에 유배되었다가 1907년에서야 서울로 돌아와 활발한 저술 활동 및 연설 활동을 펼칠 수 있었다.

려나자마자 쉬지 않고 글을 기고했고 『외교통의(外交通義)』上·下(보성
관, 1907.5.15), 『비율빈전사(比率賓戰士)』(보성관, 1907.7.22), 『정치원론(政
治原論)』(황성신문사, 1907.10), 『연설법방(演說法方)』(탑인사, 1907.11), 『금
수회의록(禽獸會議錄)』(황성서적업조합, 1908.2) 등의 책을 번역 및 저술하
고[60] 각지에서 연설하는 등 활발한 활동을 전개하였다.

이 중에서 특히 주목할 만한 것은 『정치원론』과 『연설법방』, 『금수회
의록』으로 이어지는 연설과 토론에 관련된 일련의 저작들인데, 특히 『정
치원론』의 경우 일본 정치가인 이치지마 켄키치(市島謙吉, 1860~1944)
가 쓴 동명의 저서를 번역한 것으로 앞부분에 돈명의숙(敦明義塾)의 숙
주(塾主)였던 완림군(完林君) 이재원(李載元, 1831~1891)으로부터 계동
궁(桂洞宮)을 물려받은 이기용(李埼鎔, 1889~?)의 서문이 실려 있어 안국
선의 당시 행적을 재구성하는 데 중요한 역할을 하고 있다. 이기용은 왕
실의 종친으로 1906년 정치 전문학교인 돈명의숙을 설립하고 스스로

---

59) 당시 『대한제국 관보』에 따르면 진도에 종신 유배된 죄인 안명선은 1907년 1월 27일에 법
부대신 명으로 '사전(赦典)'을 받아 종신 유배에서 해제된 것으로 되어 있다(「휘보(彙報)」,
『대한제국 관보』 제3724호, 1907.3.27). 이는 최기영(1991)의 관련 논의에서 안국선이 1907년
3월에야 유배에서 해제되었다고 보아, 1907년 2월 무렵 서울에서 벌인 안국선의 활동을
설명하기 어려웠던 모순을 해결하는 단서가 된다. 또한 1907년 4월 10일 『황성신문』 4면
에는 "안명선(安明善)의 명(明) 자를 국(國) 자로 개정(改定)하였사오니 지구간(知舊間) 조
량(照諒)하시압 안국선(安國善) 고백(告白)"이라는 광고가 실려 있어 유배에 풀려난 안국
선이 이때 안명선이라는 이름에서 안국선으로 개명하였다는 사실 역시 추가로 확인할 수
있다.
60) 최기영, 「안국선(1879~1926)의 생애와 계몽사상(상)」, 『한국학보』 63, 일지사, 1991. 안국
선이 당시에 기고하였던 논설들과 번역 및 저술한 단행본 목록은 145~146쪽과 151쪽에
제시된 목록을 따른다.

입학하였던 인물인데[61] 그는 이 책의 서문에서 이 책이 당시 본 의숙에서 안국선이 강의하던 강의록이었다고 쓰고 있어[62] 안국선이 당시 돈명의숙에서 정치학 강사로 활동하였다는 사실을 확인할 수 있다.[63] 이렇게 안국선이 1907년 당시 돈명의숙에서 정치학을 가르치면서 『정치원론』를 교재로 번역하였다는 사실을 감안한다면[64] 비슷한 시기에 출간된 『연설법방』 역시 해당 의숙의 교재로 편찬되었을 가능성이 높다고 볼

---

61) 「규궁설학(桂宮設學)」, 『황성신문』, 1906.10.18, 2면. "계동궁주인(桂洞宮主人) 이기용(李埼鎔) 씨가 연금(年今) 이십인디 신진사업(新進事業)에 주의하여 이 궁내(宮內)에 야학과(夜學科)를 설시(設始)하고 내월(來月) 1일부터 개학(開學)하기로 하고 제반 경비는 이 궁에서 전담(專擔)하기로 하였다더라"

62) 「정치원론(政治原論) 이기용(李埼鎔) 서(序)」, 안국선 편술, 『정치원론(政治原論)』, 황성신문사, 1907.10, 3쪽. "(전략) 지금 우리 국권(國權)의 타락(墮落)함은 인민이 국가부담심(國家負擔心)이 없고 단체공급력(團體共合力)이 결여됨에 비롯된 것이오 사학(斯學)의 아직 발달하지 않음에서 또한 비롯된 것이니 국권흥복(國權興復)할 뜻[志]이 구유(苟有)할 진대 그 장차 사학을 버려서 어찌 하리오[其將舍斯學而何哉] 이 실제로 바른[此實不佞] 돈명의숙(敦明義塾)을 창립(刱立)한 취지(趣旨)라 안군(安君) 국선(國善)이 이웃 지방[隣邦]에 일찍 유학[早遊]하여 사학을 뛰어나게 정통하여[精透斯學] 우리 숙에 강사가 되도록 초청하여 이 글(邀爲本塾講師而是書)은 이에 이를(乃其編述)한 바 강의록(講義錄)이니 상중하(上中下) 3편의 소론이 원리를 치밀하게 밝혀[綜核原理] 정치학계(政治學界)의 없어서는 안 될 장물(長物)이 될지라 이에 안군(安君)과 상의하여 기궐씨(剞劂氏, 판목을 파는 사람 — 인용자)에게 맡기노라"

63) 최기영은 안국선의 생애에서 1906년의 행적이 다소 의문스럽다고 보고 있는데, 그중 특히 그가 돈명의숙의 강사였다는 사실을 그 근거로 들고 있다. 즉 그가 유배에서 풀려나기 전인 1906년에도 돈명의숙 강사로 활동하고 있는 것으로 기록에 남겨진 것은 설명하기 어렵다고 말하고 있다(앞의 최기영(1991), 133~134쪽). 하지만 돈명의숙이 1906년 11월경에 설립된 것은 분명하나 안국선이 설립 초기부터 강사로 재직하고 있었는지 여부는 다소 불분명하다는 점에서 안국선이 돈명의숙에서 근무한 시점은 1907년 1월 말 유배에서 풀려난 이후로 보는 것이 자연스러울 것이다.

수 있다. 이러한 사실을 감안한다면 안국선이 연설매체와 정치·경제·외교 등 여러 학문들의 매개를 통하여 계몽적인 실천을 꾀하였을 것이라는 당시의 정황을 확인할 수 있다.

유배에서 풀려난 뒤 안국선은 당대의 누구보다도 활발하게 대중연설을 행하였다. 즉 안국선은 『연설법방』[65]이라는 연설 관련 책을 쓰기 전에 이미 자신의 목소리를 통하여 자신의 의사를 피력하는 데 능숙한 연설가였던 것이다. 안국선이 쓴 『연설법방』의 체제는 '웅변가의 최초(雄辯家의最初)', '웅변가 되는 방법(雄辯家되는法方)', '연설자의 태도(演說者의態度)', '연설가의 박식(演說家의博識)', '연설과 감정(演說과感情)', '연설의 숙습(演說의熟習)', '연설의 종결(演說의終結)' 등 연설 이론을 다루고

---

64) 당시 『황성신문』(1907.11.2, 3면)에 실려 있던 『정치원론』의 광고는 다음과 같다. "일본 와세다(早稻田)대학교 정치졸업생 안국선(安國善) 편술 정치원론(政治原論) 정가 금 육십전 우편료[郵料] 사전 인류는 정치적 동물이라 고로 정치사상은 인민이 국가를 구성한 요소니 국민된 자가 정치를 알지 못함이 가하느냐 하물며 지금 정치를 쇄신하는 시대에 더욱 사학(斯學)을 연구할 필요가 있고 각 학교의 교과서로 쓰기 적당하니 첨군자(僉君子)는 사속(斯速) 구람(購覽)하심을 바람"

65) 당시 『황성신문』(1907.12.17, 3면)에 실린 『연설법방』의 광고는 다음과 같다. "연설법방(演說法方) 저자 안국선(安國善) 정가 금 이십전 금일은 언론시대(言論時代)라 능히 사회를 흥기(興起)케 하는 효력이 있을 뿐 아니라 사람이 사회상에 서서 목적에 도달하려면 자기의 의사(意思)를 십분 발표할 필요가 있거늘 말[語]가 눌(訥)하고 사(辭)가 단(短)하여 공회석(公會席)에서 한 마디[一言]도 발(發)치 못하다가 불만족(不滿足)한 결과를 끝내 보게[終見]되고 평생을 타인의 뒤에 떨어져 있으니 이것이 구미각국인(歐米各國人)도 연설(演說)을 특별(特別)히 공부하는 소이(所以)라 문명(文明)에 유지(有志)한 신사(紳士)와 장래에 유망(有望)한 청년은 행(幸)히 본서를 구독(購讀)하여 역사 상에 유명한 천하명사(天下名士)의 연설기(演說記)와 시무(時務)에 적절(適切)한 연설초본(演說草本)을 반복숙련(反覆熟鍊)하시면 웅변가(雄辯家)되기 어렵지 아니 하오리다"

있는 부분과 '학술강습회(學術講習會)', '청년구락부(靑年俱樂部)', '부인회(婦人會)' 등처럼 연설의 실제 사례를 다루고 있는 부분으로 크게 구분되어 있다. 물론 연설의 이론을 다룬 부분의 경우, 당시 일본에서 무수하게 쏟아져 나오던 연설법과 관련된 서적들의 내용과 일정 부분 겹치는 바가 있어[66] 특별하게 주목할 필요는 없지만, 『연설법방』의 뒷부분에 실려 있는 실제 연설 사례는 조선에서 일반적이지 않았던 것으로, 그 출판 배경에 대하여 살펴볼 필요가 있다. 연설이 진작부터 효율적인 의사소통이자 교육의 수단으로 일반화되었던 일본에서는 정당에 의한 정치연설이나 학술강연, 토론 등의 대본을 글로 남겨 출판하는 사례가 많았고 미나모토 츠나노리(源綱紀)의 『일본방청필기법(日本傍聽筆記法)』[67]에 의하여 속기법이 확립된 이후, 연설 전문을 속기자가 속기술을 통하여 빠르게 기록하여 책으로 남기는 출판 방식이 일반적으로 정착되었으나 한국에서는 이러한 관행이 아직 존재하지 않았다.[68]

한국의 이러한 시대적 정황을 감안한다면 안국선이 1907년에 펴낸

---

66) 안국선이 일본에 유학하고 있던 훨씬 이전부터 일본에서는 연설법에 대한 관심이 높아 일본 초기 의회 정치 설립에 기여한 오자키 유키오(尾崎行雄, 1858~1954)가 번역한 『공회연설법(公會演說法)』(1877)이라든가 아오키 스케키요(靑木輔淸)가 펴낸 『민간의 깨우침-연설집지(民間の喩演說集誌)』(1878) 등 연설법에 관한 책들이 많이 나와 있었고, 해당하는 내용 역시 『연설법방』 앞부분, 즉 연설 이론에 해당하는 부분과 일치하는 부분이 많으나 결정적으로 번역·번안의 저본이라고 할 만한 책은 존재하지 않았다.

67) 미나모토 츠나노리, 마루야마 헤이지로(丸山平次郎) 편찬, 『미나모토 츠나노리씨 일본방청필기법(源綱紀氏日本傍聽筆記法)』, 東京: 澤屋藏版, 1885.

68) 엄정우, 「단기완성 조선속기술(1)」, 『동광』 15, 1927.7, 45~47면. 이 글에서 엄정우는 속기술의 기원에 대하여 설명하고, 일본에서 속기술이 널리 받아들여지게 된 역사와, 당시 한국에서 속기술이 발달하지 못한 이유에 대해 설명하고 있다. 특히 그는 한국에서

『연설법방』은 본격적인 연설 속기록으로 출판된 것이 아니라 연설이라는 생소한 대상을 배우고 가르치는 교재의 일환으로 안국선이 실제로 자신이 연설하였거나 들었던 연설 내용을 당시의 어투를 써서 상상적으로 재구성한 내용을 실었을 것이라고 판단할 수 있다. 이 책에 실려 있는 사례들이 주로 연설 당시 연설자의 생생한 동시대적 목소리의 현장성을 잘 살리는 방향으로 쓰여 있기 때문이다. 이렇게 당대의 시의적인 문제를 다룬 실제 연설의 사례를 모아 문자로 남기고자 하였던 안국선의 『연설법방』 기획이 퍽 오래된 연원을 갖는다는 사실은, 안국선이 일본 동경에 유학하고 있었을 시기에 『친목회회보(親睦會會報)』의 '강연(講演)'란에 실은 「정도론(政道論)」이라는 글을 보아도 확인할 수 있다. 이는 당시 대한유학생친목회의 회원이었던 안국선이 1897년 2월 14일 제21회 통상회에서 발표하였던 강연의 내용인데, 이 글이 이른바 속기를 통하여 당시의 목소리를 그대로 문자로 정착하였던 것인지, 아니면 연설 이후에 회보에 싣기 위하여 자신의 연설 내용을 재구성한 것인지는 내용만으로 특정하기 어렵다. 다만 어느 쪽이든 최대한 연설 당시 자신이 하였던 연설의 내용을 원래의 상황 그대로 재구성하려고 노력하였다는 사실은 알 수 있다. 이 글에서 안국선이 강연 모두(冒頭)에 자신이 강연을 맡게 된 취지를 말하고 청중의 양해를 구하는 부분을 보면 이러

속기술이 발전하지 못한 원인으로 한글을 중심으로 속기법을 새롭게 만들지 못했고 전문 기술자를 폄하하는 관행이 있었으며 그것을 어려운 학술로 생각하고 있었기 때문이라고 평가하고 있다.

한 전후의 상황이 분명하게 드러난다.[69] 당시 이 회보의 '강연'란에 실린 글 대부분은 이와 같이 통상회에서 실제로 행하였던 연설 혹은 강연을 그대로 옮겨놓은 형태로 이루어져 있다. 이러한 전반적인 분위기 속에서 연설법을 배웠던 안국선은 이때부터 구어적인 연설을 어투 그대로 문자로 정리하는 방식에 매력을 느꼈던 것으로 보인다. 물론 『연설법방』에 실려 있는 연설문들의 경우, 그것이 정치성 혹은 학술성을 전면에 드러낼 필요 없는 연설에 관련한 교재 일부였다는 점에서, 또한 속기의 관습이 형성되지 않은 한국 상황에서 당대성과 현장성이 상쇄될 수밖에 없는 한계가 너무나 분명하다고 볼 수 있다. 하지만 여기에 실린 연설문의 주제가 어느 정도 시의성을 띠고 있는 것을 감안하면[70] 당시 안국선이 연설하는 목소리를 현장성을 살려 문자로 정착하는 과정과 연설이

---

69) 안명선, 「정도론」, 『친목회회보』 5, 大朝鮮留學生親睦會, 1897, 38쪽(앞의 차배근(2000), 783쪽에 전재된 해당 회보의 영인본을 따름). "제원(諸員) 나는 작년(昨年) 구월에 전문학교(專門學校)에 들어와 소위 정치(政治)를 배운지 육개월이 되었사오니 무슨 학문이 있으렸가 염치(廉恥)를 알지 못 하고 연단(演壇)에 올라 정도(政道)를 논하니 실로 가소롭소 그러나 어느 사람이든지 당초부터 학문이 있는 것이 아니라 연수(年數)를 경과함에 점점 학업의 진보를 얻음이니 이에 무식한 설(說)로 제원(諸員)에게 고하니 외람하오나 용서하심을 바라옵나이다"

70) 이렇게 파악할 수 있는 대표적인 근거로 『연설법방』에 실린 연설문 「단연연설(斷烟演說)」을 들 수 있다. 여기에서 안국선은 연설 도중에 1907년 2월경 국채보상운동의 일환으로 대구 광문사 부회장인 서상돈(徐相敦)이 주도하였던 담배 끊는 모임인 '단연동맹(斷烟同盟)'에 대하여 거론한다. 이와 관련된 당시의 내용은 「단연보국책(斷烟報國債)」(『황성신문』, 1907.2.25, 2면)이라는 기사에 실려 있다. 안국선의 연설 내용을 조금만 인용해본다면 다음과 같다. "본인은 빈한한 일개 서생이올시다, 현명하시고 박식하신 제군(諸君) 전(前)에 출(出)하야 연설(演說)하랴 하는 것이 실로 불감(不敢)하오나, 제군은 이해를 분별하는 지식이 있[有]으신 제군이시오, 제군은 해(害)가 있[有]는 일을 제척(除斥)하고 익(益)이 있[有]는

끝난 뒤에 상상적인 목소리를 통하여 재구성하는 과정 사이에서 나름의 절충을 꾀하였다는 정황만큼은 파악할 수 있는 것이다.[71]

한편 이렇게 연설하는 목소리를 문자로 정착하거나 다시 상상적인 목소리로 재구성하고자 하였던 안국선의 노력이 어떻게 『금수회의록』에 이르렀나 하는 문제는 흥미로운 과제가 될 수도 있다. 이는 연설하는 목소리를 문자로 정착하고자 하였던 욕망이 시대의 제도적인 수준에 의해 굴절을 겪을 수밖에 없게 되고 난 뒤, 남겨진 것들이 소설이라는 글쓰기 전통의 내부로 편입되는 과정, 즉 서사의 조직 원리 내부로 포괄되어 구성되어가는 과정을 가장 잘 보여주고 있기 때문이다. 물론 이전 연구 결과에 의하여 안국선의 『금수회의록』이 일본의 정치적 우화소설의 번안이었다는 사실이 밝혀졌다고 하더라도,[72] 안국선이 『연설법방』을 통하여 의도하였던 바가 어떠한 방향으로 발전되어 나아갔는가 하는 일종의 궤적을 보여주는 것으로 이해할 수 있다. 비록 당대의 신문 논설에

---

일을 역행(力行)하려 하는 용기(勇氣)가 있[有]으랴 하는 용기(勇氣)가 있[有]으신 제군이심을 본인이 확실히 아는[確知] 고로 감히 일언(一言)을 진술(陳述)하여 청청(淸聽)을 앙번(仰煩)하옵니다(謹聽謹聽) 본인은 제군의 제일 좋아[嗜好]하시는, …… 미인(美人)과 동등(同等)으로 좋아[嗜好]하시는, …… 혹은 미녀보다 더 호애(好愛)하시는, 연초(煙草)에 취(就)하여 잠간(暫間) 설명하오리다 혹은 연초를 망우초(忘憂草)라 하여 애끽(愛喫)하고, 혹은 연초를 취미가 많[多]은 것이라 하여 애끽하는데, 국채보상(國債報償)의 단연동맹(斷烟同盟)이 있[有]으되 세인(世人)이 항언(恒言)하기를 술[酒]은 가히 끊[斷]겠으나 연초는 끊[斷]기 불능(不能)하다하니, 아마 제군이 연초와 미녀는 금할 수 없는 듯하오이다"(안국선, 『연설법방』, 창신사, 1907.11, 58쪽.)

71) 안국선의 『연설법방』의 구성 및 체제에 관한 더 상세한 논의는 이정옥의 「연설의 서사화 전략과 계몽과 설득의 효과-안국선의 『연설법방』과 『금수회의록』을 중심으로」(『대중서사연구』 17호, 대중서사학회, 2007.6, 159~165쪽)를 참고할 수 있다.

서 대화체를 표방하면서 계몽의 기획을 달성하고자 하였던 시도가 전혀 존재하지 않았던 것은 아니므로 이러한 목소리들의 서사화라는 과정이 안국선이라는 개인의 창작 과정으로 환치될 수 있는 것은 아닐 것이다. 그럼에도 연설자 1인의 목소리를 통하여서 다수의 청중에게 전파되던 연설의 의미 구축과 파급력이 시대적인 조건 속에서 당대의 소설양식 속으로 편입되는 과정이 인상적인 장면임은 두말할 나위가 없다. 연설 이라는 언술적 형식이 1인 중심의 매체로서 다수의 청중을 향하여 전달 되는 계몽적인 목소리를 담보하고 있는 것이었다가 점차 소설의 내부에 포괄되어 들어가 다수의 목소리 중 하나로 산종되는 과정을 보여주고 있기 때문에 더욱 그러하다.

## 6. 계몽하는 연설의 목소리와 소설적 서사화

이상의 논의를 통하여 안국선의 『연설법방』으로부터 『금수회의록』에 이르는 일련의 과정이 담고 있는 의미는 어느 정도 살펴보았다. 안국선

---

72) 서재길은 안국선의 『금수회의록』이 일본의 쓰루야 가이시[(鶴谷外史, 본명 사토 구라타로(佐藤藏太郎)]가 쓴 『금수회의인류공격(禽獸會議人類攻擊)』(金港堂書籍, 1904)의 번안이라는 사실을 확인한 바 있다. 이에 따르면 안국선의 『금수회의록』은 총 44석(席)으로 되어 있는 『금수회의인류공격』 중 8석을 발췌, 번안하여 몽유록의 전통적 서사 내부로 편입시키고 자 하였다는 것이다(서재길, 「『금수회의록』의 번안에 관한 연구」, 『국어국문학』 157, 국어국문학회, 2011, 220~229쪽). 이러한 연구 결과를 수용하면, 『금수회의록』을 『연설법방』에 이른 소설 창작적 실천으로 평가하기보다는 그러한 의도를 실행하기에 적합한 텍스트를 찾아 번안 하고자 하였던 것이라는 정황을 파악할 수 있게 된다.

이 이 책들을 쓰고 있던 시기와 비슷한 무렵에 출판된『경세종(警世鐘)』(1908),『자유종(自由鐘)』(1910) 등 이른바 지금까지 한국 문학사에서 '연설체 소설'이라 지칭되던 양식들에 등장하는 '연설'의 형식이 담고 있는 의미 역시 여기에서 그리 벗어나지 않는 것으로 보인다. 특히 가장 효과적인 계몽 수단으로 간주되는 연설의 목소리를 개인들이 모여 의견을 나누는 연설회나 토론회 등의 양식 속에 담아 구성할 수 있었던 연설(토론)체 소설은, 구어적인 연설과 그것의 실제적인 기록(혹은 상상적인 기록)이 담고 있던 계몽적인 힘이 가장 간편하고도 효과적으로 서사적인 양식으로 구축될 수 있는 방식이었다.

다만 이러한 연설체 소설의 서사적인 구축 방식이 기존 소설의 역사적인 전통과 어떻게 접합되는가에 대한 문제는 또 다른 시각을 요한다. 이는 연설의 계몽성이 소설의 주제의식이라는 측면에 어떻게 기여하고 있는가를 살피지 않으면 안 되는 문제이기 때문이다.『혈의누』이래 자신이 쓴 소설의 주제의식을 외부로부터 구축하였다고 할 수 있는 이인직에 비해, 기존 소설의 전통 아래 자구적으로 계몽적인 주제의식을 차용하고자 노력하였던 이해조의 소설사적인 가치가 중요하게 제기될 수밖에 없는 것은 이 때문이다. 그러한 의미에서 앞서 제2장에서 살펴보았던 안국선과 이해조가 만나는 대목이 단지 정치학을 가르치는 강사와 의숙의 숙감과의 만남이라는 의미를 뛰어넘어 교류의 흔적을 상상하게 하는 것은 그러한 가능성의 확인 때문일 것이다.

우선 이 문제를 풀어내기 위해서는 이해조가 국문으로는 처음으로『제국신문』에 연재하였던「고목화(枯木花)」(1907.6.5~10.4)[73]에서 시작할 필요가 있을 것이다. 이 작품은 지금까지 서사 내부에 중요한 단절 혹은 인과성의 결여를 내포하고 있는 것으로 평가되어왔다. 즉 「고목화」의 서사는 충북 보은에서 명화적패에 납치된 권진사를 중심으로 전개되는 앞부분의 내용과 경성으로 배경을 옮겨 기독교인이자 의사인 조박사를 중심으로 권진사가 조박사의 사상에 감화되어 명화적의 수령을 용서한다는 뒷부분의 내용이 서로 어울리지 못한 채 얽혀 있다. 그것은 근대소설로의 이전 과정에서 주제의식과 구성상의 괴리 때문에 벌어진 것이라고 평가되어왔다.[74] 하지만 이러한 「고목화」 서사 내부의 인과성의 결여 및 부조화는 단지 이해조의 작가적인 미숙에서 비롯된 것이 아니라 전대의 소설로부터 신소설로 이행하는 과정에서, 특히 주제의식의 형성과 관련된 측면에서 영향관계를 설정할 수 있는 중요한 의미로 해석할 수도 있다. 이해조보다 앞서 소설을 창작한 이인직이 오랜 유학 생활을 통하여 「혈의누」라는 조선 전대의 소설 전통과는 전혀 무관해보이는 소

---

73) 이해조가 『제국신문』에 연재하였던 소설들의 경우, 실제 신문의 지면은 확인하기 어려워 출판된 단행본의 텍스트를 참고하였고, 연재 날짜와 표제는 김주현의 논의(김주현, 『개화기 토론체 양식 연구』, 서울대학교 석사학위논문, 1989)를 참고하였다.

74) 한기형은 이해조의 「고목화」가 드러내는 인과성의 결여를 지적하면서 이를 신소설이 내포한 주제와 구성상의 괴리로 파악하고 있다. 즉 이해조가 소설을 통하여 드러내고자 하였던 궁극적인 주제는 기독교로 표상되는 서구문명의 당위성이었지만 분량의 압박으로 인하여 앞부분의 흥미로운 삽화적 이야기를 포함하였던 것이고 「고목화」의 인과성 결여를 내포하게 된 원인이 되었다는 것이다(앞의 한기형(1999), 58~61쪽). 소영현은 이러한 한기형의 견해가 갖는 소설에 대한 주제 중심성으로의 경사를 비판하고 있다. 즉 「고목화」의 주제의식을 마지막 부분에야 등장하는 조박사의 기독교적인 이데올로기로 무리하게 환원하기보다는 앞의 최원식(1986), 63쪽의 견해를 수용하여 권진사와 청주집의 결연을 중심으로 의미를 평가하고, 이후 조박사라는 조력자는 우연적인 요소로 파악하여 이러한 서사 구성의 이완현상이 전통적인 이데올로기의 해체를 낳았다고 보고자 하였던 것이다(소영현, 「역동적 근대의 구체-이해조의 초기작 검토」, 『국제어문』 25, 국제어문학회, 2002, 296~301쪽).

설을 창작한 것에 비하면, 『소년한반도(少年韓半島)』라는 잡지에 「잠상태(岑上苔)」(1906.11~1907.4)라는 한문 단편소설을 발표한 것 외에는 소설 창작의 경험이 거의 전무하였던 이해조가 국문으로 된 「고목화」를 창작한 과정과 그 서사 내부에 나타난 균열 혹은 변모의 양상은 오히려 한문 단편 혹은 고전소설의 형식적 관습으로부터 신소설의 새로운 주제의식에 이르는 일련의 이행과정으로 설명될 수 있다. 특히 일본이나 미국 유학 등을 통하여 근대적인 사상을 직접 접하였던 개화 사상가들과는 달리, 철저하게 조선 이래로 내려온 내적인 질서 내부에서 근대 학교의 운영 등 자구적인 노력을 통하여 소설 창작의 토대를 마련해온 이해조에게 있어서 개화사상의 수용 및 적용 과정은 주로 그러한 사상을 경험한 바 있던 이들과의 교유 과정을 통하여 비롯되었다는 사실을 감안할 수 있다.[75] 이를 통하여 이해조의 창작적 실천의 변모 과정 속에 안국선과의 관계가 게재될 가능성은 매우 긴요한 것이다.

조박사의 복음 전하는 말을 하루 듣고 이틀 듣더니 보수할 악한 마음이 점점 없어지며 괴산집과 오도령이 악함이 빠져 나오지 못함을 도리어 불쌍

---

75) 이해조는 1901년 대한제국 양지아문의 양무위원으로 피촉되었다가 1902년 중추원 의관으로 관직을 마감한 뒤, 서병길, 박정동 등 유학을 경험하였거나 사범학교를 졸업한 교원들과 함께 낙연의숙(洛淵義孰)에서 교원으로 근무하였고, 1905년 당시 이준, 양재건 등 명망 있는 개화지식인들이 신자로 있던 연동예배당의 신자가 되었으며, 양주에 교사로 와 있던 조창용의 소개로 국민교육회의 일원이 되었다(송민호, 「열재 이해조의 생애와 사상적 배경」, 『국어국문학』 156집, 국어국문학회, 2010, 245~267쪽). 이러한 개화 지식인들과의 폭넓은 교유관계를 감안하면 특별하게 유학 등을 경험하지 않은 이해조가 소설에서 보이는 개화사상의 토대가 바로 여기에서 비롯된 것임을 짐작할 수 있다.

하여 밝은 곳으로 인도하여 영원한 침윤을 면케 할 사랑하는 마음이 나서 생각하되 원수를 사랑하라는 거룩한 말씀을 마지 못하고 다만 사나운 뜻을 품은 곡절로 그 사람들도 나를 극진히 미워한 것이라 이제 네 병세가 쾌히 소복이 되었으니 조박사와 동행하여 그곳에 들어가 죄에 들어가는 여러 형제와 곤란 중에 있는 청주집을 구원하리라 하고 조박사와 동행을 하여 보은으로 내려가더라[76]

「고목화」에서 위에 인용한 부분은 소설 후반부에서 조박사로 표상되는 외부적인 담론의 틈입이 소설의 서사구조 전반의 완결성을 흔들고 재구성하는 장면을 보여준다. 이 대목은 다름 아니라 조박사의 복음 전하는 말을 듣고서 자신을 납치하였던 명화적 패거리에 대하여 복수심에 사로잡혀 있던 권진사가 화해와 용서의 원리를 깨닫는 부분이기 때문이다. 이렇게 이 소설의 중요한 변화의 지점에서 파악할 수 있는 중요한 국면은 두 가지 정도로 요약할 수 있다. 즉 조박사의 복음 전하는 말 속에 화해와 용서라는 기독교적인 윤리의식이 드러나 있으며, 그러한 말이 권진사의 내면의 울림을 통하여 감화하는 역할을 하였다는 사실이다. 전자의 경우, 이미 기존의 연구자들에 의하여 지적된 부분으로 특별히 새로울 것이 없다. 게다가 이해조가 이후의 소설에서는 기독교로부터 받은 영향을 전혀 드러내지 않는 것을 보면 그가 견지한 기독교에 대한 관심이 철저한 종교적인 신념에까지 이른 것은 아니라는 판단 역시 가능하다. 이해조의 종교적 신념의 정도와는 상관없이 그는 1905년 이

_____

76) 이해조, 『최근소설 고목화(枯木花)』, 동양서원, 1912, 116~117쪽.

래로 연동예배당의 신자였던 개인적인 경력을 갖고 있다. 물론 안국선 역시 연동예배당을 다닌 기독교 신자였지만[77] 이해조가 안국선을 통하여 기독교를 경험한 것이라고 섣부르게 단정 짓기는 어렵다. 후자도 마찬가지이다. 이 소설에서는 조박사가 권진사를 향하여 복음을 전하는 행위의 외면만 드러나 있을 뿐, 그 언술 내용의 실제는 하나도 노출되어 있지 않아 이 복음 전하는 말이 과연 연설이라는 연행 행위와 관련된 것인지 아닌지도 판단할 수 없다. 다만 이러한 추론의 과정을 통한다면, 이해조의 소설 「고목화」의 후반부에서 일어난 변모의 양상이 이해조 자신의 확고한 사상적 신념에서 비롯된 것이 아니라 타율적인 성격을 가진, 즉 누군가로부터 영향받은 것이라는 사실만큼은 확인할 수 있으며, 그러한 변모가 가리키는 일정한 방향성에 대하여 대략적으로 상상해볼 수 있을 뿐이다.

하지만 「고목화」 이후 이해조의 작품 추이를 살펴보면 흥미롭게도 연설과의 관련성은 더욱 부각되어 드러난다. 특히 근대교육의 중요성을 강조하는 주제를 담고 있는 「소설 빈상셜」(『제국신문』, 1907.10.5~1908.2.12)이나 고소설의 번안으로 보이는 「소설 원앙도」(『제국신문』, 1908.2.13~4.24)를 지나 「구마검」(『제국신문』, 1908.4.25~7.23)에 이르면 이해조의 소설에서 '연설'이라는 담화 방식이 갖는 사상적 담론의 전달

77) 최기영은 안국선이 수감 기간 동안 같은 정치범이었던 이상재, 유성준, 이원긍 등과 함께 기독교로 개종하였다는 사실을 감옥 내 도서실 대출 기록 등을 통하여 밝히고 있다(최기영, 「한말 안국선의 기독교 수용」, 『한국기독교역사연구소소식』 25호, 한국기독교역사연구소, 1996, 4~8쪽). 또한 그는 안국선이 출감한 이후 유성준 등의 사례와 마찬가지로 연동교회에서 게일 목사에게 세례를 받고 연동교회에 출입하였다는 사실을 적극적으로 추정하고 있다(위의 글, 7쪽).

과, 감화를 통한 계몽적 기능을 소설 내부로 편입하고자 하는 자각이 점차 구체화하여 실현되고 있음을 알 수 있다. 소설 「구마검」의 마지막 부분에서는 미신을 믿어 금방울이라는 무당에게 속아 패가망신한 '함진해'를 위하여 종친회의가 열리고 종가의 대표들이 이러한 사태를 방관한 '함일청'에게 일부 책임을 묻자 다른 노인 한 명이 함일청을 두둔하면서 그가 보냈던 편지의 내용을 공개하는 대목이 있다. 이 편지는 비록 외적으로는 편지형식을 취하고 있으나, 한편으로는 계몽적인 논설형식을 띠고 있으며, 다른 한편으로는 내용과 어조, 읽는 이를 감화하는 기능을 담보하는 연설의 목소리도 남아 있다.[78] 이는 「빈상설」에서는 산발적으로 제기된 바 있던[79] 현실 비판적 의식이라든가 개화의식 등이 「구마검」에서는 비로소 분명한 직접적 서술로 등장인물의 입을 빌어 제기되

---

78) 이해조, 『구마검』, 대한서림, 1908. "그 편지의 연월을 맞춰 차례 차례 보아 내려가는데 자자마다 간절하고 구구마다 곡진하여 목석이라도 감동할 만하니 최초에 한 편지 사연에 하였으되 / 무릇 나라의 진보가 되지 못함은 풍속이 미혹함에 생기나니 슬프다 우리 황인종의 지혜도 백인종만 못지 아니 하거늘 엇지하여 이 같이 조잔 멸망 지경에 이르렀느뇨 (중략) 그 다음에 보낸 편지에 또 하였으되 / 슬프다 형장이시어 형장의 처지를 생각하시옵소서 형장은 우리 일문 중 십여 대 종손이시니 큰 집에 동량이나 일반이라 그 동량이 썩어지면 큰 집이 무너짐은 면치 못할 사세라 형장의 미혹하심은 전일의 올린 바 글에 누누히 말씀하였으니 다시 논난할 바 없거니와 날로 들리는 소식이 더욱 놀랍고 원통하여 이 같이 다시 말씀 하나니다"

79) 이해조, 『빈상설』, 東洋書院, 1911(재판), 128쪽. "부귀빈천이 수레바퀴 돌 듯하여 음지도 양지될 때가 있다고 이 세상에 사람의 일은 십 년이 멀다 하고 변복이 되어 아당한 행실과 간특한 꾀로 유지한 자를 모함하고 부귀가 흔천하던 소인의 권계도 일조에 문전이 냉락하여 거마가 끊어질 날이 있고 정대한 사업과 공직한 언론을 주장하다가 여러 입의 참소를 만나 애매한 죄명을 입고 무한한 형벌과 온갖 고초를 겪가도 만인이 추앙하여 꽃다운 이름이 일국에 진동함은 하늘과 땅 생긴 이후에 바뀌지 아니 하는 소리 정한 이치라

고 있는 것이다.[80] 물론 「구마검」에서는 소설의 주제의식과 딱 맞는 연설 내용으로 개진되었다기보다는 다소 동떨어졌다는 평가가 가능하며, 편지에 의한 함일청의 신원 도구에 해당하는 것이라는 점에서 작위적인 설정을 벗어나지 못한 것이 사실이다. 주제의식의 추상적인 집약 형태로 연설이라는 담화 방식을 위치시킨 것이 아니라, 소설 말미에 어떻게든 연설을 끼워 넣으려는 의도로 함일청에 의한 편지를 누군가 보관하고 있었다는 형식을 만들어낸 듯한 인상이 강하기 때문이다. 하지만 이

---

/ 장안 각 사회에 나라 사랑하는 뜻이 있다는 사람이라고는 하나도 집에 들어 있지 아니 하고 마차를 탄다 인력거를 탄다 전차에도 오르고 걷기도 하여 남대문 골통이 빡빡하게 나아가더니 선풍도골 같은 다양한 명사 한 양반을 맞아 들어오는데 거리 거리에 관광지가 기꺼워 하례치 아니하는 사람이 없고 각 처 신문마다 환영하는 축사를 대서특서 하였더라"

80) 『구마검』에는 위에서 인용한 부분 말고 더 많은 연설 내용과 잠언 형태로 된 구체적인 실행 지침이 존재한다. 이 연설과 잠언이 어디에서 영향을 받아 구축된 것인지, 아니면 이해조 스스로 만들어낸 것인지에 대해서는 더 상세한 후속 논의가 필요할 것이나 일단 내용 확인을 위하여 인용해둔다면 다음과 같다.

"그 끝에 열 가지 잠언(箴言)을 기록하였으되 / 일, 쓸데있는 글을 많이 읽고 무익한 일을 짓지 말으소서 / 이, 사람 구원하기는 의원만한 이 없고 세상을 혹케 하기는 무녀 같은 것이 없나이다 / 삼, 사람을 사귀매 양증 있는자를 취하고 음증 있는 자를 취하지 마옵소서 / 사, 광명한 세계에는 다만 실상만 있고 허황된 지경은 없소이다 / 오, 세계에 신선이 있으면 진시황과 한무제가 가히 죽지 아니 하였으리다 / 육, 사람을 능히 섬기지 못하거든 어찌 능히 귀신을 섬기며 산 사람도 모르며 어찌 능히 죽은 자를 알리오 귀신과 죽음은 성인의 말씀하지 아니 한 바니 성인이 아니 하신 말을 내가 지어내면 성인을 배반함이니라 / 칠, 굿 하고 경 읽음은 자기는 당연한 놀이마당으로 여겨도 지식있는 사람 보기에는 혼암세계로 아나이다 / 구, 산을 뚫고 길 내기를 풍수에 구애가 될 지면 외국에는 철도가 낙역하고 광산이 허다하건만 어찌하여 국세가 저 같이 흥왕하뇨 풍수가 어찌 동양에는 행하고 서양에는 행하지 아니 하오리까 / 십, 사람의 품은 마음을 가히 측량하기 어려워 얼굴과는 관계가 없거늘 상을 보고 마음을 안다 하니 진실로 술사의 사람 속이는 말이니라"(이해조, 『구마검』, 대한서림, 1908, 110~113쪽.)

러한 「구마검」의 연설 혹은 유사 연설의 형식과 그것이 띠고 있는 작위성은 훨씬 뒤에 연재된 『홍도화』에 이르러서는 해소되고 있을 뿐만 아니라 더 명료한 방식으로 정돈된다.

심상호가, 자기 집으로 도라와, 자기 모친께, 말씀을 고하고 인아족당과 원근친구를 모두 청하여, 차례로 좌석을 정하게 한 후 단정한 태도로, 좌상에-썩 나와서며, 경례 한 번을 하더니

오늘, 항렬이 높으신, 족척 어른이시나, 연덕이 높으신, 친구 어른이시나, 제비되는 사람과, 손 아래 되는 사람이, 한 자리에 모여 오심은, 모두, 불사용렬한 상호를, 사랑하셔서, 욕됨을 돌아보시지, 아니 하심이니 그, 황송하고 감사함은, 무슨-말씀으로, 여쭐른지, 모르겠습니다, 그런데 이 같이 당돌함을, 무릅쓰고, 누지에 오십시사함은, 다름 아니오라, 상호가 편친 시하에, 이십사세, 즉 항우도강이서(項羽渡江而西)하던 연기가 되도록, 장가를, 못 들었습니다, 개명한 나라로 말하면, 이 세상에 나서, 구구한 풍속을 벗어나지 못하여, 사리에 부적당하고, 인정에 최불명한 일을, 구차로이, 행하여, 백년대계를, 그릇되게 함은 비단 제 몸 하나의, 낭패가 아니라, 한 사람 두 사람으로 전국 동포가, 모두 한 모양이면, 국가의 낭패가 적지 아니한 법이올시다 (중략) 미리 말씀하옵는 것이니, 여러 어른이나, 친구 중에, 구사 상으로, 나의 장가 들어오는, 이직각의 딸을, 개가하여 왔다고, 일호반점이라도, 나쁘게 여기어, 말 한 마디라도 상서롭지 안이 하게 하시랴거든, 종금 이후로, 상호와는 영영격면을, 하실 것이오, 그러치 아니 하시고, 초가한 여자와 조금도 틀림없이, 대우하시려거든, 불안하오나, 손을 들으시어, 가하다 하시옵소서 / 좌중이, 일제히, 손을 들며 / 가하오, 가하오[81]

남편을 잃은 태희에게 마음을 품고 있던 심상호는 자신의 목적을 관철하기 위하여 종친회를 열고서 여성 재가의 정당성에 대하여 연설한다. 『홍도화』에서 심상호의 연설은 「구마검」에 비한다면 목적을 달성하기 위한 의사소통 지향적인 행위에 해당한다는 점에서 차이가 있으며, 따라서 심상호가 행한 연설은 이념의 표출과 목적에 대한 지향이 적절하게 조화되어 서사 내부로 통합되었다는 점에서 이전의 소설 속 연설과는 차별되는 특징을 드러내고 있다. 「구마검」에서부터 『홍도화』의 이르는 일련의 변화에서 특히 의미 있는 것은 바로 이렇게 당대의 개화 담론을 나르고 있는 연설이 소설에 차용될 때 적절한 맥락이 고려되어 서사 내부에서 그 역할이 확정되는 일련의 변모 과정이 발견된다는 점이다. 즉 『홍도화』에서 연설이란 자신이 가지고 있는 의견을 듣는 이에게 설파하여 그를 이성적으로나 감정적으로 감화시켜 설득하는 행위로 존재 의의가 규정되어 있으며, 서사 전개와 맞물려 주인공이 이를 통하여 자신이 갖고 있는 이념을 성취하는 행위로서 서사 내에서 기능적 의미를 부여받는다는 점이다. 이는 외부로부터 형성된 계몽 담론이 비로소 서사 내의 주인공이 내뱉는 연설의 목소리를 통하여 맥락화된 진술로 구성되어 독자에게 전달될 수 있었던 최초의 장면이거니와, 연설의 파급력이 소설 내부에서 서사화되는 과정의 일단을 보여주는 것이다.

---

81) 이해조, 『홍도화』, 유일서관, 1911, 68~72쪽.

**제4장**

강연, 지식을 매개하는 소리와
불온한 지식의 탄생

## 1. 연설에서 강연으로

대한제국기(1897~1910)와 일제강점 초기를 전치된 근대문명에 입각한 계몽이라는 인간의 관계 방식을 담보하는 '연설'과 '토론'의 시대라고 말한다면, 일제의 이른바 문화정치가 시작된 1920년대는 강연회의 시대였다고 말할 수 있다. 1910년대 말부터 조선총독부와 같은 관변단체나 민간단체(종교, 청년, 교육, 여성 등)를 가리지 않고 수많은 단체에서 강연회를 개최하였으며, 1920년에 이르면 거의 하루도 빠짐없이 강연회가 줄을 이어 개최되기에 이르렀다. 일제가 총독부 중심의 무단통치에서 문화정치로 식민정책의 면면을 옮겨감에 따라 사회 전반에서 통제 국면이 풀리고, 이에 따라 신문·잡지·단행본 등 인쇄출판매체들이 본격화되기 전, 주로 직접 대면하면서 정치적 운동성을 드러내었던 연설에서 점차 지식을 매개하는 강연 형식들로 대체되어가는 국면이 등장하였던 것이다.

물론 이러한 국면은 1920년대를 전후로 일제의 통치방식이 무단통치에서 문화정치로 일신되었던 식민정책의 변화와 뗄 수 없는 관련성을 갖는다. 하지만 이는 그보다 더 근본적인 언설의 변화를 담보하는 것으로, 인간이 갖고 있는 앎과 표현의 의지가 목소리를 매개로 다중에게 전파되는 매체적인 변모와 깊은 관련이 있다. 당연하게도 연설하고 강연하는 목소리는 파급력을 규제하려는 식민자의 입장과 배치되어 더 복잡한 분화를 이루게 되었다. 나아가 연설과 달리 강연은 지식을 담보하여야 한다는 기본 전제로 말미암아 지식 차원에서 정치체제상으로 규제되고, 나머지 규제되지 않는 지식영역의 분화를 일으켰다.

주로 총독부 주관으로 이루어진 관변 연설이나 강연을 제외하고, 일제강점기에 처음으로 강연회가 열린 것은 1910년대 후반부이다. 1918년 『매일신보』는 스스로 강연회를 주최하고 자사 지면을 통하여 홍보함으로써 '강연회'가 가지고 있는 미디어적 속성을 최대한 활용하였고, 이후 『동아일보』, 『조선일보』 등이 생겨나 각종 단체에서 여는 강연회를 홍보하고 기사화하여 세간의 관심을 부각시켰다. 이에 앞서 1910년 일제는 대한제국 시기에 선포되었던 집회에 대한 법률을 강화하여 집회취체령을 선포한 바 있는데, 이는 실질적으로 조선인의 정치적인 집회를 금지하는 것이었다. 이러한 법률 때문에 1910년대 연설회는 정치적인 집회로 간주되어 거의 금지되었고 총독의 연설 같은 관변 연설만 이루어졌다. 하지만 강연의 경우, 신문지법과 보안법에 의거하여 학술성을 담보로 한 것이라면 어느 정도 용인하는 것이 총독부의 식민정책이었다. 따라서 연설회에 대한 관심은 자연스럽게 강연회로 옮겨갔다. 문제는 강연의 주제가 모두 학술성을 내포하지 않고 정치시사 문제를 담고 있는 경우가 많았다는 것인데, 당시 강연회를 통하여 표현하고자 하는 바를 전달하고자 하였던 피식민 주체들은 이 때문에 제국주의 검열권력과 표현상 어디까지가 학술적이고 어디까지가 정치적인가 하는 해석을 위한 투쟁을 벌여나가지 않을 수 없었다. 이 때문에 검열 당국도 모든 강연, 모든 지식을 용인하는 것이 아니라 불온한 강연, 불온한 지식을 구분하는 상황이 벌어졌다.

지금까지 대한제국기로부터 일제강점기에 이르는 동안 학회지나 신문 등의 출판매체를 통하여 지식을 매개로 한 제국적 검열의 구도가 어떻게 형성되었는지에 대해서는 어느 정도 활발한 연구가 이루어졌다.[1] 하지만 유독 연설이나 강연에 대해서는, 문자보다는 소리로 실현되었다는 사실 때문인지 연구가 더디게 이루어져온 것이 사실이다. 연설이나 강연이 오히려 인민들의 삶 속에 더욱 크고 분명한 감정적 파문을 일으킬 수 있다는 사실을 감안한다면 이것이 중요한 의미를 갖는다는 점은 부인하기 어렵다. 특히 그것이 특정한 시대, 특정한 상황에서 비롯된 시대적이고 문화적인 현상임을 감안한다면 더욱 그러하다. 예를 들어, 천정환은 1920년대 초에 열렸던 강연회의 주제가 매우 다양하였을 뿐만 아니라 강연회 자체가 일종의 '시대의 양식'이었음을 지적하고 있다.[2] 특히 그는 당시의 강연회가 음악회나 환등 영사회를 겸하여 열리는 경우가 많았다는 점을 지적하면서 강연이나 토론회가 당시에는 새로운 대중문화의 양식이었을 가능성을 제기한다.

본 장은 이처럼 일제강점기의 언설 공간을 장악하였을 뿐만 아니라

---

1) 한만수, 「식민지시대 출판자본을 통한 문학검열에 대하여」, 『국어국문학』 131, 2002, 국어국문학회.
　　　　, 「문학이 자본을 만났을 때, 한국 문인들은?」, 『한국문학연구』 43, 동국대학교 한국문학연구소. 2012 ; 송민호, 「1920년대 근대 지식 체계와 『개벽』」, 『한국현대문학연구』 24, 한국현대문학회, 2008.
2) 천정환, 「1920년대 독서회와 '사회주의 문화'」, 『대동문화연구』 64집, 성균관대학교 대동문화연구원, 2008, 50쪽.

다중의 문화적 양식으로 지식을 매개하는 매체였던 강연회의 열풍에 어떠한 정치적·제도적 배경이 존재하고 있는지, 그리고 그러한 강연회가 매개하는 지식의 성격은 당시 제국주의 식민권력의 검열제도와 어떠한 관련성을 갖는지에 대하여 다루고자 한다. 특히 일제강점기 연설과 강연이라는 연술양식의 존립 방식과 제국주의적 지식검열제도의 형성을 중심으로 1920년대 강연회가 널리 개최될 수 있었던 제도적·담론적 배경을 살펴보고, 그것이 제국주의적 지식검열의 구도와 어떻게 연동되는지 짚어보고자 한다.

## 2. 격동하는 강연의 목소리와 제도화된 지식의 공리계

이광수는 1917년에 『매일신보』에 발표한 소설 「무정」의 33회 연재분 속에서 평양 대성학교 연설회를 가득 채운 남성 청중들 사이에 참석한 기생 월화와 영채가 연설자인 함교장의 연설을 듣고 감화되어 변화해나가는 모습을 통하여 시대의 연술양식으로서의 연설이 인간과 인간 사이를 매개하는 방식을 퍽 예리한 필치로 드러낸 바 있다.

> 하루 저녁에는 월화가 영채를 찾아와서 연설구경을 가자고 한다 그때에 평양에는 패성학교라는 새로운 학교가 일어나 사방으로 수백명 청년이 모여들고 패성학교장 함상모는 그 수백여 명 청년이 진정으로 앙모하는 선각자러라 함교장은 매 주일에 일차 씩 패성학교 내에 연설회를 열고 아무나 와서 방청하기를 청하였다 평양 사람들은 혹은 새로운 말을 들으리라는 정성으로

혹은 다만 구경이나 하리라는 호기심으로 저녁 후면 패성학교 대강당이 터지도록 모여들었다 함교장은 열성이 있고 웅변이 있었다 그가 슬픈 말을 하게 되면 청중은 모두 눈물을 흘리고 그가 기쁜 말을 하게 되면 청중은 모두 손뼉을 치고 쾌하다 부르짖으며 그가 만일 무슨 악한 일을 꾸짖게 되면 청중은 눈꼬리가 찢어지고 입에 거품을 물었다 그가 말하는 제목은 조선사람도 남과 같이 옛날 껍데기를 벗어버리고 새로운 문명을 실어 들여야 할 일과 지금 조선 사람은 게으르고 기력이 없으니 새롭고 잘 사는 민족이 되려거든 불가불 새 정신을 가지고 새 용기를 내어야 한다는 것과 이렇게 하려면 교육이 으뜸이니 아들이나 딸이나 반드시 새로운 교육을 받아야 한다 함이라

영채고 함교장이란 말도 듣고 함교장이 연설을 잘한다는 말도 들었음으로 월화를 따라 패성학교에 갔다 두 사람은 검소한 의복을 입었으나 얼굴과 태고를 속일 수가 없으며 또 양인이 다 지금 평양에 이름 난 기생이라 모이는 사람들 중에 손가락질을 하고 소근 소근하는 것이 보인다 월화와 영채는 회중을 헤치고 들어가 저편 구석에 가지런히 앉았다 어떠한 사람은 일부러 등을 밀치기도 하고 발을 밟기도 하고 혹 제 손으로 두 사람의 손을 스치기도 하고 혹 어떠한 사람은 월화의 겨드랑이에 손을 넣는 자도 있다 월화는 「너희는 기생이란 것만 알고 사람이란 것은 모르는 구나」 하고 영채를 안는 듯이 앞세우고 들어간 것이라 부인계에는 연설을 들을 자도 없고 들으려 하는 자도 없으매 별로 부인석이란 것이 있지 아니함으로 남자들 앉은 걸상 한 편 옆에 앉았다 함교장이 이윽고 부인이 있음을 보더니 어떠한 학생을 불러 무슨 말을 한다 그 학생이 의자 둘을 가져다가 맨 앞 줄 왼편 끝에 놓더니 두 사람 곁에 와서 은근히 경례하면서 「저편으로 와 앉으십시오」라고 두 사람을 인도한다 두 사람은 기생된 뒤에 첫번 사람다운 대접을 받는다 하였다

(중략) 이윽고 함교장이 연단에 올라선다 만장에 박수가 일어나고 월화도 두어 번 박수한다 영채는 옳치 부벽루에서 말하던 이로구나 하였다 위엄있는 태도로 그윽히 회중을 나려다 보더니 / 「여러분」 하고 입을 열어 (중략) 월화는 영채의 손을 꼭 쥐고 몸을 바르르 떤다 영채는 놀래어 월화를 보니 무릎 위 치마 자락에 굵은 눈물이 똑똑 떨어지더라 / 영채도 함교장의 풍채를 보고 연설을 들으매 돌아가신 아버지의 생각이 나서 울면서 월화를 따라 집에 돌아왔다.[3]

이광수가 당시의 연설회를 묘사하였던 내용은 그가 궁극적으로 인간관계의 이상적 원형으로 보여주고자 하였던, 가르치고 배우는 사제관계가 인간과 인간을 매개하고 감화하는 '연설'이라는 매체의 형식과 관련된다는 사실을 갈파하여 보여준 대표적인 실례로 거론될 수 있다. 즉 이 대목은 계몽의 매커니즘 속에서 지식이나 사상을 나르는 연설이라는 언술이 하나의 개별자로서 인간의 감정을 어떻게 파고들어 그로 하여금 행위의 변화를 도모하는 동인이 될 수 있는가 하는 과정을 세심하게 밝혀내어 보여주고 있는 것이다. 결국 월화가 새롭게 자각된 정신과 본인의 기생 신분에 대한 괴리를 견디지 못하고 자살해버린 것은 구시대로부터 계몽된 자아가 겪을 수밖에 없는 열병과 같은 것이다. 영채 역시 형식과의 관계 속에서, 그리고 자신을 욕망의 대상으로 삼는 사람들 속에서 부끄러움으로 인해 마치 죽은 듯 자취를 감추는데, 이 또한 계몽이라는 행위의 양면적인 성격을 보여준다고 하여도 좋을 대목이다.

3) 이광수 「무정」 33회, 『매일신보』, 1917.2.13, 1면.

다만 연설을 매개로 이루어진 피식민자인 조선 인민들의 격동된 감정이, 앞선 시대의 만민공동회의 민주주의에 대한 요구나 3·1운동처럼 반제국주의 투쟁 같은 실질적인 정치적 운동성을 갖는 동력으로 바뀌어가는 과정을 드러내기보다는, 단지 일반적인 지식 습득과 계몽에 대한 일반적인 강조로 끝맺음할 수밖에 없었던 것은 작가 이광수의 한계이자 시대적인 한계일 수밖에 없다. 즉 이와 같은 결론은 이 시기 즈음에는 식민지 조선의 인민들에게 정치적인 연설이란 취체(取締)의 대상으로 철저하게 통제되었으며, 1910년 이래 일제의 이른바 무단통치 기간 동안은 조선 내부에서 인민들의 정치적 행위는 극도로 제한될 수밖에 없었다는 사실을 단적으로 반영하고 있는 것이다. 결국 「무정」을 통하여 표현된, 지식을 매개로 한 연설을 통한 계몽의 기획이란 일본 유학에서 돌아온 이광수가 맞닥뜨린 조선의 현실에서 꿈꿀 수 있는 정치성의 최극단이었을지도 모르는 일이다. 결국 1919년에 조선을 떠나 망명하지 않을 수 없었던 당시의 이광수가 직면하였던 모순적 한계 역시 이와 무관한 것만은 아니다.[4]

일제가 조선에 대한 식민정책을 문화정치로 바꾸었던 1920년 무렵을 기점으로 폭발적으로 증가하기 시작한 '강연회'라는 일종의 문화적

---

[4] 김윤식, 『이광수와 그의 시대』 1, 한길사, 1986, 248~257쪽. 김윤식은 이광수의 이러한 모순을 논리적 세계와 심정적 세계 사이의 갈등으로 파악한다. 즉 이광수는 서양의 진보주의 문명개화에 대한 지향 아래 가르치고 배우면서 소설을 쓰는 지적이고도 논리적인 세계와, 오산학교와 소설 창작을 통하여 경험한 '연설의 감염성'을 통한 심정적인 세계 사이의 분리와 모순에 직면하게 되었다는 것이다. 이는 문명개화에 대한 보편적 이념을 습득한 식민지 지식인들이 국가체제 내부에서 필연적으로 직면할 수밖에 없는 식민지인으로서의 정치적 한계를 의미하는 것이다.

현상을 논의하고자 하는 이 글에서 '회(會)'가 갖는 다양한 성격보다는 '연설'과 '강연'이라는 연술 행위 자체의 존립 방식 혹은 그 이전 양상에 대하여 주목하고자 하는 것은 앞서 이광수가 마주친 모순의 지점과 어느 정도는 맥이 닿아 있다. 즉 독립협회를 중심으로 도입되었던 연설과 토론이라는 연술 행위가 상하의 구별이 존재하지 않는 언설의 민주성을 궁극적인 지향점으로 삼고 있었다는 점에서 기존의 조선 왕도정치의 여러 국면들에 대치되는 비교적 선명한 정치성을 띨 수밖에 없었다면,[5] 필연적으로 지식을 매개함으로써 성립될 수밖에 없는 강연이라는 연술 행위는 피식민자의 입장에서는 연설이 갖고 있는 정치성을 우회하기 위한 형식으로, 식민자의 입장에서는 제국적 지식의 매개를 강요하여 검열하는 일종의 가이드라인의 역할을 담당하지 않을 수 없었던 것이다. 연설과 강연이라는 각각의 연술 행위들이 1907년의 보안법과 같은 법적 제도의 차원에서든 담론적인 차원에서든 하나의 이항대립적 맥락 속에서 배치되고 금지되거나 장려되는 메커니즘은 결코 간단하지 않은 문맥을 구성하고 있는 것이 사실이다.

결국 일제가 표방한 문화정치의 기치 아래 1920년 이래로 허용되고 장려된 강연회 속에는 문화적 현상의 하나로 보기에는 결코 단순하지 않은, 지식을 매개하고 있는 매체와 그 제국적 유통과 관련된 복잡다단한 담론들이 얽혀 있다고 볼 여지가 크다. 따라서 이와 같은 강연회 혹은 강연이라는 연술양식과 그것을 둘러싼 담론의 지형도를 파악하기 위

---

5) 전영우,『한국근대토론의 사적 연구』, 일지사, 1991. ; 신용하,『독립협회연구-독립신문·독립협회·만민공동회의 사상과 운동』하(신판), 일조각, 2006, 479~663쪽.

해서는 일제강점기에 복잡하게 얽혀 있는 정치적 국면들을 고려할 필요가 있다. 강연회와 관련된 논의 속에는 이전 시기에 잠시 번성하였던 연설회로부터 이어져 내려온 대중교양매체의 발전과 변용의 문제가 게재되어 있을 뿐만 아니라 1920년대를 기점으로 한 일본 식민정책의 기조 변화와 이에 대한 대응 방식의 변화 등 정치성의 존립 방식 등이 요약적으로 들어 있기 때문이다. 즉 강연회는 기본적으로 집회라는 대중 동원의 형식이 갖는 위험성을 전제하면서 정치적인 표현이 금지된 조선 민중에게 우회적으로 정치성을 표현하는 장을 제공하는 역할을 하였는가 하면, 학술적 전문성을 표방함으로써 제국주의 지식 공리계 내에서 이미 '길들여진' 지식을 매개하는 역할도 담당하고 있었다.


## 3. 집회를 금지하는 법적 근거의 확립과 연설/강연 사이의 담론적 분화

일제강점 초기의 한국, 더 구체적으로는 1910년에서부터 1920년 무렵에 이르는 기간 동안의 식민지 조선에서 조선인의 정치적인 표현의 자유는 철저하게 통제되었다. 일본이 조선을 강점하기 이전에 한국인이나 외국인이 사장이었던 신문들이 통폐합되면서, 초기에는 총독부의 기관지 역할에 지나지 않던 『매일신보』 정도만이 남았고, 조선인들이 공적인 장소에서 정치적인 성향을 띤 연설회 등의 집회를 여는 것은 경찰의 철저한 취체의 대상이 되었다. 조선총독부 경찰권력이 정치적인 집회를 통제하였던 근거는 외형적으로는 대한제국기인 1907년 7월 제정·반포되었던 '보안법'에 의거하고 있다. 당시 일제와 조선총독부는 1910년 8월 한국을 강점하였음에도 이전의 대한제국과 조선의 법령을 총독이 정한 명령에 의하여 그 효력을 그대로 두는,[6] 이른바 '제령 중심주의'로 인하여 일제의 제국법령과 조선의 법령들이 공존하는 기묘한 상태가 지속되고 있었다. 이는 결국 조선의 법령을 일제의 제국헌법의 법령으로 대체하고 한국과 대만 등의 식민지를 제국헌법 아래 일본의 속령으로 처분할 경우, 식민지인과 일본인 사이에 동등한 법적 지위가 초래될 것임을 우려한 조처였을 가능성이 높다.[7]

문제는 1907년 제정되어 식민지 조선인의 정치적 표현의 자유를 제한하는 법적 근거가 되었던 보안법의 내용적 성격에서 비롯된다. 1907년 대한제국의 법령으로 제정된 보안법은, 메이지 시기 일본에서 제정된

---

6) 『조선총독부 관보(朝鮮總督府官報)』 1호, 1910.8.29, 28쪽. 초대총독인 데라우치 마사다케(寺內正毅, 1852~1919)는 '제령(制令)'을 통하여 다음과 같이 '조선(朝鮮)에서의 법령(法令)의 효력(效力)에 관한 건(件)'을 공포하고 있다. "제령 제일호(制令第一號) 조선총독부(朝鮮總督府) 설치(設置)하는 때에 조선에서 그 효력(效力)을 잃을 제국법령(帝國法令)과 한국법령(韓國法令)은 그때까지는 조선 총독이 발(發)한 명령(命令)으로 하니 그대로 그 효력(效力)이 있[有]음이라"

7) 김창록, 「일제강점기 언론·출판 법제」, 『한국문학연구』 30, 동국대학교 한국문학연구소, 2006, 239~317쪽. 김창록은 '합방' 전후의 식민지 조선에서 법령제도의 연속적 국면을 살피는 위의 연구에서, 당시 '합방' 이후 일본 제국주의의 논리대로라면 대한제국은 소멸하였고 한국의 인민들도 '천황의 신민'이 되었으므로 대한제국과 통감부 시기에 제정된 신문지법, 출판법, 보안규칙 등은 모두 효력을 상실하고 일본 제국주의 헌법 아래의 제반 법령으로 대체되는 것이 맞지만, 당시 총독부는 '조선에서의 법령의 효력에 관한 건'(『조선총독부 관보』 1호, 1910.8.29, 28쪽)과 '1910年 制令 제1호에 의한 명령의 구분에 관한 건(1910.10.1. 制令 제8호)'(『조선총독부 관보』 29호, 1910.10.1.)라는 두 가지 제령을 통하여 통감부 시기의 법령들의 효력이 존치하였다는 사실을 밝히고 있다.

'집회조례'와 '보안조례'의 골자만을 뽑아내거나 그것을 강화한 것이었다.[8] 특히 보안법 1조에 명시되어 있는 바와 같이, 내부대신의 명령에 의하여 경찰이 해산할 수 있는 집회결사의 내용적 성격을 '정치에 관하여 불온한 동작을 행할 우려가 있는' 것으로 규정하고 있는 부분은, 보안법의 텍스트를 1880년도에 제정된 일본의 '집회조례'의 내용에서 참조하고 있다는 사실을 보여준다. 하지만 정작 집회의 신고/허가를 제도화한 집회조례가 존재하지 않았던 대한제국에서 단지 정치적인 집회나 결사를 취체하고 제한할[9] 조항만을 설치해둔 것은 분명 불완전한 법적

---

8) 「한국시정개선에 관한 협의회(韓國施政改善ニ關スル協議會) 第13回 회의록원본(1907.4.5.)」, 국사편찬위원회 편, 『통감부문서(統監部文書)』 1권, 국사편찬위원회, 1998, 271쪽. "李法相: (전략) 나는 그와 같은 국사범 죄인을 취체(取締)하는 방법을 만들고 치안규칙 또는 보안규칙이라는 칭하는 것들을 더해 발포(發布)하여 이유 없이 지방에서 상경하는 자의 거취를 취조할 필요가 있다고 믿는다. 이 문제에 대해서는 정부 부내에서도 이미 그 논의가 있었다. 확실히 발포(發布)하기로 결되면 각하의 고견을 들을 것은 물론이다. (중략) 결사(結社)도 근래에는 종종 갖가지 교활한 뒷길[通路]을 만들고 있다. 예를 들면 '무슨 무슨 회'라고 하지 않고 '무슨 무슨 학회(學會)'라고 칭하면 통감부(統監府)로부터 금지되지 않으니까 학회라는 명칭 아래 정치연설을 행하는 일이 있다."

  '보안법'이 제정되기 이전, 주로 이토 히로부미의 주관하에 열렸던 '한국시정개선에 관한 협의회'에서 당시 법부대신이었던 이하영의 위와 같은 발언을 보면, 당시 보안법의 내용이 형성된 경위가 어느 정도 해명된다. 1907년 7월에 보안법이 제정되기 전 한국에서는 정치적인 집회 결사를 제한하고 학술적인 집회 결사는 허가한다는 법적 기준이 존재하지 않았던 것이 분명하므로, 이하영의 이러한 발언은 일본의 '집회조례'를 통하여 구축된 통감부의 시각을 그대로 반영하고 있는 것이다.

9) 「법률 제 2호 보안법(法律 第二號 保安法)」, 『황성신문』, 1907.7.31, 1면. 이 보안법의 내용을 대략 요약해본다면, 이 법에는 내부대신이 안녕질서(安寧秩序)를 지키기 위하여 결사의 해산을 명할 수 있다거나(제1조) 정치에 관하여 불온한 동작을 행할 우려가 있는 사람에 대하여 거주처소에서 퇴거를 명하고 1년 이내의 기간 동안 그 지역 내에 출입하지 못하게 할 수 있으며(제5조) 경찰관이 집회 또는 다중의 운동이나 군집(羣集)을 제한금지하거나 해산할 수

구조를 갖는 것이었다. 게다가 일본에서 제정 당시 논란을 통하여 '정치' 의 외연에 대해 어느 정도 개념적 함의가 구축된 역사적 배경에 비한다면,[10] 당시 한국에서 보안법에 의해 규제되었던 집회의 정치성이란 실질적으로 의미망을 획득할 수 없었을 것이 틀림없다. 1910년 8월 강점 이전까지 대한제국 내에 존재하였던 학회들을 중심으로, 예를 들어 '국민대연설회'처럼 대한제국의 방향성과 민족의 독립을 주제로 연설회 개최가 가능하였던 배경이나, 일제강점 이후 조선총독부를 중심으로 한 관제 연설 외에 일체의 연설회가 금지되었던 배경은 모두 1907년에 제정된 보안법에 명시되어 있던 집회/결사의 '정치성'이라는 함의에 대하여 각각 다른 해석적 맥락을 구축하고 있었기 때문으로 이해될 수 있다.

이와 관련하여 1912년 3월에 조선총독부에서 발간한 『조선총독부시정연보(朝鮮總督府施政年報)』의 제4장 '치안(治安)'의 제13절 '집회결사의 취체(集會結社ノ取締)' 부분에는 일제강점을 전후로 집회 혹은 연설회에 대한 경찰의 취체가 어떠한 전반적인 기조를 통하여 이루어졌는지 정황을 읽어낼 수 있는 단서가 들어 있다.

---

있고(제2조) 가로(街路)나 공개된 장소에서 문서도화(文書圖畵)의 게시와 분포(分布), 낭독 또는 언어의 형용 등을 통하여 안녕질서를 문란(紊亂)하게 하는 경우 이를 금지할 수 있다(제4조)는 내용을 포함하고 있었다. 또한 이외에 경찰관으로 하여금 집회 시에 무기나 폭발물을 휴대하는 것을 금지할 수 있도록 하는 조항(제3조)이 포함되어 있었다.

10) 여기에 대해서는 송민호, 「1880년 일본 집회조례의 제정과 정치/학술의 담론적 위계화의 기원-메이지 일본의 정치적 '공론장' 형성의 특수성에 주목하여」, 『대동문화연구』 79, 성균관대학교 동아시아학술원 대동문화연구원, 2012.9, 317~320쪽을 참고할 것.

구한국 정부는 명치40년(1907) 7월 법률 제2호에 의해 보안법을 제정 공포하였다. 구 내부대신으로 하여금 안녕질서를 지키고 유지할 필요가 있는 경우에 결사의 해산을 명할 수 있게 하였다. 또한 경찰관으로 하여금 보안상의 필요한 경우에 집회 또는 다중의 운동, 혹은 군집을 제한 금지 또는 해산하는 것을 가능하도록 하는 규정을 설치하였으나, 그 후 오히려 10여 번 남짓 정치적 결사 또는 학회가 있었다. 학회는 이름을 학술의 연구에 걸어두고 종종 정담(政談)을 했고 그 외 사립학교에서 야외운동을 이용하여 정치를 말하고 또 국정을 비평하는 일도 적지 않음에 의해, 병합발표 전에 공안질서를 가능한 확실히 지키기 위하여 임기의 조치를 취할 필요 있음을 인정한 경무총감부는 명치 43년(1910) 8월 23일 부령에 의하여 해당 내 정치에 관한 집회 혹은 옥외에서 비롯된 다중의 집합을 금지함으로써 그 취체를 장려하기 위해서 시사의 논란을 일으키는 결사와 교격한 학생과 같이 또한 스스로 그 행위를 삼가는데 이르도록 하였다. 동 부령은 병합성립 후 9월에 이르러 개정하여 옥외에서 설교 혹은 학교생도의 체육활동의 집합에 해당 경찰서의 허가를 받는 것을 제외하게 되었다.[11]

위에 인용된 구절 속에는 경찰권력의 보편적인 존립 이유로 납득될 수 있는 '안녕질서의 유지'나 '보안상의 필요'라는 보안법의 제정 혹은 적용 취지에 대한 대전제의 확인에서부터, 그 관련성을 짐작하기 어려운 '정치적 결사'의 금지로 넘어가는 과정에서 발생한 논리적 간극과 비약을 읽어낼 수 있다. 이 연보의 서술자는 한 문장 속에서 모든 '정치'적

---

11) 『조선총독부시정연보』, 조선총독부, 1912.3, 117쪽.

인 집회가 사회의 질서 유지나 보안상의 문제를 발생시키는 것과 같은 함의가 담긴 서술을 하고 있는 셈이다. 하지만 10여 년에 이르는 기간 동안 중세적인 왕도정치국가에서 민족국가로, 다시 제국주의의 식민지로 급격한 변화를 거쳐 온 조선(한국)에 있어서 '정치'라는 개념이 지칭하는 영역적 함의는 끊임없이 변동될 수밖에 없는 것이 당연하였다. 게다가 국가 사회의 질서 유지나 보안에 위해가 되는 집회, 결사의 정치성과 그에 대립되는, 즉 법에 저촉되지 않는 영역이 바로 학술성이었다는 판단 역시 당시에는 퍽 낯선 것이었다. 결국 이러한 총독부의 태도는 일본에서 집회조례의 형성 과정으로부터 확정된 정치와 학술의 영역 구분으로부터 형성된 판단 기준[12]을 식민지에도 그대로 강요하고 있는 것에 불과하였던 것이다.

이상과 같은 관점에서 본다면, 일본 제국주의는 일본의 특수한 역사적 맥락으로부터 형성된 정치와 학술에 대한 담론적인 구획을 식민지 이전과 이후의 한국에 강요함으로써 사상적 통제의 기반을 구축하고자 기획하였다는 판단은 어느 정도 타당성을 갖는다. 구체적으로 강점 직전, 일제가 통감부의 경무총감에서 발의된 '부령' 제3호를 통하여 정치에 관한 집회를 금지한다는 기존 보안법의 내용을 재확인하면서 옥외에

---

12) 앞의 송민호(2012), 317~328쪽.

13) 『대한제국 관보』 4766호, 1910.8.25. "통감부 경무총감 부령 제3호(메이지43년 8월 23일) 당분간은 정치(政治)에 관한 집회(集會) 혹은 옥회(屋外)에서 다중(多衆)의 집합을 금지함 본령에 위반하는 자는 구류 또는 과료(科料)에 처함 본령은 발포일로부터 이를 시행함" 이 조항 중 옥외에서 다중의 회합을 금지하는 부분은 1887년에 제정된 일본의 보안조례 2조의 내용으로, 1907년 대한제국 보안법에는 빠졌던 내용을 이때 추가한 것이다.

서 다중의 집합을 금지하여 [13] 집회 및 결사의 가능성을 봉쇄하였던 것
은 대표적인 예증이 될 수 있을 것이다. 얼핏 보아도 대한제국 시기 보
안법에 명시된 '정치'와 '부령'을 통하여 다시금 강조된 '정치'의 영역이
서로 내포하고 있는 함의나 지칭의 대상에 있어서 상이한 차원에 놓여
있다는 사실만큼은 분명하게 파악할 수 있다. 당시 통감부는 정치적인
집회와 결사 금지를 다시 한 번 천명하면서 한국에서 민족주의에 근거
한 독립운동을 정치적인 움직임으로 간주하는 입장을 다시 한 번 확인
하였고, 옥외에서의 모든 회합을 금지하는 부령을 통하여 이러한 회합
을 원천적으로 차단하는 법적 근거를 정식화하였던 것이다. 나아가 조
선총독부는 일제강점 이후가 되어서야 다시 부령을 통하여 단서 조항을
붙여 옥외에서의 설교 [14]나 학교 생도의 체육활동만큼은 허용한다. [15]

이상과 같은 일련의 역사적 흐름이 일제강점기를 전후로 하여 1910년
말에 이르기까지 한국에서 연설회나 강연회 등 집회와 협회와 학회 등

---

14) 당시 조선총독부가 허가하였던 옥외에서의 '설교(說敎)'는 '설교'라는 단어에 담긴 종
교적 함의가 간과되어서는 안 될 것이다. 1911년에 발간된 제임스 게일의 『한영자전』
(Yochohama: The Fukuin Printing Co., & LT., 1911) 545쪽의 '설교'의 어의는 "셜교 s. 說敎
(말숨) (ᄀᄅ칠) Preaching of the Buddha"와 같이 종교적인 의미가 내포되어 있기 때문
이다. 이 단어는 이후 불교의 교리를 가르치는 의미를 넘어 기독교 등 여타의 종교적인 교
리를 가르치는 행위를 지칭하는 용어로 점차 확장되어 간 것으로 보인다.

15) 『조선총독부 관보』 23호, 1910.9.23, 3면. "통감부 경무총감 부령 제8호 // 메이지 43년 8
월 통감부 경무총감 부령 제3호 중 좌와 같이 개정하여 발포하는 일부터 이를 시행함이라
// 메이지 43년 9월 23일 / 총독부 경무총장 아카시 모토지로(明石元二郎) // 제1항에 좌
의 단서를 붙임이라 // 단 옥외(屋外)에서 하는 설교(說敎)나 혹 학교생도의 체육 활동 등
의 집합으로 소할(所轄) 경찰관서(警察官署)의 허가(許可)를 받은 자는 이 한(限)에 있지 아
니함이라"

의 결사를 중심으로 한 표현의 자유가 박탈된 배경이다. 특히 일제강점 초기에 주로 총독이나 총독부 소속의 고위공직자, 촉탁 등에 의한 관변 연설을 제외하고 조선인에 의한 정치적인 연설회는 거의 개최되지 않았고 철저한 취체 대상이 되었다. 이러한 연설이라는 연술 행위에 대한 금지와는 달리, 당시 총독부가 종교적인 목적이나 실용적인 지식 습득을 위한 강연회를 주도적으로 개최하거나 장려하였다는 사실은 주목할 만하다. 비록 당시 열렸던 강연들이 주로 지방관리라든가 조선총독부의 촉탁인사들이 연사로 나서는 관제적인 성격[16]을 갖는 것이거나 '경학원 (經學院) 강연회' 같이 관변단체에 의해 개최된 것[17]에 불과한 것이었다고 하더라도, 이러한 움직임이 향후 점차 민간에 의해 주도적으로 개회

---

16) 1910년대 조선에서 실시되었던 관제 강연은 대략 두 가지 종류로 요약할 수 있다. 하나는 지방단체장들이 새로 부임할 때 단체원들을 모아놓고 하였던 강연으로, 이는 거의 '강연' 이라고 볼 수 없는 일종의 훈시에 가까운 것이었으며(「경성부윤강연(京城府尹講演)」, 『매일 신보』, 1912.9.11 ; 「개성군의 강연회(開城郡의講演會)」, 『매일신보』, 1913.11.23 ; 「평양부윤강연(平壤府尹講演)」, 『매일신보』, 1919.9.24) 다른 하나는 총독부가 주관하여 주로 촉탁 계약을 맺은 일본인 전문가들이 연사가 되어 실시한 강연이었는데 주로 세계의 과학기술이나 위생 (의학) 등이 주제였다. 이는 주로 총독관저에서 시행되어 총독부 직원들을 대상으로 하는 강연이어서 일반인들을 위한 대중강연이라고 보기엔 어려웠다(「아키야마박사강연(秋山博士 講演)」, 『매일신보』, 1912.8.30-31 ; 「야마네촉탁의 강연(山根嘱託의講演)」, 『매일신보』, 1913.6.18 ; 「무라카미촉탁강연일할(村上嘱託講演日割)」, 『매일신보』, 1915.11.11 ; 「스다박사강연스다(博士講演)」, 『매일신보』, 1916.1.25~26 등).

17) 당시 경학원에서는 총독훈시에 따라 1912년부터 매월 둘째 주 토요일 명륜동에서 월차 강연회를 열었고 지방에서는 각도에서 선발된 강사들이 지방 도내를 순회하며 강연하였다. 그들이 강연하였던 내용은 주로 유교 내용을 가장한 일제의 식민지배를 찬양하는 내용이었다. 당시 경학원 강연회의 면모와 강사진들에 대해서는 정욱재(2007)의 「1910~ 1920년대 경학원의 인적구성과 역할-사상과 강사를 중심으로」(『정신문화연구』 106호), 237~244쪽을 참고할 수 있다.

되기 시작한 강연회[18]의 내용적 방향성을 획정하는 가이드라인을 제시하는 역할을 하였을 것이라는 사실은 분명하다. 게다가 당시 식민지 조선에 비해 일본에 유학하고 있었던 유학생들은 학술적인 강연의 경우에는 비교적 자유롭게 시행할 수 있었다. 이들을 중심으로 '강연'이라는 언설양식이 적극적으로 실천되면서[19] 집회의 다양한 목적 중에서 정치성을 띤 연설회와, 학술성 내지는 실용적 지식을 전달하는 강연회 사이의 담론적 구분이 일반화되어갔을 가능성이 높다.

그러나 주의할 것은 연설(演說)과 강연(講演)을 동일하게 보지 말 것이라 1인의 언자(言者)가 다수한 청중에게 대하여 사물(事物) 설시(說示)함은 전자(前者)나 후자(後者)가 일반(一般)이로대 그 고유한 성질은 차이가 있으니[有異] 곧 전자는 감정(感情)에 소(訴)하는 문제요 후자는 이지(理智)에 소(訴)하는 문제라 예컨대 무슨 자선사업(慈善事業)에 관한 것으로 공중(公衆)에 대하여 금전(金錢)을 요구한다든지 정치(政治) 문제에 관한 것으로 정당(政黨) 혹 국민(國民)의 여론(輿論)을 환기한다든지 종교(宗敎) 상 포교의 목적이라든지

---

18) 『신문계』 25호(1915.4, 58~59면)의 「통속강연회에서」라는 글에는 조선교육회가 일출소학교에서 3월 30일에 열었던 1회 통속강연회의 내용이 기록되어 있다. 이때 연사로 나선 중앙시험소장의 토요나가(豐永) 박사는 우유(牛乳)와 대두(大豆) 사이의 성분을 비교하는 기술적인 지식을 전달하는 강연을 하였다.

19) 당시 동경 유학생들이 발간하던 『학지광(學之光)』에는 1914년부터 메이지대학(明治大學), 와세다대학(早稻田大學) 등에서 유학 중이었던 전영택, 현상윤 등이 연사가 되어 공개 강연회를 열었던 내용을 전하고 있다(앞의 홍순애(2009), 607~611쪽에서 재인용). 동경 유학생들이 중심이 되어 개최하였던 강연회들은 그들이 귀국하여 조선의 강연회 열풍을 이끄는 주요 연사들이 된다는 점에서 주목할 필요가 있다.

는 전자에 속하고 이학(理學), 철학(哲學), 역사(歷史), 지리(地理) 등 일정 특수한 학리(學理)로 상당한 계급의 청중을 요함은 후자에 속하니라 고로 전자는 상당한 수단 방법을 요하나 후자는 다만 명석히 말[語]하면 그만이니라.[20]

이러한 상황을 반영하듯, 1917년 『청춘』 7호에 실린 「연설법요령」이라는 글에서 필자인 김창제는 연설과 강연을 개념상으로 확연하게 구분한 있다. 그에 따르면 연설과 강연은 1인이 다수에게 언어를 통하여 전달하는 것이라는 점에서는 같지만, 전자가 감정에 의한 문제를 다루고 후자는 이지(理智)에 의한 문제를 다룬다는 점에서 구분된다고 적는다. 특히 연설을 정치적 주제와 관련시키고, 강연을 학술적 주제에 국한시키며 두 개념 간에 차이를 두고 있는 것은 인상적인 대목이라고 할 수 있다. 연설이 더 범용한 개념으로 자신의 생각을 표현하거나 지식을 전파하고 보급하는 말하기 등으로 구분 없이 두루 쓰였던 개화기의 상황에 비해, 연설과 강연이라는 언설형식이 각각 정치와 학술영역을 담보하는 것으로 구획된 배경에는, 일체의 정치성을 띤 집회를 제한하고 학술이나 기술성을 담보한 강연회만을 장려하였던 일제의 사상통제정책이 존재하였기 때문이다. 물론 이러한 사상통제정책은 일본의 신문지법 8조 그리고 1907년에 제정된 대한제국의 신문지법 5조에 명시된 신문보증금의 예외 규정으로서 '학술 기예 통계관령 또는 물가보고에 관한 사항'을 기재하는 신문지는 보증금을 납부할 필요가 없다는 일종의 학술성에 대한 담론적 합의가 게재되어 있기 때문이기도 하다. 이러한 상

---

20) 김창제, 「연설법요령」, 『청춘』 7호, 1917.6, 125쪽.

황이 일제의 문화정치가 시작된 1920년대까지 이어져 사상통제정책의 기본 가이드라인이 되었던 것이다.

　　지난 가을[昨秋] 사이토(齋藤) 총독이 부임 벽두 초에 시대에 순응하여 영단으로써 특히 조선인의 도현(倒懸)의 세(勢)를 풀어 갈망하던 집회(集會)와 언론(言論)의 자유(自由)를 해방하였도다 (중략) 행히 이 집회 등의 자유가 탄출(綻出)한 이래로 현하 각 사회 방면에는 말하기를 무슨 교[何敎] 말하기를 무슨 회[何會]이니 하는 천별만수(千別萬殊)의 명칭으로 봉(蜂)의 소(巢)을 충함과 같이 패연(沛然)의 대세로 각방 각면에서 찬기(躦起)하여 축일(逐日) 증가의 현상을 보이는 중에 있도다 (중략) 그런데 어느 회를 물론하고 장래에 있어 극시극종(克始克終)의 효과를 얻을지 아닐지는 지금에 있어서야 예측하기 어려우나 그러나 여하간 그 집회(集會)의 목적과 취지는 모두 진미진선(盡善盡美)하여 우리들의 환영하는 바이오 채취하는 바이로다 그런데 다만 공중이 집회하는 것뿐으로는 의사소통의 간격이 있을 뿐 아니라 갑론을강(甲論乙講)이 없고 보면 그의 식견을 내가 얻을 수 없으며 나의 식견을 그에게 주지 못하나니 어시호(於是乎) 집회(集會)가 있는 후에는 필히 강연(講演) 등의 기관을 세우지 않지 못할지로다.[21]

　　당시 『매일신보』에 실린 「집회와 강연(集會와講演)」이라는 제목이 달린 기사의 첫머리에는 지금 식민지 조선인에게 주어진 집회와 언론의 자유가 새로운 총독인 사이토 마코토(齋藤實, 1858~1936)의 영단(英斷)

---

21) 「매일논단(每日論壇)-집회와 강연」, 『매일신보』, 1920.7.15, 1면.

에서 비롯한 것이라며 치켜세우고 있다. 물론 이 조처가 전임 총독인 하세가와 요시미치(長谷川好道, 1850~1924)가 남긴 사무인계서에 이미 제언되어 있던 내용을 그대로 실행한 것에 불과한 것이었다거나,[22] 이미 제정된 법 조항조차 제대로 적용하지 않았던 법적인 공백 상태의 전 시대에 비하여 최소한의 법치가 이루어진 것에 불과하다는 평가는 당연히 제기될 수 있다. 게다가 이 기사의 뒷부분에는 마치 단서 조항처럼 검열 당국으로부터 허용되는 집회의 성격에 대한 구체성이 우회적으로 드러난다. 즉 단순히 공중이 집회하는 것만으로는 의사소통의 간격이 존재하며 갑론을박이 없으면 상대방의 식견을 알 수 없으니 강연 등의 기관이 서지 않을 수 없다는 것이다. 이 기사의 논조는 매우 조심스럽게 집회에 지식이 매개되는 강연이 존재하지 않으면 안 되는 까닭을 제시하고 있으나 실상 그 내용은 보안법에 지시되어 있는 바, 정치적인 목적이 아닌 학술 목적의 집회는 허용 가능하다는 법령과 검열 기조를 그대로 재생산하여 드러내는 것에 불과하다고 볼 수도 있다. 즉 일제가 문화정치를 시작하여 조선인들의 집회의 자유가 어느 정도 법적으로 담보된 것은 분명하나, 모든 종류의 집회가 허용된 것이 아니라 궁극적으로는 지식이 담보되는 학술적인 목적의 강연만 허용되고 장려되는 제도적 방향성이 뚜렷해진 것에 불과하다는 의미이다.

---

22) 「조선총독 하세가와 요시미치 인계문서(朝鮮總督長谷川好道引繼文書)-조선통치망요(朝鮮統治網要)」, 조선총독부 편, 『사이토문서(齋藤實文書)』 1권, 영인판, 고려서림, 1999, 75~76쪽.

## 4. 대중지식매체로서 '강연회'의 면면과 그 확장

일제가 문화정치를 표방하였던 1910년대 후반부를 기점으로 조선에
서는 각종 단체를 중심으로 '강연회'가 열릴 수 있는 환경이 마련되었다.
게다가 일반인의 참여 열기 역시 점차 높아졌다. 강연회라는 연술 행위
혹은 의사소통양식이 비로소 일반화된 지식 공유를 위한 대중지식매체
로 중요한 역할을 차지할 수 있게 된 것이다. 이 시기에 실시된 강연회
의 경우, 관변단체부터 민간단체까지 주관 주체도 다양해졌고 강연의
주제 역시 사회·여성·문화·교육·위생·과학기술·통속 등으로 그 범
위가 매우 넓었다. 특히 당시 조선의 지식인들을 중심으로 결성되었던
각종 단체에서는 경성, 평양 등 주요 도시를 중심으로 강연회를 여는 데
만족하지 않고 순회강연단을 조직하여 지방 각지를 순회하기까지 하였
다. 그들이 실시한 강연에는 참여 인원이 1천여 명에 달하는 등 연일 성
황을 이루었고,[23] 강연회에 대한 이러한 대중적 열기는 1920년대 중반
을 넘어 지속적으로 확장되어갔다.

이러한 저간의 사정들을 바탕으로 하여 1910년대 후반에는 개회 빈
도나 규모면에서 이전과는 비교가 되지 않을 정도로 많은 강연회가 자
주 열렸으며, 또한 강연회의 성격 역시 대중지향적인 면모로 바뀌어나
간다. 1910년대 초반과 중반, 조선에서 실시되었던 강연이 주로 지방관

---

23) 당시 『매일신보』의 한 기사에는 "근일(近日)에는 집회(集會)와 강연(講演)이 거의[殆] 비는
날[虛日]이 없[無]어 금일(今日)에는 그 회에서 강연(講演) 명일(明日)에는 그 회에서 강연
(講演)을 한다"(「매일논단-집회와 강연」, 『매일신보』, 1920.7.15, 1면)고 하면서 당시 집회와 강
연이 하루가 멀다 하고 열릴 만큼 자주 개최되었다는 사실을 전하고 있다.

리라든가 조선총독부의 촉탁 인사들이 연사로 나서는 관제 강연이었다면, 1910년대 말부터 세간에서 무수히 열리기 시작한 강연회는 그야말로 대중을 대상으로 한 것이었을 뿐만 아니라 강연의 주제도 단지 계몽, 위생 등 개화계몽기적인 주제 일색에서 벗어나 여성, 아동, 교육, 과학, 언론 등 다양한 방면으로 확대되기 시작하였다.

우선 대중지식매체로서 강연회의 면모가 어떻게 발전되어갈 수 있었는지 살펴볼 필요가 있을 것이다. 1910년대 말 최초로 열린 대중강연회는 1918년 3월 경성여자보통학교에서 열린 '통속강연회'[24]였다. 물론 이전에도 민간에서 개최한 '청년강연'(종로청년회 주최)이라든가 관변단체였던 '경학원강연회'(경학원 주최, 1913.10)이라든가 '하계강연회'(중앙공론사(中央公論社) 주최, 1915.7) 같은 것들이 없었던 것은 아니지만, 이 통속강연회를 주목해야만 하는 까닭은 대중매체로서의 강연회가 신문이라는 언론매체와 적극적으로 상호작용하게 되었던 첫 번째 사례였기 때문이다. 이전의 강연회들이 신문 지상에 실시 내용만 짤막하게 기사화되었던 것과는 달리 통속강연회는 강연회 실시 이전부터 『매일신보』를 통하여 미리 광고 성격의 기사를 내보내어[25] 신문이라는 매체와 결부된 하나의 매체로서의 강연회가 대중을 얼마나 동원할 수 있는지 시험하게 된 사례가 되었다. 특히 그 전까지는 주로 1·2면에 실리곤 하던 강연회 관련 소식이 3면으로 옮겨갔다는 사실 역시 이러한 판단의 근거

---

24) 비록 언론을 통하여 홍보되지는 않았지만 '통속강연회'가 이때 처음 열린 것은 아니다. 1915년 4월 『신문계』 25호에 「통속강연회에서」라는 글이 실려 중앙교육회에서 열었던 강연회 내용을 기록하고 있는 것을 보면 '통속강연'이라는 제목에 대하여 동시대적 공감이 이미 형성되어 있었다는 사실을 짐작할 수 있다.

를 보충한다. 당시 『매일신보』는 1·2면 국한문혼용 표기, 3·4면 순 한글 표기 정책을 고수하고 있었는데[26] 통속강연회의 경우 순 한글로 표기되었던 사회면에 관련 기사가 실려 있었던 것이다.

하지만 이 강연회의 경우, 연사로 등장한 사람이 당시 중추원 고문인 조중응과 경학원 부제학 이용직, 박제빈, 남경성부 참사 김중환 등이어서 아직 관제 강연의 면모를 완전히 벗어나지 못하였을 뿐만 아니라 강연의 주제 역시 '교육'에 관한 것이었으므로 '통속'이라는 면모에 합당한 주제도 아니었다. 그럼에도 당시 『매일신보』의 관련 기사는 「재미있는 전람과 창가(쟈미있는뎐람과창가)」라는 소제목을 쓰면서 이 강연회에 전람회와 창가유희 그리고 국악취주가 동반된다는 사실을 유독 강조하고 있다. 이러한 정황을 살펴보면 당시 신문매체에서는 강연이 가지는 대중적 파급에 대한 확신이 아직 존재하지 않았던 것이 아닌가 짐작할 수 있다. 강연회에서 창가 공연이나 음악회가 동반되었던 사실을 통하여 당시 강연회가 대중적인 문화 형식을 띠고 있었다는 추론에는 다소 조심스러움을 느낀다. 이러한 강연회에 부대적인 즐길 거리를 마련한 것은 오히려 강연만으로는 확보되지 않는 대중성을 담보하기 위하여 행해

---

25) "서대문 밖 경구교에 있는 경성여자공립보통학교(京城女子公立普通學校)에서는 여자 교육을 진흥하기 위하여 오는 21일(음력 2월 9일) 오후 1시부터 교육에 대한 통속강연회를 개최하고 일반 부인의 구경 오기를 바란다는데 당일은 중추원 고문 조중응자와 경학원 부제학 이용직자와 동 부제학 박제빈 남경성부 참사 김중환씨 기타 명사의 강연이 있으며 겸하여 학교 성적품 진열 창가 유희의 실연 국악 취주 등의 재미있는 일이 있다 한 즉 한 번 가볼 만하겠더라"(「여자공보교(女子公普校)의 통속강연회(通俗講演會)-재미 있는 전람과 창가」, 『매일신보』, 1918.3.19, 3면.)
26) 정진석, 『언론조선총독부』, 커뮤니케이션북스, 2005, 94쪽.

사진1 | 『매일신보』 주최로 종로중앙청년회관에서 열린 강연회. 사진
의 연사는 니와 세이지로(『매일신보』, 1918.4.5, 3면)

진 불가피한 선택이었을 가능성이 높기 때문이다. 오히려 대중문화 혹
은 매체로서 강연회의 가능성은 기존의 언론매체와 연동되면서 강연 자
체가 대중성을 띠게 되는 장면, 즉 강연의 주제가 과거에 비해 통속화되
고 많은 청중이 참여하는 열린 형식으로 나아가는 일련의 변화 과정에
서 찾아야 할 필요가 있다.

　1918년 3월 통속강연회가 열린 뒤 한 달도 채 지나지 않아 매일신보
사는 종로중앙청년회관에서 강연회를 직접 주최하면서 대대적인 홍보기
사와 광고를 낸다. 이 강연은 각각 총독부의원 부의관인 치바 요시노리
(千葉叔則)의 '폐결핵'에 대한 것과 일본기독교청년회 간사인 니와 세이
지로(丹羽淸次郎, 1865~1957)의 '미국의 사회교육'에 관한 것이었는데,
『매일신보』는 2면 하단에는 '매일신보 주최 통속강연회'라는 표제의 광
고를 싣고 [27] 3면에는 「실익(實益)과 취미(趣味) 있는 강연(講演)」이라는

제목의 기사를 통하여 매일신보사에서 처음으로 일상에 필요한 지식에 대하여 일반 인사가 넉넉히 알아들을 만큼 간이하고 또한 흥미 있는 강연회를 열겠다고 공언하고 있다.[27] 게다가 강연장인 종로중앙청년회관 강당이 1천명밖에 수용할 수 없으니 서둘러 입장하라는 당부의 말에서는 당시 『매일신보』가 강연회의 대중 동원력에 대하여 어느 정도 확신을 가지고 있었다는 사실을 알 수 있다. 실제로 이 강연회는 2층까지 관중이 가득 차는 대성황을 이루었다.

이렇게 당시 『매일신보』를 통하여 '강연회'라는 언설방식이 기존의 언론매체와 결부되는 방식은 참으로 흥미로운 것이다. 이는 학술성을 담보로 하는 '강연'이라는 언설형식이 단지 지식을 전유하고 있던 집단 내부의 폐쇄적인 정보 유통을 담보하는 것이거나 지식의 상하관계 속에서 다시금 수직적인 권력관계를 재생산하는 차원에서 벗어나, 불특정 다수를 대상으로 지식을 전파하고 확산하는 차원으로 바뀌어가는 장면을 잘 보여주고 있기 때문이다. 이는 자본주의 사회에서 이른바 매체의 수용자 혹은 소비자로서 '대중'이 형성되어가는 과정과 맥을 같이 하는 것으로, 『매일신보』는 마치 운동회, 연예회, 박람회, 관람회 등[29]과 마찬가지로 강연회 역시 언론매체의 영향력을 실감하는 계기로 활용하면서

27) 『매일신보』는 1918년 3월 29일부터 2면 혹은 3면에 지속적으로 본 강연회의 광고를 신고 있다.

28) 「실익과 취미 있는 강연-오늘밤[今夜] 청년회관의 대강연(大講演): 우리의 알려는 두 문제를 강연, 오후 일곱시부터 방청은 무료」, 『매일신보』, 1918.4.2, 3면.

29) 당시 『매일신보』는 주로 용산에서 대운동회(1912.4.27, 1915.4.25)를 열곤 하였으며 이는 실시 전부터 『매일신보』 지면을 통하여 적극 홍보되었다. 이러한 양상은 '연예회(演藝會)'에 있어서도 마찬가지였는데 당시 『매일신보』는 일찍부터 '연예계(演藝界)'라든가 '금일의

이러한 회에 모인 관객들을 중심으로 신문 독자를 확보하고 신문 독자를 중심으로 다시 관객을 소급하는 방식의 순환적인 상업 전략을 사용하였던 것이다.

즉 1910년대 후반부 관변단체라든가 종교단체, 청년단체에 의하여 제한적으로 이루어졌던 강연회는 일반 대중을 대상으로 삼아 당시 막 확장하기 시작하였던 언론매체의 영향력의 보조를 받으면서 1920년대에는 가장 유력한 매체로 성장해나갈 수 있었다. 3·1운동을 기점으로 폭발하다시피 한 한국인들의 정치적인 자기표현의 욕구가 총독 교체와 문화정치라는 새로운 식민정책을 낳았다면, 강연회는 이 제도와 정책적 조건을 바탕으로 정치성을 배제하고 학술성을 강조한 우회적 경로를 통하여 활성화될 수 있었던 것이다.

결국 1910~1920년대부터 확장되기 시작한 강연회라는 매체는 제국주의 권력의 제도적 개입과 언론매체의 상업화된 자본이 중첩하는 지대에서 지식의 제국주의적 유통과 관련된 독특한 현상의 하나로 설명할 수 있다. 그 중첩된 점이지대는 일본에 유학하여 지식을 습득한 이들이 방학 때 조선으로 건너와 강연자로 활동하면서 언론매체로부터 의뢰받아 지식을 사고팔았던 지식상품에 입각한 행위만으로 간주하거나, 지식이 곧 민족의 힘이라는 기치 아래 지식인이 자신의 지식을 민족에 공여하여 계몽하는 숭고한 민족주의적 행위로 간주하는 것만으로는 아무래

---

연예관(今日의演藝館)' 등의 란을 두고 있으면서도 이와 별개로 자사 주관의 '독자위안대연예회(讀者慰安大演藝會)'(1918.2.20~27) 등을 열곤 하였다. 이러한 대중 동원은 언론매체로서 숫자로 제시되는 판매부수와는 별개로 실감의 차원에서 스스로의 영향력을 자각하는 중요한 계기가 되었을 것이 틀림없다.

도 닿을 수 없는 독특한 착종과 우회의 회로를 산출해내고 있다. 당시에 강연회가 열어젖힌 제국주의적 지식 유통의 장이란 지식 공여의 주체에게나 지식 수용의 주체에게나 지식의 보편성, 과학성, 민족성 등 다양한 가치들이 혼재된 것이었기 때문이다.


## 5. 일제의 강연회 취체 양상과 '불온한 지식'의 탄생

이상에서 살핀 제반적인 조건들로 인하여, 1920년대 강연회는 1910년대에 열렸던 강연회와는 차원을 달리할 만큼 폭발적으로 증가한다. 각 분야의 각 단체에서 하루가 멀다 하고 강연회를 열었으며 대부분은 연일 성황이었다. 물론 이러한 현상은 제국주의 정치체제 속에서 목소리를 잃어버린 피식민자들이 지식을 가르치고 배우는 강연회라는 행위의 보편성 혹은 비정치성을 매개로 자기표현을 행하는 일종의 타협 지점을 발견해낸 것으로 이해할 수 있다. 당시 3·1운동을 즈음하여 수많은 청년단체와 여성단체들이 일제의 탄압을 받아 해산되었음에도 적어도 강연회를 통한 강연 활동은 1920년 7월 정도까지 중지되거나 금지되지 않고 자유롭게 이루어졌다는 사실은 어느 정도 이에 대한 방증이 될 수 있을 것이다.

문제는 당시 강연회에 대한 조선 민중의 요구가 단순히 학술적인 지식 전파에 그치지 않고 끊임없이 정치적이 되고자 하였다는 사실이다. 실제로 당시 강연의 주제가 지식 전달에 그치지 않고 정치적인 문제와 학술적인 지식 사이의 애매한 영역에 걸쳐 있는 경우가 많았다는 사실을 본다면, 강연회를 통하여 언론과 정치적 자유를 최대한 실현하고자 하였던 조선 민중과, 일본제국주의 사이에서 학술성과 정치성이라는 선을 어디에서 그을 것인가 하는 해석의 문제가 끊임없이 발생할 것을 예측하기는 어려운 일이 아니다.

우선 1920년 당시 조선에서 강연회의 주체는 어떠한 단체였으며, 강연의 주제는 주로 어떠한 것이었는지 일별해볼 필요가 있다. 1920년대 들어 가장 활발하게 강연 활동을 벌인 것은 역시 종교단체였는데, 그중 중앙기독교청년회관을 갖고 있었던 '중앙기독교청년회'는 가장 활발하게 강연회를 개최하였으며, 소년부를 통하여 몇 회에 걸쳐 소년 위생 강연회를 열기도 하였다. 또한 '천도교청년회'는 전국 각지에서 천도교 조직을 활용하여 강연 활동을 열었고, 불교 역시 여타 종교만큼은 아니었지만 마찬가지로 강연 활동을 벌였다. 다만 이러한 종교단체의 청년회들이 열었던 강연은 주로 종교적 교리의 전파와 해설을 위주로 한 강연이거나 교양과 관련된 지식 강연이었기 때문에 정치적인 탄압을 받을 여지가 적었고 실제로도 거의 금지된 기록이 남아 있지 않다.

한편 여성문제를 다룬 강연 역시 지속적으로 개최되었는데 당시에는 주로 '조선여자교육회(朝鮮女子教育會)'[30]를 중심으로 '부인통속강연회', '여자대강연회'라는 이름의 강연회가 개최되었다. 조선여자교육회는 1921년에는 순회강연단을 조직하여 전국순회강연을 실시하기도 하였

---

30) '조선여자교육회'는 배화학당의 사감이었던 차미리사(車美理士, 1880~1955)가 1920년 2월 결성한 교육계몽단체이다. 차미리사가 '조선여자교육회'를 창립하게 된 이념적 배경에 대해서는 한상권의 「일제강점기 차미리사의 교육활동과 교육이념」(『덕성여대논문집』 35, 덕성여자대학교, 2006)의 6~12쪽을 참고할 수 있다.

다.[31] 여성 관련 강연은 이외에 기독교 단체라든가 이화학당이나 배화학당 같은 여성교육기관에서도 실시되어 더 다양한 층위를 구성하고 있었다. 이렇게 종교나 여성 계몽과 관련된 강연회와는 달리, 조선에서 최초로 순회강연단을 조직하여 전국순회강연을 하였던 '동경조선인유학생학우회'(東京朝鮮人留學生學友會)[32]라든가 각지의 중등과정 이상의 학생들이 연합하여 단체를 구성하고 강연 활동을 주최하였던 '조선학생대회(朝鮮學生大會)'[33] 혹은 '서울청년회'처럼 학생들이 중심인 단체들의 움직임을 특히 주목할 필요가 있다. 특히 이들 단체는 지향하는 성격이 명확히 전문화되어 있지 않았기 때문에 강연을 통하여 전문적이거나 단편적인 지식을 전달하는 것보다 근대적인 고등교육을 받은 학생 집단으로서 사회주의와 같은 현대의 다양한 변혁적인 사상을 체험하고 이를 지향하려고 하였다. 1920년대에 경찰에 의하여 금지된 강연회의 대부분은 '동경조선인유학생학우회'나 '조선학생대회', '서울청년회' 등과 관련되었다는 사실은 결코 우연이라고 보기 어렵다.

이렇게 강연 활동이 증가하면서 초반에는 조선 민중에 의한 강연 활

31) 한상권, 「조선여자교육회의 전국순회 강연활동과 성격」, 『한국민족운동사연구』 43, 한국민족운동사학회, 2005, 39~85쪽.
32) '동경조선인유학생학우회'는 재일조선인 유학생으로 구성된 순회강연단을 조직하여 1920년 6월 7일 동경을 출발하였고, 동아일보사의 후원을 받아 전국 각지를 경유하면서 순회강연 활동을 펼쳤다. 그들의 강연 활동은 최초의 순회강연 형태로 볼 수 있으며, 이후 '조선학생대회', '조선여자교육회' 등이 순회강연 활동을 벌이도록 자극한 기폭제가 되었다고 볼 수 있다.
33) 1920년 5월 9일에 창립총회를 열고 활동을 시작한 '조선학생대회'는 1922년 7월 중등학교 교장회의에 의하여 해산하기 전까지 다양한 강연 활동과 순회강연회를 개최하였다.

동을 용인하는 듯 보였던 조선총독부 경무국은 강연회의 분위기가 점차 격앙되는 것[34]에 위기감을 느끼고 강연을 중지하거나 아예 금지하는 등 대응에 나선다. 문제는 앞서도 살폈듯이, 강연회라는 집회의 한 방식이 담보하는 학술적 측면에 대하여 제국의 식민권력 역시 보편적 공감을 표시할 수밖에 없었다는 점에서 일제가 검열하고 통제하기 어려운 독특한 영역을 구성하고 있었다는 사실이다. 특히 강연회에서 다루는 주제가 단편적이고 전문적인 지식들, 특히 과학기술적 지식이라든가 위생과 보건에 관한 지식 등 단단한 실체로서 객관성을 띤 지식을 전달하는 수단이나 일종의 유희적인 오락거리로서의 역할을 넘어 윌슨의 자결주의라든가 개조주의, 나아가 이즈음 조선에 소개되기 시작한 크로포트킨(Pyotr A. Kropotkin, 1842~1921)의 상호부조론이나 맑스주의와 같은 사상적 측면, 즉 기존의 지식구도에 균열을 내는 사회과학적 지식과 맥락화되면, 학술적 보편성이 어디까지 적용될 수 있는가를 둘러싸고 필연적으로 해석이라는 차원이 개입하게 되는 것이다.

실제로 당시 조선에서 열렸던 강연회의 경우, 1920년 중반쯤이 되면 경찰이 강연을 중간에 금지하고 해산을 명하거나 아예 시작도 못하도록 한 사건들이 빈번하게 기사화된다. 흥미로운 사실은 주최측과 청중들은

---

34) 1920년대 초의 한 신문기사는 당시 강연회의 분위기가 어떠하였는가를 잘 보여주고 있는데, 이 기사는 1920년 1월 30일 단성사에서 열렸던 유민회(維民會)의 강연회 상황을 다음과 같이 전하고 있다.
　"이 다음의 연제와 연사로 보건데 연제는 세계의 전란과 세계의 개조요 연사는 청년 웅변가라고 이름이 높던 채기두(蔡基斗)씨였는데 그 혈기에 채인 비분강개한 변론에 향하여 만장이 춤출 듯이 박장하면서 「회여」 「회여」 소리를 불렀었다"(『매일신보』, 1920.2.2, 3면.)

이러한 경찰의 처사에 대해 한결같이 거세게 항의하면서 합리적인 설명을 요구하고 있으며 경찰은 그에 대해 해산의 이유를 뚜렷하게 내놓지 못하는 경우가 많았다는 사실이다.

이재갑(李載甲)씨가 단에 올라 「광막한 들에 나를 구할 자 누구냐」라는 문제로 강연을 할 새 경관은 돌연히 강연을 중지하라 하였다 이 때에 이씨의 말은 그리 과격하지도 아니 하였는데 무슨 이유로 강연을 금지하느냐고 천여 명의 청중은 분개하여 소리를 지르며 경관에게 질문하고 도모지 / 퇴장치 안코 반항하였다. 이 광경을 본 경관은 급히 응원대를 청하여 순식간에 본정 서장 이하 경부 순사를 합하여 백여 명의 경관은 장내 장외에 에워싸고 군중의 퇴장을 식히기에 매우 힘이 들었다 군중이 다 퇴장한 후 연사가 경관에게 다시금 저의 이유를 물은즉 덮어 놓고 불안한 말을 하니까 금지하였다고만 불분명하게 대답을 하였다[35]

1920년 7월 '조선청년웅변학회'에서 조직한 지방순회강연대의 발대식 차원으로 경성에서 열린 강연회에서는 강연 도중 돌연 경관이 중지를 명령하고 군중에게 퇴장을 명한다. 항의하던 군중이 퇴장하고 난 뒤, 연사는 경관에게 강연을 중지시킨 이유를 분명히 제시해줄 것을 요구하는데, 당시 경관은 단지 강연자가 덮어놓고 불안한 말을 하여 금지하였다는 애매하고 모호한 답변을 제시한다. 당시 『동아일보』는 이 사건을

---

35) 「강연금지상습화(講演禁止常習化)-이십륙일공회당의 웅변학회강연도금지」, 『동아일보』, 1920.7.28, 3면.

「강연금지상습화」라는 제목으로 기사화하여 논란을 키웠으며, 특히 경찰의 대응이 얼마나 원칙 없이 분명하지 못한 것인가에 초점을 맞추어 보여주고 있다. 제국권력의 말단이면서 일종의 촉수에 해당하였던 경찰의 입장에서 보면, 당시 빈번하게 열린 강연 행사는 수많은 군중이 모이는 회합이라는 점에서 언제든 정치행사로 변할 수 있는 위험하고 매우 곤란한 것이었음에 틀림없다. 물론 그보다 더 큰 문제는 학술성을 띤 강연을 허용하는 전반적인 입장 속에서 어떠한 강연의 주제가 학술적이고 어떠한 강연의 주제가 정치적인가 하는 것을 판단할 철저한 기준이 부재하였다는 사실일 것이다. 가령 앞서 이재갑이 강연한 '광막한 들에 나를 구할 자 누구냐' 같은 강연의 주제가 과연 학술적인가 정치적인가 판단하는 것은 대단히 어려운 일임에 틀림없다.

따라서 1920년대 초기의 강연회에 대한 제국주의 경찰권력의 통제를 살피는 데 있어 이를 단지 검열제도의 해명, 예를 들어 집회취체령과 같은 보안법의 존재를 드러내는 것만으로 해명할 수 있으리라 기대하는 것은 분명 무리이다. 이는 제국주의 검열제도와 법이 그것을 적용하는 인간의 의식적 차원과 관련되어 문자화된 법과 문자화되지 않은 법 사이에서 그것과 밀접한 관련성을 가지고 형성되는 지식체계의 구도와 연관된 복잡한 차원의 문제이기 때문이다.[36]

아직 강연회의 정치성과 학술성을 가르는 기준을 어디에 둘 것인가에 대한 판단의 기준이 명확히 마련되지 않은 상황에서 오히려 경찰의 이러한 통제는 강연에 입회한 경찰의 즉각적인 판단, 즉 연설자의 연설 방식에 청중을 자극할 만한 요소가 포함되어 있는가, 강연 당시 청중의 분위기가 얼마나 격앙되었는가 하는 등의 다소 주관적이고 감정적인 요인에 의존하기 쉽다. 이는 일제의 제국주의 정치가 이성이나 법에 의존하기보다는 주권적 예외상태나 내재화된 훈육의 기제, 생활정치적인 감각 같은 비합리성에 의존하기 쉽다는 사실을 보여주는 것이기도 하다. 당시 경찰들이 보여준 애매한 태도와 비합리적 폭력은 바로 이러한 잠재적인 예외상태에 주권이 어떻게 개입하는가를 보여주는 단적인 표지가 되는 것이다. 이러한 비합리적인 폭력에 대하여 합리적인 설명을 구하려는 피식민자들의 태도는 제국주의 검열권력과 제도에 대한 투쟁이 필연적으로 합리성을 획득하기 위한 투쟁이 될 수밖에 없으리라는 사실을 보여준다.

권계수씨는 하등의 이유로 강연을 하기도 전에 금지를 하느냐고 질문한 즉 도변씨는 말하되 당신네들이 각 지방으로 순회강연할 때에 불온한 언동이 많을 뿐 아니라 일례를 들어 말하면 신의주에서도 불온한 언동이 많았으니 즉 제군은 순회강연을 할 경우에는 조선 문화 발전상 강연 혹은 산업상 발전 강연을 하면이어니와 그렇지 아니하고 번번히 불온한 일이 있으니 전

---

36) 아감벤(Giorgio Agamben, 1942~)이 법적 규칙이 갖는 효력을 단지 개별 사례의 적용에 국한하지 않고 아직 법이 아닌 잠재적인 형태의 법과 주권적 초월성 사이의 긴밀한 관계 속에서 찾고 있는 것은 분명 유효한 분석의 도구가 될 수 있다. 언제나 문제가 되는 것은 법 조항의 일방적인 적용이 아니라 법과 법 사이의 점이지대가 내포한 잠재성에 주권권력이 어떻게 개입하는가 하는 문제일 것이기 때문이다.
"법 역시 법이 아닌 것(예를 들면 자연 상태라는 형식 속의 순수한 폭력)을 전제하며 그것과 예외 상태 안에서 잠재적인 관계를 유지한다. 주권적 예외란 (자연과 법 사이의 비식별역으로서) 법 적용의 정지라는 형태로 법이 적용되기 위한 전제 조건을 이룬다."(조르조 아감벤, 박진우 옮김, 『호모 사케르-주권 권력과 벌거벗은 생명』, 새물결, 2008, 65쪽.)

북지방에서는 전부 강연을 금지하노라 한 즉 강연단책 권계수씨는 여러 가지로 질문하였으나 필경 요령을 부득하고 해산을 당하게 되었다.[37]

그렇다면 당연히 피식민자들이 강연 금지에 대한 합리적인 설명을 요구하는 것에 대하여 당시 제국주의 경찰이 어떻게 대응하고 있는지가 중요하게 제기될 수 있을 터이다. 이 문제가 중요한 까닭은 물론 이것이 지식의 학술성이라는 일종의 보편적 차원에 균열을 내는 문제와 관련되기 때문이다. 여기에서는 제국의 권력 내부와 외부에서 어느 정도 공감대를 형성하고 있던, 학술적인 차원의 지식은 위험하지 않다는 일반적 인식을 넘어 불온한 지식, 위험한 지식의 출현을 필연적으로 전제하지 않으면 안 되는 상황이 발생하게 되는 것이다. 예를 들어 위에 인용된 바와 같이 1920년 8월에 '조선학생대회'의 순회강연회 중 전라북도에서 열린 모든 강연이 취소당하였는데, 경찰의 금지 이유는 연사의 불온한 언동으로 제시된다. 하지만 이는 단순히 강연자가 보이는 언설의 태도나 강연회의 분위기에 국한된 문제가 아니라 내용적인 차원, 즉 지식의 문제와 관련된 것으로 나아간다. 당시 경찰은 '조선 문화 발전상 강연 혹은 산업상 발전 강연'을 하면 허가할 것이라는 식으로 강연의 내용에까지 개입하는 모습을 보인다. 이는 분명 강연회라는 언설 형식이 담보하고 있던 학술성의 차원에 '위험한/위험하지 않은'이라는 하나의 가치적인 구분이 개입하였다는 의미를 갖는 것이다. 이렇게 불온한 지식이라는 인식의 출현은 일종의 제국주의 훈육 기제방식으로 작동하여 주

---

37) 「학생대회주최(學生大會主催) 순회강연금지(巡廻講演禁止)」, 『조선일보』, 1920.8.16, 3면.

로 학술문제/정치문제라는 구분에 따라[38] 일차적으로는 강연회를 금지하는 합리적인 이유가 될 뿐만 아니라, 나아가 1920년대 지식체계의 성격과 판도를 변화시키는 문제로까지 발전하게 되는 것이다.

---

38) 1924년 6월에 열린 서울청년회의 강연은 시사문제라는 이유로 금지된다. 당시의 신문기사는 다음과 같다.
　"시내 운니동(雲泥洞) 서울청년회에서는 오는 6월 3일 밤에 종로청년회관에서 학술강연을 하고자 종로경찰서에 허가를 신청하였던 바 종로경찰서에서는 강연 문제 중 근세구주열국과 외교모순(近世歐洲列國과 外交矛盾)이라는 것은 학술문제가 아니오 정치문제라 하여 금지하였는데 이에 대하여 삼륜(三輪高等係主任)은 말하되 「학술 강연같으면 암만이라고 허가하겠지마는 그 문제는 정치에 관한 문제이므로 부득이 금지하였습니다 학술 강연은 민중 교화에 공헌이 많은 것임으로 서장 회의의 결과 허가하기로 된 것입니다」하고 변명하더라"(『동아일보』, 1924.5.30, 3면.)

# 제5장

## 출판법의 제정과 출판검열의 법-문자적 기원

## 1. 통제의 연속성과 비연속성:
## 표현의 자유를 제약하는 법적 제도

대한제국의 이전 시대였던 조선은 대단히 강력한 왕권국가였으며, 대한제국 역시 이러한 성격에서 그리 멀지 않았다. 따라서 대한제국시대에 제정된 법률들은 실질적으로 왕의 권위를 법-문자의 권위로 이전한 것이 아니라 왕의 권위에 대한 연장에 지나지 않았다. 하지만 고종이 실각하고 실질적으로 대한제국의 통치 권한이 일제로 넘어간 이후에는, 본격적으로 왕의 통치적 권위가 소멸되면서 법률이라는 문자의 권위로 고스란히 이전되었다. 1909년에 제정된 '출판법'은 바로 이러한 역사적 배경에서 제정된 법률이다. 출판법은 1907년에 제정된 '보안법', '신문지법'과 마찬가지로 조선 이래의 왕도정치에서 왕의 권위로 가능하였던 통제적 국면을 법-문자의 권위로 이전하려는 시도였다. 즉 대한제국 시기에 제정된 보안법, 신문지법, 출판법 등은 법률 중 인민의 표현의 자유를 제약하기 위한 대표적인 법률들이었던 것이다. 이 중 보안법은 일본의 집회조례를 차용하여 집회 와중에 벌어지는 연설과 강연이라는 표현 매체를 제약하기 위한 조항들을 담고 있었고, 신문지법은 일본의 신문조례를 차용하여 신문이 정치적인 사안을 담론할 때 반드시 경찰 당국에 신문을 제출하여 검열을 받도록 하는 조항이 담겨 있었다. 이 두 법에 비해 2년 정도 늦게 제정 반포된 출판법 역시 일본의 출판조례를 참조하여 당시 한국의 사정에 맞게 고쳤던 것이다.

대한제국시대에 이처럼 인민의 표현의 자유를 제약하는 법률을 제정하였던 주체는 과연 누구였으며, 그 효과는 어떠한 것이었는지는 대단히 흥미로운 학술적 관심에 해당한다. 과거 조선 구정부의 잔영이 남아 있는 상태에서 왕의 통제적 권위와 문자적 이전은 단순히 국가의 주도권이 대한제국에서 일본 통감부로 넘어간 정황으로 대응시키기는 어려운 더 복잡한 정치적 국면을 포함하는 현상이기 때문이다. 이는 조선시대부터 내려오던 왕도정치의 이념과 권위에서 비롯된 경찰권력에 의한 통제구도가, 통감부를 중심으로 한 일본 제국주의 세력으로 옮겨가는 과정이었으며, 구체적으로는 왕의 권위가 점차 소멸해가면서 그러한 권위가 법-문자에 새겨지는 과정을 동반하고 있는 것이다. 당연하게도 오랜 시간을 거쳐 자연스럽게 제정된 자연법에 준하는 법률과 달리, 이러한 법률들은 당시 인민들의 생체적인 감각을 심각하게 거스르는 것으로, 이러한 법안들이 인민들의 감각 속에서 실현되는 과정에는 당연히 법-문자적인 폭력이 수반되지 않을 수 없었다.

본 장에서는 대한제국에서 1909년에 제정된 출판법을 둘러싸고 있는 다양한 지향적 힘들을 밝히고자 한다. 이를 위해서는 우선 대한제국시대에 구축된 법체계의 특수성을 거론할 필요가 있을 것이며, 이러한 특수성이 당시 인민들의 생체감각에 어떻게 받아들여졌는지 고려하지 않으면 안 된다. 여기에서는 얄궂게도 출판법이 제정되기 이전에 출판법의 적용 대상이 된 『금수회의록』의 저자 안국선의 경우를 분석한다.

안국선은 1908년 출판법이 제정되기 이전에 경찰에 피착되었고, 그가 쓴 『금수회의록』은 압수되었다. 이 사건은 통감부에 의한 통제구도가 본 격화되던 시기에 출판법의 제정을 예비하기 위한 경찰권력의 의도적인 행위였다고 볼 여지가 크다. 이 사건 이후로 출판법의 제정은 급속도로 이루어져 대한제국 말기의 통제구도를 본격화하는 데 기여하였다.

## 2. 대한제국시대에 제정된 통제적 법률이 갖고 있는 법-문자적 의미

한국 학계에서 대한제국기(1897~1910)가 주로 조선왕조와 일제강점 기를 연결하는 매개적인 역할에 지나지 않았던 것으로 간주되던 시각을 벗어나 독자적인 역사상의 단계로 다루어지기 시작한 것은 그리 오래된 일은 아니다. 이러한 인식은 주로 대한제국의 체제와 정치제도가 조선 왕조의 그것에서 일신하지 못한 채 연장에 불과하여 완전한 군주공화정 으로 전환하기 어려웠던 한편, 그 국권이 열강의 틈에서 독립적인 국민 국가로서 제대로 된 영향력을 행사하기도 전에 그 의미를 소진해버렸다 는 역사적인 판단에서 비롯된다. 하지만 이러한 기존의 평가와 달리 대 한제국시대는 시대적인 격변의 와중에서 근대적인 제반법령이 하나둘 씩 완비되어갔던 중요한 시기로 재평가될 여지가 충분하다. 최근 학계 에서 대한제국이 갖는 시대적인 의미를 재평가하려는 시도들이 이어지 고 있는 것은 바로 한국에서 정치와 법률 등 제반제도를 개비(改備)하면 서 근대를 향해 나아가고자 하였던 열망과 좌절의 기록이 이 시대를 독자적인 시대로 논의할 만큼 주요한 증례에 해당하기 때문이다.

　다만 당시 대한제국에서 관민의 충분한 합의 없이 제정되고 반포된 법령과 제도들을 이해하는 데에는 특별한 주의를 요한다. 이는 당시 대한제국에서 법령 제정이 갖는 특수성 때문이다. 대한제국에서 조선 이래로 유지되어온 왕의 통치적 권위는 주로 서구에서 기원한 일본 법령을 참고하여 만들어진 문자화된 법의 권위와 공존하고 있었으며, 이른바 왕의 권위로부터 법률의 권위가 분리 이전된 것은 1904년의 러일전쟁 이후 일본 제국주의 세력이 본격적으로 대한제국에 영향력을 발휘하기 시작하면서부터였다. 엄밀하게 말한다면 이 시기 이전에 법률이란 사실상 왕의 권위를 보조하는 연장에 지나지 않았던 것이다. 실제로 이러한 이유 때문에 대한제국에서 법제도 자체는 매우 허술할 수밖에 없었다. 당시 대한제국에서는 제반법령을 미리 반포해두지 않은 상황에서 행정적으로나 정치적으로 규제가 필요한 상황이 생길 때마다 왕이 내리는 조칙의 형태로 법령을 제정·반포하였다. 법체계로 본다면 당연히 빈틈이 많을 수밖에 없을 터였으나, 그 빈틈을 제왕의 권위가 전부 대리보충할 수 있는 상태였던 셈이다.

　이러한 대한제국 법체계 구성의 특수성으로 인하여 왕의 권위가 법-문자[1] 자체로 이전되는 과정에서 인민들이 이와 같은 권위를 수용하는 양상은 서구의 전통적인 자연법/실정법의 이항대립으로는 결코 포획되지 않는 남다른 실감으로 드러날 수밖에 없었다. 조선시대 이래로 군주제 아래에서 제왕의 권위로 확립되고 유지되던 암묵적 합의들이 깨어지고, 외부로부터 차용된 문자화된 법률에 의해 삶에 대한 법적 적용의 양상이 일변하는 상황은 그것을 받아들이는 인민들의 생체적인 감각 속에서는 자연스러운 과정이 되기 어렵다. 결국 이는 서구사회에서 제국의 외부로부터 정통성을 획득한 왕의 권위가 제국 내 인민들의 생체적인 감각 속에서 자연스럽게 법—문자의 권위로 이전되어 제국의 체제나 감시 및 훈육제도가 문자화된 법으로 이전될 수 있었던 상황과는 다를 수밖에 없었다. 당시 대한제국시대에 반포된 법령에 대하여 논의하는 연구는 대한제국시대에 제정된 법의 법제사적인 전모라든가 그 연속적인 전통을 밝히는 것 못지않게, 그렇게 문자화된 법을 어떠한 욕망들이 둘러싸고 있었는지 실증적인 접근을 확보하지 않으면 안 될 뿐 아니라, 나아가 그 실증들을 점유하고 있던 지향적 힘들의 역사적 배경을 파악하는 현상학적인 접근이 긴요할 것임을 충분히 이해할 수 있다.

따라서 개화기 한국에서 정치적 표현의 자유를 규제하기 위한 법률 제정이 어떠한 과정을 통하여 이루어졌는가에 대한 물음은 단지 법제사(法制史)라는 단일한 분과학문에 국한되지 않는다. 이 문제가 흥미로운 것은 개화기 한국에서 일본을 매개로 하여 서구로부터 차례로 도입된 근대적인 법률들이 사회 구성원들이 일종의 공공영역을 확보하기 위하여 벌여온 합의와 투쟁의 경험을 온전하게 반영하는 것이 될 수는 없었다는 다소 역설적인 사실에서 비롯된다. 이는 1907년 무렵에 제정된 대

---

1) 여기에서는 법의 제정과 그 실질적인 효력의 지배를 받는 정치체제의 영향력 범위를 벗어나, 그 법을 양면성을 가진 문자, 즉 '새김'이라는 행위를 통하여 주체의 삶을 물질적으로 규제하는 문자의 성격을 포괄하고, 나아가 이를 에크리튀르로 사유할 수 있는 해석적 공간의 산출 가능성을 지칭하기 위하여 '법'이 아닌 '법—문자'라는 용어를 사용하며, 또한 대한제국 시대를 이른바 '내이션스테이트(nation-state)'로서 국민국가가 성립된 시대로 간주하려는 기존의 견해들에 대해 더 유보적으로 접근하는 의미로 '국민'이라는 용어보다 '인민'이라는 용어를 사용한다.

한제국법률 제2호 '보안법'이나 제5호 '신문지법', 1909년 무렵 제정된 '출판법' 등을 중심으로 한 사상적 표현의 자유를 규제하는 법률들의 경우, 자국 내 역사적인 경험들의 누적을 반영한 이른바 자연법 권위의 문자적 이전 과정을 통하여 제정된 것이 아니라 외부로부터 주어진 충격에서 비롯된 것임이 분명하고 하더라도 이러한 물음은 단지 그러한 법률들의 본래적 출처나 형성적 기원을 밝히는 것만으로는 해명되지 않으며,[2] 동시대의 정치제도나 지식담론과의 상관성을 폭넓게 살피는 과정에서만 해명될 수 있다는 의미이다.

이에 본 장에서 논의의 대상으로 삼으려는 것은 이미 일제 통감부가 실세를 잡아 대한제국의 효력이 다하였던 1907~1909년 무렵에 제정된 당시 인민들의 사상적 표현의 자유를 규제하려는 목적을 띠고 있던 법률들 중 특히 출판법에 관련된 것이다. 대한제국에서 이러한 출판법이 제정·반포된 것은 1909년 2월 23일의 일이며, 이 법률은 1907년에 신문지법, 보안법과 함께 일본 제국주의 통감부의 영향 아래에서 일본의 해당 법률들을 번역하여 한국 인민에 대한 사상통제를 위한 법령으로 제정된 것이다. 여타의 법률들과 마찬가지로 대한제국 내부에서 치밀한 고민 끝에 도출된 법조항이 아니라 외국의 해당 사례를 참고하여 만들어진 것이 분명하다고 하더라도, 이를 단지 그 원래의 출처나 법률의 형성적 기원을 밝히는 것만으로는 학술적 소임이 끝나지 않는 것이

---

2) 김창록, 「일제강점기 언론·출판 법제」, 『한국문학연구』 30, 동국대학교 한국문학연구소, 2006, 김창록은 특히 '출판법', '보안법' 등의 언론·출판 법제를 중심으로 일본의 메이지시대 제정된 법률 조항과 주로 대한제국에서 제정된 법률 조항들을 일별하고 있다.

다. 오히려 이러한 법률들의 제정 과정이 자국 내의 절박한 역사적인 경험들을 반영하고 있는 것이거나 입법자들과 법률의 적용 대상자들 사이의 충분한 합의 과정을 통하여 자연법화 혹은 그것에 준하는 맥락화의 과정을 거친 것이 아니었다는 사실은 그 법의 형성적인 기원뿐만 아니라 이를 두고 벌어지는 담론의 변환이나 착종들, 주변적인 제도나 체계의 변화들, 이를 받아들이는 주체 내부의 의식과 감각적 혼란의 문제에 대한 해명을 필수적으로 요청한다. 대한제국에서 당시 인민들의 사상적인 표현의 자유를 통제하는 법률 제정을 둘러싼 형성적 기원이나 그것이 초래한 영향관계를 구명하는 연구에서 법제도의 구축과 적용에 대하여 충분한 합의 없이 돌연히 눈앞에 등장한 낯선 법-문자들이 주체의 물질적인 삶뿐만 아니라 정신적인 삶의 행방을 구체적으로 규제하는 결코 간단하지 않은 상황[3]을 해명하는 작업이 동시에 이루어지지 않으면 안 되는 까닭은 바로 여기에 있다.

---

3) 발터 벤야민(Walter Benjamin, 1892~1940)이 사회에서 법의 출현과 그 작용을 '폭력'으로 규정하였던 것은 바로 이러한 까닭이다. 그는 법과 그것에 영향받는 사람들 사이에 게재되어 있는 이른바 '폭력'을 법정립적 폭력과 법보존적 폭력으로 규정한다. 앞의 것이 법을 통하여 규제하고자 하는 욕망을 담고 있는 전제적인 힘이라면 후자는 그것이 문자로 기록되면서 그대로 적용되고자 하는 관성적 힘이다. 벤야민은 이를 신적인 것과 신화적인 것 사이의 관계로 설명하기도 한다. 대한제국으로부터 일본 제국주의 세력으로 정치적 주도권이 넘어가는 과정에서 기존의 제왕의 권위 대신 등장한 법-문자의 문제 역시 이러한 법 제정 및 그 효과에 개입하는 두 가지 종류의 폭력 사이의 상호작용을 통하여 해명될 수 있는 문제이다(발터 벤야민, 최성만 옮김, 「폭력비판을 위하여」, 『발터 벤야민 선집』 5, 도서출판 길, 2008, 96~117쪽).

## 3. 고등경찰제도의 설치와 출판법 제정의 담론적 배경

대한제국에서 집회결사나 언론·출판에 대한 검열 사무를 전담하는 이른바 '고등경찰'의 개념이 제법 명료한 형태로 제기되었던 것은『황성신문』1898년 9월 26일에 실렸던 정석규(鄭錫圭, 1868~?)의 「경찰론(察論)」이 시초였다고 보인다. 이 글을 쓴 정석규는 1895년에 한성사범학교 속성과에 입학하여 법부주사를 거쳐 판임관이 되었고, 이후 1899년에는 평리원 검사가 되었으며, 이후에는 판사 직위까지 이른 인물이다. 그는 이 글에서 경찰의 역할상 구분을 고등경찰(高等警察)과 사법경찰(司法警察), 보통행정경찰(普通行政警察) 세 가지로 나누고 있으며, 특히 고등경찰의 임무를 결사, 집회, 인판, 신문 등에 관한 사항을 검열하여 사회의 방해됨을 제거(結社集會及印板新聞等의 關한 事項을 檢閱하야 社會의 妨害됨을 除去)하는 것으로 규정하면서, 경찰의 맡은 역할을 구분하여 체계화할 것을 제안한다.[4]

독립협회가 주관한 관민공동회가 열리기 시작한 것은 1897년 후반

---

4) 정석규는 사법경찰에 대해 "기 범죄자를 수색 체포하여 재판의 집행을 찬조하는 자로 사법기관을 보좌하여 미래에 대한 위해를 제지하고 인민의 생명과 재산을 보호하는(卽犯罪者를 搜索逮捕하야 裁判의 執行을 贊助하는 者로 司法機關을 補佐하야 未來에 對한 危害를 制止하고 人民의 生命과 財産을 保護하는)" 역할로, 말하자면 검찰을 보좌하는 경찰을 의미한다고 서술하였고, 보통행정경찰은 "일반국민의 안녕질서를 지킴으로써 행위가 법률에 위해되는 자를 강제하여 공공에 대한 위해를 예방할 뿐 아니라 인민의 발달부강함을 꾀하는 역할(一般國民의 安寧秩序를 保持홈으로그 行爲가홀노 法律에 違背한 者를 强制하고 公共의 對한 危害를 豫防홀쑨 外라 人民의 發達富强홈을또한 謀하는)"을 경찰의 역할로 규정하고 있다(정석규, 「경찰론」, 『황성신문』, 1898.9.26.).

부이고, 대한문 인근에 1만 명 이상의 군중이 모여 만민공동회를 열기 시작하였던 것은 1898년 3월의 일이었으니, 이 글은 분명 독립협회가 '만민공동회' 집회를 중심으로 거리에서 꿈꾸었던 민주정치에 대한 열망을 견제하고 경찰이라는 국가권력을 통하여 이에 대한 대책을 마련하기 위한 차원에서 쓰였다고 보아도 무방할 것이다. 정석규가 제안한 '고등경찰' 개념의 핵심은 일본에서 1886년 무렵에 출판된 『고등경찰론(高等警察論)』[5]에 있는데, 이는 프랑스의 경찰제도를 본떠 집회와 결사, 출판을 전문적으로 전담하는 경찰권력을 별도로 두는 것이었다. 일본에서도 '고등경찰'에 대한 개념은 행정경찰이나 사법경찰에 대한 직제나 규칙과 달리, 1889년 대일본제국헌법이 발효된 이후에야 구체적으로 법적으로 명문화되고 설치되었다.[6]

물론 정석규가 쓴 「경찰론」은 대한제국시대 출판검열을 독자적이고 전문적으로 담당하는 경찰의 필요성을 제기하였던 첫 번째 사례라는 점에서 의미가 있으나 이것이 대한제국 내에서 출판검열을 제도적으로 명문화하였던 최초의 사례는 아니었다. 이미 1895년 4월 갑오개혁의 일환으로 경무청을 개정하면서 칙령으로 반포하였던 경무청 관제 22조 중 12조에는 내부 소속인 경무청 아래 총무국을 두어 그것이 주관하는 사무를 열거하면서 그중 세 번째로 '정사와 풍속에 관하는 출판물 및 집회 결사에 관한 사항(政事及風俗에 關하는 出版物並集會結社에 關하는 事

---

5) 久米金弥,『高等警察論』, 井土経重, 1886, 43~72쪽.
6) 樫田三郎,『高等警察論』, 溫故堂, 1894, 45~52쪽, 제2장 고등경찰의 제3절 신문지 잡지제 기타 인쇄물을 다루는 경찰(新聞紙雜誌其他印行物ニ關スル警察) 항목을 참고할 것.

項)'을 두고 있었기 때문이다. 하지만 이 조항 속에 포함된 '정사(政事)'라는 번역된 개념 속에 담겨 있는 정치성은 새로운 정치로서 민주정치의 가능성과는 상관없는 조선의 전통적인 왕도정치를 가리키는 것이다. 이 시기는 아직 조선 이래 고종을 중심으로 한 왕도정치 외에 다른 정치형태의 존립 가능성을 전혀 상상할 수 없는 시기였기 때문이다. 따라서 서구의 공/사 개념을 번역하는 과정에서 이를 정치/학술이라는 이항대립으로 이전시킬 수 있었던 일본의 예[7]와는 달리, 전통적으로 강력한 중앙집권국가였던 조선에서 왕이 존재하지 않는 장소에서 정치에 관한 일, 즉 정사를 논하는 연설이나 출판을 하는 행위는 왕의 윤허가 있기 전까지는 반역에 해당하는 것이었다. 따라서 실제로 이러한 규칙의 조항은 유명무실한 것일 가능성이 높았는데, 군이 법적인 명문화를 거치지 않고서도 '정사'를 논하는 행위를 왕의 권위로 처벌할 수 있었던 시기였기에 가능한 일이었다.

당시 대한제국 정부는 고등경찰에 대한 정석규의 제안을 어느 정도 받아들여 지속적으로 경찰 내에 고등경찰에 관한 업무를 설치하고자 시도하였으나 흐지부지되었다. 이는 대한제국 내에서 검열이나 통제의 법제화나 제도화의 필요성이 그리 크지 않았다는 것으로 해석할 수 있다. 고종이 내린 '협회혁파령'으로 만민공동회가 와해된 뒤 1904년까지는 대한제국 내에 어떠한 협회도 설립할 수 없을 정도로 통제 상태가 지속

---

7) 송민호, 「1880년 일본 집회조례의 제정과 정치/학술의 담론적 위계화의 기원-메이지 일본의 정치적 '공론장' 형성의 특수성에 주목하여」, 『대동문화연구』 제79집, 성균관대학교 동아시아학술원, 2012, 310~320쪽.

되었기 때문이다. 대한제국 내에서 언론과 출판검열에 관한 규제와 관련해 급격한 변동이 시작된 것은 1905년 무렵의 일이다. 이는 러일전쟁 이후 통감부 체제가 설치되는 과정에서 대일본제국헌법이 발효되면서 명시된 고등경찰제도가 한국에 도입되는 과정과 맞물리면서 일어난 변화이다.

제1차 한일협약 이후 대한제국에 고용된 경무고문(警務顧問) 마루야마 시게토시(丸山重俊, 1856~1911)와의 계약[8] 속에는 한국의 경찰력에 개입할 수 있는 조항들이 다수 들어 있는데, 그중에 고등경찰과 관련된 내용이 포함되어 있다. 이어 일본에서 차출된 경부(警部)들을 통하여 일제는 한국의 경찰권력을 장악해가기 시작하였다. 특히 당시 일본 경찰들이 중점을 둔 것은 지금까지 왕명에 의한 통제가 가능하였던 대한제국 내 민중들의 언론과 출판에 대한 통제를 경찰의 고유 권한으로 가져오는 일이었을 터이다. 역설적이게도 러일전쟁 와중에 일본 헌병대의 비호 아래 개회할 수 있었던 일진회(一進會)[9]를 기점으로 더 이상 대한제국 전제왕권의 권위에 의거된 통제력이 미치지 않게 된 한국에서는 민립의 협회나 신문 등이 난립하기 시작하였고, 통감부 체제를 통하여 일제가 한국의 경찰력을 장악한 이후에는 이를 다시 검열하고 통제할

---

8) 「고문계약」, 『대한민일신보』, 1905.2.14, 2면. "경무청 고문관 환산중준의 중대 사항에 정약한 직원이 여좌하니 일은 고등경찰에 관한 사건이오 일은 내외국인의 교섭사건이오 일은 국사에 관한 범죄자 처분 건이오 일은 인명 방화 강도 강간죄에 관한 사건의 보고요 일은 경찰관의 진퇴 상벌에 관한 사건이더라"

9) 김종준, 『대한제국말기(1904~1910년) 일진회 연구』, 서울대학교 박사학위논문, 2008, 20~24쪽.

필요가 생겨났다.

제2차 한일협약(을사조약) 이후 통감부 체제가 성립된 이후인 1906년 2월, 통감부는 칙령 제27호를 통하여 내부의 경무국을 경보과와 위생과로 분장하여 경보과의 직무로 고등경찰에 관한 사항 및 도서출판에 관한 사항을 두었다.[10] 결과적으로 한국에서는 이 시기에 처음으로 실질적인 '고등경찰'의 개념이 도입되었던 것이다. 당시 고등경찰의 임무가 일본에서 건너온 경부들에게 맡겨졌을 것임을 추측하기는 어렵지 않다. 이어 1907년 7월 한일신협약 이후에는 아예 경시총감과 경무국장을 일본인으로 임명하여 한국의 경찰권을 일제가 장악하였고, 1908년에는 경무국의 분과 중 보안과를 두어 여기에 고등경찰에 관한 사항과 도서출판 및 저작에 관한 사항을 이관하였다.[11]

이와 같은 출판검열과 경찰권의 역사적 변동 양상을 감안한다면, 한국에 고등경찰의 개념을 도입하여 언론 및 출판에 대한 검열을 중시하면서 신문지법(1907)이나 보안법(1907), 이후 출판법(1909)의 제정을 주도하였던 세력은 통감부를 중심으로 한 일본 제국주의 세력이었다는 사실을 이해하기는 어렵지 않다. 즉 왕권이 건재하였던 국가에서 문자화된 법의 권위를 왕의 권위에 비한다면 사실상 유명무실한 것이었겠지

---

10) 『대한믹일신보』, 1906.3.7, 1면.

11) 『황성신문』, 1908.8.4. "내부분과규정(內部分課規程) 중에 제3조를 개정하였다는데 경무국(警務局)에 경무(警務), 보안(保安), 민적(民籍) 3과로 하고 경무과(警務課)에서는 경무(警務)에 관한 사항이오 보안과(保安課)에는 고등경찰(高等警察), 행정경찰(行政警察), 도서출판(圖書出版)과 저작(著作)과 이민(移民)에 관한 사항이오 민적과(民籍課)에서는 호구민적(戶口民籍)에 관한 사항이라더라"

만, 대한제국 말기 한국인들에 대해 통치적 정당성을 확보할 수 없었던 일본 제국주의 세력에 무엇보다도 시급하고도 중요한 것은 문자화된 법의 제정을 통한 통제적 권위의 이양이었던 것이다. 즉 인민의 언로를 막는 이와 같은 통제 법령들이 이 시기에서야 제정될 수 있었던 배경 속에는 대한제국 구정부가 몰락하여 왕의 권위가 소멸되고 이 권위가 일제의 통감부 체제로 이전되는 하나의 국면과, 문자가 아닌 소리와 권위로 이어지는 왕의 권위의 정통성에 의거한 통제[12]로부터 법-문자의 권위에 의한 통제로 이전되는 또 다른 국면이 얽혀 있는 것이다. 당연하게도 왕정국가에서 왕이 갖는 정치적 권위가 법-문자에 새겨지는 이전의 과정은 그러한 통제적 권위의 대상이 되는 인민의 감각 속에서는 자연스러운 것이 될 수 없었다. 법-문자의 구축에서부터 당연히 벤야민이 분석하였던 두 가지 폭력(법정립적 폭력과 법보존적 폭력)이 개입될 수밖에 없었던 것이다. 이는 당연히 일반적인 인민들의 지금까지의 삶의 방식을 통하여 형성된 당연한 생체감각을 거스르며[13] 제약하는 법-문자의

---

12) 자크 데리다, 진태원 옮김, 『법의 힘』, 문학과 지성사, 2005, 81~99쪽. 데리다는 벤야민을 비판하면서 실제로 문자화된 법률 속에 내재된 법정립적 폭력과 법보존적 폭력 사이의 구분이 그리 확연하지 않은 채 착종되어 있다는 사실을 지적한다. 이미 문자화된 법률의 기원 속에는 그것을 해석하고 점유하는 권력인 힘에 대한 위험이 내재되어 있다는 것이다. 즉 왕도정치의 기반 아래 그것의 연장으로서 법 조항들이 제정된 상황이지만, 일제가 이후 제령을 통하여 대한제국의 법률을 그대로 유예하였던 상황 등에는 결국 법-문자를 해석하고 점유하는 모종의 힘이 작동하고 있으며, 제왕의 권위가 소멸된 뒤 법정립이 이루어질 수 없는 상황에 제령을 통하여 원래의 법체제를 유지하였던 조선총독부의 정책 역시 마찬가지 관점에서 이해할 수 있다.
13) 조르조 아감벤, 박진우 옮김, 『호모 사케르: 주권 권력과 벌거벗은 생명』, 새물결, 2008, 55~154쪽.

상징적인 폭력과 경찰권력에 의한 폭력이라는 두 가지 폭력에 의거할 수밖에 없다. 이처럼 일제는 한국에서 경찰권을 장악하면서 문자화된 법적 필요를 도출해가면서 해당하는 법을 제정하는 방식의 상징화된 폭력으로 법-문자의 권위를 확립해나갔던 것이다.

## 4. 대한제국의 출판법 제정과 '문자의 위기' : 안국선의 『금수회의록』을 둘러싼 법적 규제의 욕망들

1907년 대한제국 정부의 대신들이 신문지법을 제정하도록 부추긴 인물은 초대 통감이었던 이토 히로부미(伊藤博文, 1841~1909)였다.[14] 그는 전 의정부 대신들을 거의 매주 정례적으로 소집하였던 '한국시정개선에 관한 협의회(韓國施政改善ニ關スル協議會)'를 통하여 한국정치 전반에 관련된 사항을 의제로 올려 때로는 조언이나 강압의 형식을 취하는 등 위원회정치를 통하여 우회적으로 한국정치 전반에 개입하였다. 1907년에 제정된 신문지법은 일제와 대한제국 구정부의 대신들이 『대한매일신보』를 발행하고 있던 배델의 언론활동을 여러 가지로 제한하기 위한 목적이 합치하였기 때문에 제정되었다고 할 수 있다. 마찬가지로 1909년에도 출판법 제정을 주도하면서 고등경찰의 개념을 통하여 한국에서 출판검열에 대한 필요를 역설한 것 역시 일제의 통감부였으며, 이미 모든 실권을 잃어버린 대한제국 구정부의 대신은 이에 동조하는 것 외에는

---

14) 최기영,『대한제국시기 신문연구』, 일조각, 1991, 245~294쪽.

다른 방법이 없었을 것이라는 판단 또한 충분히 가능하다.

물론 한국에서 출판경찰을 통한 검열은 이전에도 존재하였으며, 교과서를 중심으로 이루어지고 있던 검인정제도를 통하여 당시 출판물에 대한 우회적인 검열은 충분히 가능하였다. 하지만 출판법의 제정 이전에는 출판검열을 담당하고 있던 경찰의 권위가 왕권으로부터 나오고 있었으며, 검열의 정당성을 왕의 권위가 보증하고 있었다고 한다면, 제반 법률의 제정과 함께 왕권이 점차 약화되면서 일본 제국주의 경찰을 중심으로 출판물 검열의 정당성에 대한 법-문자의 필요성이 이 시기에 와서야 제기되었다고 해석하는 것이 더 타당할 것이다. 그렇다면 과연 법률 제정의 필요란 구체적으로 어떠한 계기로부터 도래하였던 것일까? 이 계기를 확인하기 위해서는 대한제국 말기 최초로 출판검열의 대상이 되었던 작가 안국선의 사례를 살펴볼 필요가 있다.

안국선은 1895년에 안명선이라는 이름으로 관비유학을 통하여 게이오기주쿠 보통과를 졸업하고 동경전문학교에서 정치경제학을 전공한 뒤, 고종의 협회혁파령으로 만민공동회 정국이 완전히 해소된 1900년 무렵에 귀국하였다.[15] 귀국하는 길에 안국선은 박영효와 관련된 역모 사건에 휘말려 국사범으로 몰려 오랜 기간 복역과 유배를 경험한다. 그는 고종이 대한제국의 실권을 잃어버리고 그 권력이 일제 통감부로 옮겨가기 시작한 1907년 1월 무렵 유배에서 풀려나자마자 활발한 저술활동을 전개하였다. 한편 그는 흥선대원군의 맏형인 흥녕군 이창응의 장손인

---

15) 차배근,『개화기 일본유학생들의 언론출판활동연구(1)-1884~1898』, 達支韓國言論史研究叢書 5, 서울대학교출판부, 2000, 140쪽.

이기용이 세웠던 정치전문학교인 돈명의숙에서 정치학을 가르치는 강사로 활동하면서, 당대 손꼽히는 연설가로도 활동하고 있었다. 이 무렵 그는 각 단체에서 활발하게 연설하면서 당시의 연설 내용을 속기(速記)의 형태로 기록한 『연설법방』을 통하여 연설이라는 매체의 정치적 파급력을 실현하고 있었다.

말하자면 안국선은 소리를 중심으로 한 연설매체와 출판이라는 문자를 중심으로 한 매체를 통하여 나름대로 당시의 정치적 담론의 장을 적극적으로 구성하고 있었던 것이다. 이러한 안국선의 행보는 대한제국 구정부의 대신들과 일제 통감부의 관료들을 비롯한 경찰권력 양쪽 모두에 대단히 껄끄러운 것이었다. 대한제국 구정부의 대신들에게 안국선의 활동은 그의 출신배경으로 볼 때 이미 앞선 시기에 일어난 독립협회의 만민공동회를 상기하는 것이었을 터이며, 일제 통감부의 관료들에게는 연설 및 출판을 통하여 자유민권의 기치를 세웠던 메이지 초기의 정치적 국면을 상기하는 것임에 틀림없었을 것이다. 당연하게도 이러한 안국선의 정치적 활동은 당시의 경찰권력으로부터 많은 제한과 금지를 받았다.

실제로 안국선이 1908년 2월 『금수회의록』을 출판한 뒤 5개월쯤 지난 뒤, 경시청에서는 돌연 그의 가택을 수색하고 그를 피착하여 『금수회의록』을 쓴 취지에 대하여 조사하고 서포(書舖) 등에서 이 작품을 압수한다. 당시 『황성신문』에서는 이 사건을 '문자지위(文字之危)', 즉 「문자의 위기」라는 인상적인 기사로 소개하였다.

　　재작일(再昨日) 안국선(安國善) 씨가 경시청(警視廳)에 피착(被捉)하여 이

시간(移時間) 구수(拘囚)하였다가 아키요시(秋吉) 경부(警部)의 심문(訊問)을 받았는데 금수회의록(禽獸會議錄)의 저작(著作)한 취지(趣旨)와 개의(槪意)를 설명(說明)한 후 당 저녁 12시 반에 방석귀가(放釋歸家)하였는데 피착(被捉)할 동시에 순사(巡査) 4인이 해당 씨의 가택을 수색하여 서류(書類) 3, 4통을 지거(持去)하고 각 서포(書舖)에 있는 금수회의록(禽獸會議錄)을 경시청(警視廳)에서 수거(收去)하였다더라.[16]

위 기사에 따르면 안국선은 1908년 7월 17일 경시청에 체포되어 당일 12시 반까지 추길(秋吉) 경부의 심문을 받고『금수회의록』을 저작한 취지와 취의에 대하여 설명한 뒤에야 귀가 조치되었다.[17] 게다가 경시청에서는 안국선의 가택을 수색하여 서적 수삼권을 압수하고 서포에 있던『금수회의록』을 수거하여 갔다. 이 시기는 1907년 7월 24일에 체결된 '한일신협약'의 결과로 기존의 '경무청'은 '경시청'으로, '경무사'는 '경시총감'으로 개칭하였던 시기이며, 통감부의 경무고문이었던 마루야마가 경시총감으로, 1908년 1월에는 마츠이(松井茂)가 내부 경무국장으로 취임하여 경찰관을 일제가 장악하던 시기였다. 즉 위 신문기사에 등장하는 추길경부라는 경찰은 일본에서 파견되어 당시 경시청에 근무하고 있던 경부 아키요시(秋吉榮)이었다.

---

16) 「문자의 위기」, 『황성신문』, 1908.7.18, 2면.
17) 「취지심문후방송」, 『대한매일신보』, 1908.7.19, 3면. "제작일에 경시청에서 금수회의록을 압수하였다함은 작보에 게재하였거니와 다시 들은 즉 경시청에서 그 책을 저술한 안국선 씨를 잡아다가 수 시간을 가두었다가 그 책을 저술한 취지를 심문한 후에 그날 밤으로 방송하고 안씨 집에 서책을 수색하여 갔다더라"

이 시기 이전까지 신문 등 여타의 언론매체에 대한 검열과 통제는 퍽 빈번하게 이루어졌다. 앞서 『독립신문』이나 이후 『대한매일신보』의 사례에서 알 수 있듯이, 언론매체에 대한 검열과 통제는 아직 왕권이 남아 있던 시기에는 왕의 권위에 기반하여 이루어진 셈이고, 고종이 실권을 잃은 뒤 일제 통감부 시기에는 1907년에 제정된 신문지법과 보안법 같은 법-문자의 권위에 기반하여 경찰에 의하여 하루가 멀다 하고 치안을 방해하였다는 이유로 신문지가 압수되거나 집회에서 연설하던 연설가가 피착되는 사례가 이어졌다.[18] 하지만 출판물의 경우는 달랐다. 출판물을 압수하고 저작자를 취체하였던 위와 같은 사건은 당시에도 대단히 이례적인 일[19]이었다. 이 사건이 발생한 지 하루 뒤인 7월 18일에 『대한매일신보』 기사는 '서적계'에서 이와 같은 압수 사건이 일어난 것은 최초의 일임을 강조하고 있다.[20] 게다가 더욱 중요한 점은 이 사건이 벌어진 시기가 신문지법과 보안법은 제정된 상태였으나 출판법은 아직 제정되지 않았던 때라는 사실이다. 따라서 위에서 본 경시청의 압수 행위는

---

18) 정근식, 「식민지적 검열의 역사적 기원 : 1904~1910년」, 『사회와 역사』 64, 한국사회사학회, 2003. 이 논문에서 정근식은 신문지와 출판을 중심으로 당시 제정된 관련 법안이 어떻게 검열 정국을 조성하였는가에 대한 문제를 상세히 다루고 있다.

19) 물론 이 사건이 일어나기 이전인 1908년 2월 25일에도 교동(校洞)의 우문관(右文舘)에서 인쇄된 1장짜리 한성민단(漢城民團)의 취지서 100여 장이 한일 양국의 국교를 저해할 수 있다는 명분으로 압수된 일이 있었다.(「인쇄물압수」, 『황성신문』, 1908.2.25, 2면) 하지만 이는 인쇄물에 국한된 것이었고, 서책이 압수된 사건은 이때가 최초였다.

20) 「서책압수」, 『대한매일신보』, 1908.7.18, 3면. "재작일 하오 오시경에 경시청에서 각 분서에 지휘가 있던지 각 서화포에 있는 금수회의록을 수탐하여 갔는데 서적계에서 압수를 당함은 처음이라 하더라"

적어도 대한제국 내에서는 합당한 법적 근거가 전혀 없는 것이었다.

따라서 『금수회의록』 압수 사건은 왕의 권위에 의하여 정당화되던 조선시대 왕도정치에 의한 검열과 통제로부터 이전하여 법-문자의 권위를 통한 검열과 통제체제를 확립하고자 하는 경찰권력의 의도 속에서, 제도가 지체되면서 이루어진 일종의 착란이었거나 법의 필요성을 부각시키기 위하여 일제가 사전에 벌인 일종의 정치적 행위로 이해될 수 있다.[21] 이 사건 이후 바로 출판법 제정 관련 논의가 시작되어 그해 말인 12월 14일에 내부대신 송병준(宋秉畯, 1858~1925)과 법부대신 고영희(高永喜, 1849~?)가 내각총리대신이었던 이완용(李完用, 1858~1926)에게 출판법 법률안을 청의하였고[22] 이듬해인 2월 23일 내각의 만장일치로 법안이 통과되어[23] 2월 26일에 반포되었기 때문이다. 이 과정에서 출판법의 세부적인 법조항에 대하여 일제 통감부가 개입한 것은 두말할 나위가 없다. 게다가 이 출판법에 의거하여 『금수회의록』은 여타의 책들과 함께 금서가 되어[24] 결국 그 권위의 출처와 상관없이 안국선과 『금수회의록』에 대한 통제 의도는 성취되었다는 점에서 그 연관성을 확인할 수

---

21) 「서책수탐」, 『대한매일신보』, 1908.7.24, 2면. "재작일 경시청에서 한, 일 순사가 활판소에 있는 여러 가지 서책을 수탐하는데 그 중에 을지문덕전과 월남망국사와 이태리삼걸전과 음빙실자유서와 다른 서책 몇 가지를 각각 한 질 씩 거두어 갔다더라" 이후 신문기사를 통하여 안국선의 사건 이후, 경시청에서는 여러 번 인쇄소를 방문하여 당시 발행되던 책들을 압수하여갔다는 사실이 확인된다. 이는 시중의 책 내용을 확인하여 번역이나 연설 속기 여부 등을 확인하고, 출판법 제정에 관한 명분을 축적하기 위한 행위였을 것으로 이해할 수 있다.

22) 「청의서 제279호(請議書第279號)」, 『주본(奏本)』 147, 43~44쪽.

23) 『주본(奏本)』 64, 39~40쪽.

있다. 물론 근대의 법제도에서 소급입법은 엄격히 금지된 것이지만, 문자화된 법의 보존과 지속 그리고 제정이 일체화된 상태나 다름없었던 주권권력의 상태에 놓여 있던 이 시기에는 무엇이든 원하는 방향으로 통제 법안을 만들던 시기였으므로 법치나 합법이라는 명목이 실질적으로는 무의미하였다.

　이러한 사건의 와중에서 궁금한 점은 당시 안국선이 경시청의 경부가 질문하였던 "금수회의록을 저작한 취지와 개의(禽獸會議錄의 著作한 趣旨와 槪意)"에 대하여 과연 무엇이라고 설명하며 답하였을 것인가 하는 점이다. 물론 당시 경시청에서 이루어진 신문(訊問)의 내용이 전혀 남아 있지 않는 상태에서 이러한 궁금증이 단순한 호기심을 넘어 학술적인 궁금증으로 발전되기는 쉽지 않을 것이다. 하지만 그럼에도 이러한 질문이 중요한 의미를 갖는 이유는 1909년에 제정된 출판법이 실정법으로서 특히 일제의 통제 욕망을 반영하고 있는 것이라면, 당시 안국선이 경시청에서 어떻게 답변하여 자신의 입장을 변호하였을까 하는 것이 이후 실제 출판법이라는 법-문자의 텍스트를 구성하는 데 중요한 영향을 끼칠 수밖에 없었을 것이라는 판단에서 비롯된다.

　이러한 궁금증을 풀어내는 데 『금수회의록』이라는 소설이 안국선의

---

24) 당시 안국선의 『금수회의록』과 함께 출판법의 적용을 받아 최초로 압수된 서적은 현채(玄采, 1886~1925) 저작의 역사서 『동국사략(東國史略)』, 역시 현채 저작의 소학교 학생용 교과서의 교사용 참고서인 『유년필독병석의(幼年必讀並釋義)』, 김대희(金大熙, 1878~?) 저작의 경제학서적이었던 『이십세기조선론(二十世紀朝鮮論)』, 량치챠오(梁啓超, 1873~1929)가 쓰고 현채가 번역한 『월남망국사(越南亡國史)』, 윤치호가 번역한 이솝우화 『우순소리』 등이었다(「서적압수(書籍押收)」, 『황성신문』, 1909.5.7, 2면).

저작이 아니라 일본 작가의 작품을 번안한 것이라는 사실[25]은 중요한 추론의 근거가 될 수 있다. 즉 기존의 안국선의 저작 대부분은 번역 혹은 번안이거나 무기명의 연설 속기록 형태(『연설법방』)를 띠고 있었으므로, 과연 안국선 자신이 저작하지 않고 단지 옮겼을 뿐인 출판물에 대하여 책임질 필요가 있겠을까 하는 물음이 당연히 제기될 수 있기 때문이다. 이른바 이는 저작의 책임이 누구에게 귀속되어야 하는가에 대한 문제의식으로 이해할 수 있을 터이다. 적어도 이와 같은 사건 이전까지 조선시대나 대한제국 내에서는 번역자가 원저작으로 발생한 문제를 책임져야 한다든가, 연설이나 강연을 필사한 내용을 필사자나 출판자가 책임져야 한다든가 하는 문제가 발생한 적이 결코 없었다. 예를 들어 『해조신문(海朝新聞)』의 1908년 5월 26일 자에는 내부에서 이 신문의 47호와 48호를 치안에 방해된다는 구실로 반포를 금지하고 압수당한 것에 대한 신문사 측의 적극적인 반박이 게재되었다. 이 시기는 위암 장지연이 블라디보스토크에 머물면서 해당 신문의 발간에 관여하던 때였는데, 그는 내부, 즉 경무국에서 문제삼은 「수지분(須知分, 스티븐슨)의 포살상보(砲殺詳報)」 기사는 일본 오사카에서 발행하던 『마이니치신보(매일신보)』와 도쿄의 『아사히신보(朝日新聞)』 그리고 미국 신문을 번역한 것일 뿐 자유롭게 주조(鑄造)한 것이 아니라고 반박하고 있다.[26] 즉 외국의 사례를 번역하였을 뿐인 글쓰기에 대하여 과연 책임을 물을 수 있는가

---

25) 서재길, 「〈금수회의록〉의 번안에 관한 연구」, 『국어국문학』 157, 국어국문학회, 2011, 217
   ~244쪽.
26) 「치안방해(治安妨害)」, 『해조신문』, 1908.5.26.

하는 것이 요지이다. 이와 같은 논리는 합리성의 측면에서 상당한 설득력이 있다. 만약 이 시기의 대한제국이 아직 왕의 권위에 의거한 통제의 시대였다면 이와 같은 합리성에 기반한 의문의 제기는 결국 왕의 권위로 묵살하는 것이 가능하였을 터이다. 하지만 이 시기는 이미 왕의 권위가 문자의 권위로 옮겨오던 시기였다. 게다가 대한제국에는 출판법이 아직 도래하지 않았던 것이다. 이른바 권위의 공백 지점에서 예외상태가 발생한 것이다.[27]

  아마도 안국선은 그러한 측면에 대하여 적극적으로 자기를 변호하였을 것이며, 경시청에서도 이 부분에 대해서는 더 이상 적극적으로 추궁할 수 없었을 것이다. 안국선이 경시청의 심문으로부터 비교적 금방 풀려나고 몇 권의 서적이 압수되는 정도에서 사건을 마무리 지을 수 있었던 것은 분명 이 때문이었을 것으로 추측된다. 하지만 이 사건의 결과가 대한제국에서 출판법이라는 법–문자 구축의 특수성에 일정한 영향을 주었다는 사실은 분명하다. 당시 안국선을 심문하였던 일제의 경찰권력은 출판물에 대한 통제 법안의 필요성을 확인하였을 터이고, 특히 번역과 연설 필기의 저작 책임을 명문화할 조항들이 필요하였을 터이다. 그

---

27) 이러한 '예외상태'를 일반적으로는 문자화된 법적 질서가 그 효력을 정지하고 법질서의 효력에 대한 의문으로 인하여 그에 규제받지 않는 초월적인 정치적 힘들이 얽혀 있는 상태를 의미하는 것으로 해석할 수 있다면, 대한제국의 법질서 제도에서 조선 이래의 왕도 정치에 의거한 권위의 구조로부터 법–문자의 질서로 옮겨오는 과정에서 발생한 일종의 공백을 예외상태의 생리적 구조를 통하여 이해할 수 있는 여지가 있다는 사실만큼은 지적해둘 필요가 있다. 근대 유럽의 사례와는 다르지만, 이러한 일종의 예외상태가 역으로 일제의 통치적 전제가 되었다는 사실은 분명하다(조르조 아감벤, 김항 옮김, 『예외상태』, 새물결, 2009, 13~65쪽).

렇다면 당연하게도 1909년도 당시 대한제국에서 제정된 출판법의 법-문자적 내용은 어떻게 조직되었으며, 그 파급 양상은 어떠하였을까가 궁금하지 않을 수 없다.

## 5. 대한제국 출판법 제정의 특수성과 통제적 국면의 확립 양상

1909년 2월에 제정된 대한제국법률 제6호 출판법은 일본 출판법[28]의 내용을 적극적으로 참고하여 제정되었다. 물론 일본의 출판법 역시 근대 유럽의 법률을 적극적으로 번역하는 과정을 통하여 제정된 것이다. 대한제국의 출판법은 총 35조에 달하는 일본 출판법의 내용을 기반으로 하여, 중요한 것을 추려 부칙 2조를 합친 총 16조의 법령으로 제정·반포되었다. 당시 제정된 출판법 내용에서 큰 비중을 차지하는 부분은 저작자와 발행자 그리고 인쇄자의 개념을 구체적으로 규정하여 적시한 것이며, 저작자와 발행자를 특정하여 인쇄물에 드러낼 것을 명시한 것이다. 하지만 대한제국에서 출판법이 제정되기 이전에도 출판되는 책에는 이미 판권지가 붙어 이를 통하여 저작자, 발행자, 인쇄자를 명시적

---

28) 일본의 출판법은 1887년 2월에 최초로 출판조례로 제정되었고 이후 제국헌법이 발효된 이후인 1893년 4월 13일에 법률 제15호 출판법으로 다시 제정·반포되었다. 『집회와 정사법 출판법 판권법 출판 및 판권 신고의 건 정안(集會及政社法出版法版權法出版及版權願届ノ件正條)』, 明法堂, 1893, 17~30쪽, 향후 일본의 출판법의 내용은 여기에서 인용한다.

으로 알리는 사례가 많았다는 사실을 감안하면,[29] 한국에서 저작자와 발행자, 인쇄자 등에 대한 개념들은 출판법 이후에 도입된 것이 아니라 출판기계가 수입되고 출판에 관한 제반제도가 형성된 이후부터 이미 확립되어 있었다는 사실을 확인할 수 있다. 따라서 당시의 출판법은 저작자의 관념을 형성하는 데 기여했다기보다는 해당 출판물에 대한 책임 소재를 분명히 하기 위한 법적 목적에 의거하고 있다는 사실을 알 수 있다.

사실 출판법이란 출판을 하는 데 따라야만 하는 당연한 절차를 문자로 규정해놓은 것에 불과하다. 따라서 출판법에서 정해진 적절한 법리적 절차를 통한 경우에는 담당 관청에서는 당연히 출판을 허가하도록 되어 있는 것이 근대적인 헌법체계에서 보장하고 있는 언론, 출판, 집회, 결사의 자유 이념에 해당한다.[30] 문제는 당시의 출판법 법령 속에 이와 같은 이념적 실현을 막는 독소 조항들이 들어 있었다는 사실이다. 특히

---

29) 이미 출판법이 제정·반포되기 이전인 1907년에 발간된 장지연의 『이국부인전』(광학서포), 『이십세기조선론』(중앙서관) 등이나 1908년에 발간된 이해조의 『화성돈전(華盛頓傳)』(회동서관), 『홍도화』(유일서관), 안국선의 『연설법방』(현공렴서가) 등의 서적에 포함된 판권지에는 저작자, 발행자, 발행소, 인쇄소 등의 표기가 되어 있음을 확인할 수 있다.

30) 검열 연구의 관점으로는 일반적으로 일본의 '신문지법', '출판법', '집회조례' 등의 신고 절차에 있어서 주로 사용되는 '계출(届出)'의 의미를 확정하는 문제와 관련하여 이를 신고제와 허가제 사이의 차이 속에서 제국과 식민지 사이의 식민지적 검열의 특수성을 규정하려는 일정한 경향이 존재한다. 하지만 근대 국가에서 신문지법이나 출판법의 내용적 구성상 과연 완전한 신고제라는 형식이 가능하였을 것인가 하는 의문이 당연히 제기될 수 있다. 중요한 것은 출판법이라는 법-문자적 준거에 기반한 통제 의도의 실현 여부에 대한 해명이므로, 이 문제를 신고/허가제의 문제로 환원해버리는 것은 오히려 문제의 본질을 회피하는 것이 될 수도 있다는 점이다. 이는 이른바 계출주의가 일본 내의 맥락에서 갖고 있는 의미를 확인하여야 더 확실하게 이해될 문제일 것이다.

'신문지법'이나 '보안법' 그리고 '출판법' 등 대한제국의 통제적 법령에 공통적으로 들어 있는 '치안방해', '국헌문란', '풍속괴란' 등에 관한 제한적인 조항들은 명확하게 세부적인 내용이 규정되지 않았을 뿐만 아니라, 해당 법-문자에 대한 충분한 공감대가 형성될 수 없는 상태에서 통감부의 통제적 의도와 장악된 경찰의 폭력을 바탕으로 밀어붙였던 것이다. 1909년에 제정된 출판법 11조에 바로 그러한 통제적 규정들이 들어 있다. 해당 내용은 이러하다.

제 11조 허가를 득치 아니하고 출판한 저작자, 발행자는 좌의 구별을 의하여 처단함

一 국교(國交)를 저해(沮害)하거나 정체(政體)를 변괴(變壞)하거나 국헌(國憲)을 문란(紊亂)하는 문서도화를 출판한 때는 2년 이하의 역형(役刑)

二 외교(外交)와 군사(軍事)의 기밀(機密)에 관한 문서(文書) 도화(圖畵)를 출판(出板)한 때는 1년 이하의 역형(役刑)

三 전 2호의 경우 외에 안녕질서(安寧秩序)를 방해(妨害)하거나 또는 풍속(風俗)을 괴란(壞亂)하는 문서도화(文書圖畵)를 출판(出板)한 때는 10개월 이하의 금옥(禁獄)

四 기타의 문서도화(文書圖畵)를 출판(出板)한 때는 100환(圜) 이하의 벌금(罰金)[31]

---

31) 「법률 제 6호 출판법(出版法)」, 『황성신문』, 1909.3.12, 1면.

물론 위의 조항은 일본 출판법의 19조, 21조, 26조 등의 처벌적 조항을 번역하여 합친 것이다. 이 중 일제강점 이전과 이후 3·1운동까지의 국면 속에서 일제의 경찰권력에 의하여 가장 자주 인용되었던 법률은 11조 3항이다.[32] 이 조항을 통하여 일제 통감부는 대부분의 출판물들을 압수하였을 뿐만 아니라 당시의 통제적 국면을 구축하였다. 문제는 바로 '안녕질서를 방해(安寧秩序를 妨害)'라든가 '풍속을 괴란(風俗을 壞亂)'이라는 표현의 모호성이었다.[33] 이와 같은 법-문자는 당시 출판에 관계되어 있던 인민들에게 갑자기 등장한 강제력을 띤 해석 불가능성의 기호였을 것이다. 그 해석 불가능성이란 의미의 불가해성에서 비롯되는 것이 아니라 기호를 해석하기 위한 해석체를 구성할 수 있는 어떠한 공론장의 마련도 없이, 그 해석이 전적으로 당시 일제 경찰권력에 맡겨진 것이었다는 사실에서 비롯되는 것이다.

따라서 적어도 이와 같은 통제적인 국면을 형성하고 있는 법조항에 대한 해석 불가능성의 경우에는 인민이 이를 등한시하다가 범죄자가 되어 권리를 잃게 되었던,[34] 당대의 일반적인 법률에 대한 인식이었던 이른바 계몽의 부재로부터 비롯된 문제가 아니었다. 예를 들어 가옥이나

---

32) 이에 해당하는 '신문지법'(1907)의 조항은 11조와 26조이고, '보안법'(1907)의 경우에는 대부분의 조항들이 '치안방해'나 '안녕질서 저해'로 이해될 수 있는 조항이었다. 이 두 법률의 전문은 각각 『황성신문』 1907년 7월 24일 자 1면과 1907년 7월 31일 자 1면에서 확인할 수 있다.
33) 물론 이와 같은 구절은 일본의 출판법에도 비슷한 방식으로 존재한다. 따라서 이는 단지 법조항의 문제가 아니라 이러한 법-문자 기호의 코노테이션(connotation)을 당대적인 담론장 속에서 어떻게 구축하였는가, 혹은 구축할 여지가 있었는가 하는 차원의 문제였다고 보는 것이 맞다.

토지 관련 법안이라든가 민적법, 세법(稅法) 등이 개인의 재산 등 사권(私權)과 관련된 문제였고,[35] 이미 조선 이래로 어느 정도 형성되어 있던 권리에 대한 제한 규정을 어느 정도 변개하여 새로운 문자로 정착시킨 것에 불과하였다면, 언론이나 출판 그리고 참정의 권리 통제를 위한 법률의 경우, 이전까지 형성되어 있던 자연스러운 정치에 대한 태도와 감각을 거스르는 일이 아닐 수 없었을 뿐만 아니라, 주로 당시의 식자층에게 적용되어 큰 반발을 일으킬 수밖에 없었던 것이다.

제16조 내부대신(內部大臣)은 본 법 시행(施行) 전 이미 출판(出版)한 저작물(著作物)로 안녕질서(安寧秩序)를 방해하거나 또는 풍속(風俗)을 괴란(壞亂)할 염려[虞]가 있음으로 인정[認]되는 경우(境遇)에는 그 발매(發賣) 또는 반

---

34) 「법규신선(法規新選)」, 『황성신문』, 1909.3.29, 4면. "금일 이때에 새로 반포된 법령[新頒法令]이 차제(次第) 설시(設施)이되 무릇 우리 인민(人民)은 그것을 등한히 보다가 죄를 저지르매[罪戾] 스스로 함정에 빠지고[自陷] 이권(利權)을 스스로 잃음[自失]이 진실로 개탄할 바라 그러한 바로 근일 관보(官報)에 게초(揭抄)한 가옥세법(家屋稅法) 및 세칙(細則)과 주연세법(酒草稅法) 및 세칙(細則)과 국세미수법(國稅徵收法) 및 세칙(細則) 및 기타(其他) 서식(書式)이며 구말(舊末) 납공포(納公逋)의 미수법(徵收法)과 민적법(民籍法) 및 세칙(細則)과 서적출판법(書籍出版法)과 어업조례(漁業條例) 아울러 도서식양(圖書式樣)을 간추려 모아 간행한[摘纂刊行] 바 비록 궁벽한 거리와 촌락[雖僻巷窮村]이라도 인민의 빨리 볼 수 있는[不可緩覽] 책자이오니 조량(照亮)함" 이는 당시 차례로 제정되기 시작하였던 법률들에 대해 인민들에게 이러한 법률이 제대로 계몽되지 않았을까 우려하여 신문에 게재된, 법률의 내용을 묶은 책 『법규신선(法規新選)』의 광고이다.
35) 일본의 가토 히로유키(加藤弘之, 1836~1916)나 후쿠자와 유키치 등의 지식인들은 인민의 기본적인 권리로서 사권을 옹호하였으되, 언론출판이라든가 집회 결사 등의 참정의 자유는 공권(公權)으로 보아 제한할 수 있다는 입장을 취하였다(마루야마 마사오 · 가토 슈이치, 임성모 옮김, 『번역과 일본의 근대』, 이산, 2002, 88~91쪽 ; 앞의 송민호(2012), 321~328쪽을 참고할 것).

포(頒布)를 금지(禁止)하고 또 그 각판(刻版), 인본(印本)을 압수(押收)할 수 있음[36]

게다가 출판법의 16조에는 법 제정 이전에 출판된 출판물에 이르기까지 소급하여 적용할 수 있는 조항이 마련되어 있었다. 이 조항은 이미 법 이전에 출판된 서적이 '안녕질서를 방해하거나 풍속을 괴란할 염려(安寧秩序를妨害하거나又는風俗을壞亂홀虞)'가 있을 때에는 압수를 가능하게 하는 초유의 소급입법이었다. 이 법조항 속에는 당시 제정·반포된 출판법을 당대의 정치적인 국면에 활용하여 통제 상황을 형성하려는 의도가 너무나 분명하게 드러나 있었다. 이처럼 1909년 당시에 제정·반포된 출판법은 여러 가지 측면에서 적합한 법이념을 실현한 것이라기보다는 통제적 국면을 조성하기 위한 권위를 왕에서 문자로 이전하려는 의도가 표현된 법률이었다.

따라서 당시 제정된 출판법의 다른 내용은 11조 대상 범위를 규정한 부분 속에 이 법률을 실제로 적용하여 출판물 통제에 나서야 하는 경찰 권력의 입장이 적극적으로 반영되어 있었다. 즉 앞선 1908년 7월 안국선을 피착하여 의견을 청취한 결과는 바로 번역자를 저작자로 간주하는 부분에 드러나 있다고 판단할 수 있을 것이다. 일본의 출판법에서 이에 상응하는 조항은 14조에 위치하고 있었으나, 대한제국 출판법의 경우에는 아예 1조에서부터 저작자라는 개념 속에 번역자를 포함하고 있다. 또한 일본의 출판법에서는 12조와 13조에 있던 연설 및 강의의 대본 책

---

36) 「법률 제6호 출판법(出版法)」, 『황성신문』, 1909.3.12, 1면.

임을 규정하여, 원연설자의 허락 없이는 아예 출판하지 못하게 한 것<sup>37)</sup>을 보더라도 당시 대한제국의 출판법이 저작자의 개념을 꽤 폭넓게 잡고 그 속에 번역자나 연설 필기자를 포함하려 한 의도를 읽어낼 수 있다. 한국에서 1908년까지는 꽤 빈번하게 이루어졌던 번역물 출판이 1909년 이후에는 거의 손에 꼽을 정도로 위축되고, 1909년 무렵 연설이나 강연은 무수히 이루어졌으되, 이에 관련한 속기록의 출판 전통은 거의 이어지지 않았던 까닭이 여기에 있었던 것이라 짐작할 수 있다. 연설을 속기하여 그 대본을 출판하는 것이 다른 어떠한 출판 형태보다도 빠르게 사상을 전파할 수 있는 방식이었던 점이라든가, 일본에서 근대에 출판된 많은 출판물들 중에서 연설을 필기하여 출판한 서책이 상당 부분을 차지한다는 사실을 감안하면 이렇게 판단할 만한 근거가 어느 정도 확보되는 것이다.

이상의 내용으로 이루어진 출판법이 제정됨으로써 당대의 출판물을 통제할 만한 충분한 근거는 마련된 셈이었다. 통감부의 경찰권력은 2월 26일에 법률이 반포되자마자 움직이기 시작하였는데, 초기에는 바로 압수에 들어가지 않고 압수에 관한 몇몇 소문만 흘리면서 통제 국면을 형성해나가는 데 주력하였다. 예를 들어 출판법이 제정된 지 보름이 지난 뒤쯤 『황성신문』은 출판법 16조에 의거하여 압수당할 서적이 10여 종에 이른다는 소문을 전하며, 이에 서포 운영자들이 비상히 우려하고 있

---

37) 연설자와 필기자 사이의 출판권리에 대한 문제는 원칙적으로 저작권과 관련된 개인 간의 문제로 판권법의 영역에서 다루어야 할 문제였지, 당국이 관여할 문제는 아니었다. 하지만 당시 대한제국에는 판권법이 존재하지 않기 때문에 출판법에 조항을 포함시키고 이를 통하여 당시 통감부에서 연설 속기록 출판을 제한하는 구실로 삼았던 정황을 파악할 수 있다.

다는 소식을 전하고 있다.[38] 출판법이 제정된 이후의 상황은 체감상 바로 반 년 전에 이루어진 서책 압수와는 규모나 정도 면에서 엄청난 차이가 있을 것이라는 사실을 직감하였던 것이다. 이미 1909년에는 신문지법에 의거하여 신문들이 압수되고, 심지어는 폐간되었으며, 보안법에 의거하여 각지에서 조선인들이 피착되어 취체를 받고 있던 상황이었기 때문이다.

게다가 4월 중순에는 한성부민회(漢城府民會)에서 편찬하여 발간한 『민회규칙(民會規則)』이라는 책을 각 방단(坊團)에 송부하였는데, 경시청에서 바로 책을 압수하였다.[39] 이러한 상황은 당시 한성부민회의 활동에 촉각을 곤두세우고 있던 통감부의 시선을 반영한 것이었는데, 이어 『황성신문』에는 당시 경시청의 해명이 실렸다. 이것은 압수가 아니라 출판법에 의거하여 협의하기 위한 목적이었다는 것이다.[40] 전후의 상황을

---

38) 「십여종압수(十餘種押收)」, 『황성신문』, 1909.3.17, 4면. "현금(現今)에 발행된 신서적(新書籍)이 이백팔십종(二百八拾種) 내외인데 법률 제6호로 발포(發布)된 출판법(出板法) 제16조에 의하여 압수(押收)를 당[被]할 서적이 십여종(拾餘種)이라는 고로 서포영업자(書舖營業者)는 목하(目下) 비상히 우려(憂慮) 중이라더라"

39) 「민회규칙압수(民會規則押收)」, 『황성신문』, 1909.4.17, 4면. "한성부민회(漢城府民會)에서 민회규약(民會規約)을 편찬발간(編纂發刊)하여 한성(漢城) 내 각 방단(坊團)에 송교(送交)하였다 함은 기보(已報)어니와 갱문(更聞)한 즉 경시청(警視廳)에서 이를 압수(押收)하였다더라"

40) 「비압내협의(非押乃協議)」, 『황성신문』, 1909.4.21, 2면. "본보(本報) 3419호 잡보란(雜報欄) 내에 민회규약압수(民會規約押收)란 제하(題下)에 한성부민회(漢城府民會)에서 발간(發刊)한 회규(會規)을 경시청(警視廳)에서 압수(押收)하였다 함은 갱문(更聞)한 즉 압수(押收)한 것이 아니오 출판법(出板法)에 의하여 이 회원 중 1인을 청대협의(請待協議)한 일은 있다더라"

감안할 때 이 사건은 공식적인 출판 절차를 거치지 않은 채 민회 내부에서 자체 출판되어 비매로 지방에 공급되던 출판물에 제동을 걸려는 의도를 담고 있는 것이었다. 당시 경시청은 서서히 출판법 적용을 위하여 분위기를 조성하고 있었던 것이다.

이미 앞에서 살핀 것처럼, 1909년 5월 6일에 경시청에서는 순사를 파견하여 서포에서 대여섯 종류의 책을 일제히 압수한다. 그 책들은 안국선의 『금수회의록』과 현채의 『동국사략』, 『유년필독병석의(幼年必讀並釋義)』, 『월남망국사(越南亡國史)』, 김대희의 『이십세기조선론』, 윤치호의 『우순소리』 등이었다.[41] 당시 이러한 출판물들의 압수는 황성의 서포들을 대상으로 일제히 이루어졌을 가능성이 높다. 따라서 비록 이때 압수의 대상이 된 서적의 종수는 겨우 6종에 불과하더라도 압수된 서적의 수량은 상당했을 것이라 짐작할 수 있다. 서포의 서가에 보관 중이다가 압수된 압수 대상 책들의 수효를 모두 합치니 3천 700권이라는 사실이 27일이나 지나서야 알려졌으며, 게다가 이 책들은 전부 태워버릴 것이라는 사실이 경찰을 통하여 알려졌다.[42] 압수한 책을 분서하는 행위는 출판물에 대한 통제의 권위가 이제 온전히 출판법이라는 법-문자의 권위와 그를 통하여 승인되는 일제 경찰권력의 합법적 폭력으로 이전

---

41) 「서적압수」, 『황성신문』, 1909.5.7, 2면.

42) 「학부분서」, 『대한미일신보』, 1909.5.27, 2면. "출판법에 의하여 학부에서 금지된 서책 중에 압수한 수가 삼천칠백여 책이라는데 혹 전파될까 염려하여 소화(燒火 ─ 인용자)한다더라" 위 기사에서 학부(學部)는 내부(內部)의 잘못이다. 당시 학부는 교과서 검정을 담당하고 있었으며 출판법에 의거한 통제는 내부의 몫이었다.

되었음을 알리는 상징적인 행위가 아닐 수 없다. 분서에 관련한 소문[43]은 점차 확대되었고 통제 국면은 더욱 심각해졌다.[44]

게다가 출판법으로 인하여 그동안 가문 내에서 출판하던 개인적인 출판물인 문집이라든가 족보 등도 출판 허가를 받아야 하는 상황[45]이 조성되었고, 학교에서 사용하던 교과서 출판은 더욱 어려움을 겪게 되었다. 당시 학부에서는 1908년 8월 26일 자로 반포된 사립학교령을 통하여 사립학교의 교과용 도서도 학부의 검정을 받은 서적을 사용할 것을 권고하였고, 그 외에 검정을 받지 않은 서적을 사용할 경우에는 학부 대신에게 인가를 받도록 규정하였다.[46] '국민교육회' 등을 통하여 당시 개화기 지식인들이 쓴 책들이 보광학교(普光學校) 등 당시 설립되어 있던 사립학교들 교과서로 쓰려 하였던 것을 감안한다면 사립학교령은 개

---

43) 「망진고기(亡秦故技)」, 『신한국보(新韓國報)』, 1909.6.22, 2면. "출판법에 의하여 학부에서 금지된 서책 수가 삼천 칠백여 권이라는데 혹 전차될까 염려가 있다 하여 이사의 진나라를 망하던 고사를 인용하여 불에 던져 몰수히 태웠다더라" 당시 하와이에서 발간되던 『신한국보』에서는 한 달이 지난 뒤에야 앞서 『대한매일신보』의 기사를 다시 인용한다. 이 기사에 "진나라를 망하던 고사"란 바로 진시황의 '분서갱유'를 의미하는 것으로 보인다. 물론 뒤의 내용은 기자의 논평이거나 소문으로 덧붙여진 부분일 터이다. 다만 그 사이에 실제로 서책의 분서가 이루어졌다는 사실을 확인할 수 있다.

44) 장신, 「한국강점 전후 일제의 출판통제와 '51종 20만 권 분서(焚書)사건'의 진상」, 『역사와 현실』 80, 한국역사연구회, 2011, 224~225쪽, 장신은 이 논문에서 1910년을 전후하여 일제가 51종 20만 권의 조선 관계 서적을 분서한 사건이 실제로 가능하였을 것인지 객관적으로 규명하였다. 당시 조선의 출판 규모에 비한다면 분서된 책이 20만 권이란 것은 지나치게 많은 수효라는 사실은 부정할 수 없다.

45) 「넘어한다」, 『대한매일신보』, 1910.5.12, 3면. "내부에서 출판법을 반포한 이후로 일반 서책을 자유로 출판치 못함은 다 아는 바-이어니와 개인의 족보 편찬도 출판법에 의자하여 행하게 한다더라"

화기 지식인의 출판 활동에 치명적인 영향을 끼치는 것이었다. 게다가 학부의 인가를 통과하지 못하였을 뿐만 아니라 내부, 즉 경시청의 검열에 적용받았던 책들은 학교에서 참고용으로도 쓰지 못하도록 규제되었다.[47] 다시 말해 당시 출판법이라는 법-문자는 단지 그 자체만이 아니라 학부에 의하여 주관된 교과서 검열[48]과 맞물려 일제강점 이전의 출판물에 대한 통제적 국면을 형성하는 데 기여하였던 것이다.

---

46) 「칙령(勅令)」, 『황성신문』, 1908.9.2, 4면. "제6조 사립학교(私立學校)에서 쓰는 교과용(教科用) 도서(圖書)는 학부(學部)의 편찬(編纂)한 것이나 또는 학부대신(學部大臣)의 검정(檢定)을 거친 것 중으로 택함이 가(可)함, 사립학교(私立學校)에서 전항 이외의 도서(圖書)를 교과용도서(校科用圖書)로 쓰고자 하는 때는 학부대신(學部大臣)의 인허(認可)를 받[受]음이 가(可)함"

47) 「어둔데로만」, 『대한믹일신보』, 1909.5.12, 2면. "내부에서 반포한 출판법대로 유년필독과 다른 몇 가지 책자를 치안에 방해가 된다 하여 발배함을 금지하고 압수함은 다 아는 바-거니와 그 사건에 대하여 학부에서 한성부와 관찰도에 훈령하기를 그 책들은 교과서로 사용치 못함은 의례히 준행하려니와 각 교사들이 참고하여 서로 소용도 못할 것으로 각 학교에 지칙한다하였는데 인민들을 흑암(黑闇 — 인용자) 중으로 몰아넣는다고 항설이 자자하다더라"

48) 「엇지될고」, 『대한믹일신보』, 1909.9.25, 2면. "근래 학부에서 교과서 검열법을 내고 또 내부에서 출판법을 낸 후에 역사를 저술하는 자-혹 한국 고금에 볼 만한 사적을 게재하면 하나도 허가치 아니하는 고로 역사는 전혀 진적한 것이 없고 기타 교과서도 모두 그러한 즉 교육의 전도를 차마 말하지 못하겠다고 어느 교육가의 한탄이 무궁하다더라"

| 일본 출판법, 1893.4.13. | 대한제국 출판법, 『대한제국 관보』, 1909.2.26. |
|---|---|
| 출판관련 제반 개념 규정 항목 ||
| 1조 모든 기계, 사밀(舍密) 기타 하등의 방법에 의하는 것을 막론하고 문서·도화를 인쇄하여 그것을 발매하고 또는 반포함을 출판이라고 말하고 그 문서를 저술하거나 또는 편찬하고 혹은 도화(圖畵)를 작위(作爲)하는 자를 저작자(著作者)라고 칭하고 발매·반포를 담당하는 자를 발행자(發行者)라고 하고 인쇄를 담당하는 자를 인쇄자(印刷者)라고 한다. | 1조 기계와 기타 여하 방법을 물론하고 발매 또는 반포로 목적 삼는 문서와 도화를 인쇄함을 출판이라 하고 그 문서를 저술하거나 또는 번역하거나 또는 편찬하거나 또는 도화(圖畵)를 작위(作爲)하는 자를 저작자(著作者)라 하고 발매 또는 반포를 담당하는 자를 발행자(發行者)라 하고 인쇄를 담당하는 자를 인쇄자(印刷者)라 함. |
| 14조 번역은 번역자를 저작자로 간주한다. ||
| 6조 문서·도화의 발행자는 문서·도화의 판매를 통하여 영업하는 자에 한하며, 단 저작자 또는 그 상속자는 발행자를 겸할 수 있다. | 7조 문서·도화의 발행자는 문서·도화를 판매함으로써 영업 삼는 자에만 한함. 단 저작자 또는 그 상속자는 발행자를 겸할 수 있음. |
| 7조 문서·도화의 발행자는 그 이름, 주소와 발행연월일을 문서·도화의 말미에 기재하여야 한다. | 8조 문서·도화의 발행자와 인쇄자는 그 성명, 주소, 발행소, 인쇄소와 발행인쇄의 연월일을 해당 문서·도화의 미말에 기재하여야 하고 인쇄소가 영업상 관용한 명칭이 있는 경우에는 해당 명칭도 기재하여야 함. 수인이 협동하여 발행 또는 인쇄를 경영하는 경우에는 업무상의 대표자를 발행자 또는 인쇄자로 간주함. |
| 8조 문서·도화의 인쇄자는 그 이름, 주소와 인쇄연월일을 문서·도화의 말미에 기재하고 주소가 인쇄소와 같지 않을 때는 인쇄소도 기재하여야 한다.<br>인쇄소를 여러 명이 공동소유한 때에는 경영상 그 인쇄소를 대표하는 자를 인쇄자로 한다.<br>전 2항의 인쇄소로서 만약 경영상 관행적인 명칭이 있는 것은 그 명칭도 기재하여야 한다. ||

| 출판 절차와 허가에 관련된 내용 규정 항목 | | |
|---|---|---|
| 3조 | 문서·도화를 출판하는 때는 발행일로부터 도달가능한 일수를 제외한 10일 전 제본 3부를 첨하여 내무성에 계출하여야 한다. | 2조 | 문서·도화를 출판코저 하는 때는 저작자 또는 그 상속자와 또 발행자가 연인(連印)하여 고본(稿本)을 첨하여 지방 관장(한성부에서는 경시총감으로 함)을 경유하여 내부대신에게 허가를 신청하여야 가능함. |
| 4조 | 관청에서 문서·도화를 출판하는 때는 그 관청으로부터 발행 전에 제본 2부를 내무성에 송부하여야 한다. | 5조 | 제2조의 허가를 득하여 문서와 도화를 출판한 때에는 즉 시제본 2부를 내부에 납부하여야 가능함. |
| | | 6조 | 관청에서 문서·도화를 출판한 때에는 그 관청에서 제본 2부를 내부에 송부하여야 가능함. |

| 출판 절차와 허가에 관련된 내용 규정 항목 | | | |
|---|---|---|---|
| 3조 | 문서·도화를 출판하는 때는 발행일로부터 도달가능한 일수를 제외한 10일 전 제본 3부를 첨하여 내무성에 계출하여야 한다. | 2조 | 문서·도화를 출판코저 하는 때는 저작자 또는 그 상속자와 또 발행자가 연인(連印)하여 고본(稿本)을 첨하여 지방 관장(한성부에서는 경시총감으로 함)을 경유하여 내부대신에게 허가를 신청하여야 가능함. |
| 4조 | 관청에서 문서·도화를 출판하는 때는 그 관청으로부터 발행 전에 제본 2부를 내무성에 송부하여야 한다. | 5조 | 제2조의 허가를 득하여 문서와 도화를 출판한 때에는 즉 시제본 2부를 내부에 납부하여야 가능함. |
| | | 6조 | 관청에서 문서·도화를 출판한 때에는 그 관청에서 제본 2부를 내부에 송부하여야 가능함. |

| 연설 강의 출판에 관한 규정 항목 | | | |
|---|---|---|---|
| 12조 | 연설 또는 강의의 필기는 연설자 혹은 강의자를 저작자로 한다. 단, 필기자가 연설자 혹은 강의자의 승낙을 얻어 자신이 이를 출판하는 때는 필기자를 저작자로 간주할 수 있다. 이 경우에 기재된 사항이 제16조, 26조, 27조에 저촉되는 때에는 연설자나 강의자는 필기자와 동일한 죄로 다룬다.<br>공개된 자리에서 행해진 연설을 신문지 또는 잡지의 통신자가 필기하여 이를 신문지 또는 잡지에 기재하는 것 역시 모두 연설자, 강의자의 승낙을 거쳐야 하며, 그 필기를 출판하는 것에 관하여서 연설자 또는 강의자는 저작의 책임을 진다.<br>공개된 자리에서 행하여진 연설 외에는 강의자 또는 연설자의 허락을 거치지 않고 타인이 필기한 것을 출판할 수 있으나 단 본 항에 맞지 않는 것은 판권법에 의거하여 그 책임을 진다. | 3조 | 관청의 문서·도화 혹은 타인의 연설 또는 강의의 필기를 출판코저 하는 때와 또는 저작권이 있는 타인의 출판물을 출판코저 하는 때는 전조의 신청서에 해당 관청의 허가서 또는 연설자, 강의자, 저작권자의 승낙서를 첨부하여야 함. 전항의 경우에 있어서는 허가 또는 승낙을 득한 자로서 저작자로 간주함. |

| | | | |
|---|---|---|---|
| 13조 | 2종 이상의 저작자 혹은 연설, 강의의 필기를 편찬하여 1부의 책을 만드는 때는 편찬자를 저작자로 간주한다.<br>전조 1항의 말단 제2항, 제3항은 본조에 적용될 수 있다. | | |
| 검열 및 처벌과 관련된 내용 규정 항목 | | | |
| 19조 | 안녕질서를 방해하거나 또는 풍속을 괴한하는 것으로 인정되는 문서·도화를 출판한 때는 내무대신이 발매·반포를 금지하고 그 각판(刻版)과 인본(印本)을 압수할 수 있다. | 11조 | 허가를 받지 않고 출판한 저작자, 발행자는 좌의 구별에 의하여 처단함.<br>국교를 저해하거나 정체(政體)를 변괴하거나 국헌(國憲)을 문란하는 문서·도화를 출판한 때는 3년 이하의 역형.<br>외교와 군사의 기밀에 관한 문서·도화를 출판한 때는 2년 이하의 역형.<br>전 2호의 경우 외에 안녕질서를 방해하거나 또는 풍속을 괴란하는 문서·도화를 출판한 때는 10개월 이하의 금옥.<br>기타의 문서·도화를 출판한 때는 백환 이하의 벌금 전항 문서·도화의 인쇄를 담당하는 자의 벌도 역시 같음. |
| 21조 | 군사기밀에 관한 문서·도화는 당해 관청의 허가를 받지 않고는 출판할 수 없다. | | |
| 26조 | 정체(政體)를 변괴하고 국헌(國憲)을 문란하게 하는 문서·도화를 출판하는 때는 저작자, 발행자, 인쇄자를 2월 이상 2년 이하의 경금고(輕禁錮)에 처하고 20원 이상 200원 이하의 벌금을 부가한다. | | |
| 20조 | 외국에서 인쇄된 문서·도화로 안녕질서를 방해하거나 또는 풍속을 괴란하는 것이라 인정되는 때는 내무대신은 그 문서·도화를 내국에 발매·반포함을 금지하고 그 인본을 압수할 수 있다. | 12조 | 외국에서 발행한 문서·도화와 또는 외국인이 내국에서 발행한 문서·도화로 안녕질서를 방해하거나 또는 풍속을 괴란함으로 인하는 때는 내부대신은 그 문서·도화를 내국에서 발매 또는 반포함을 금지하고 그 인본을 압수할 수 있음. |
| 소급처벌 규정에 대한 항목 | | | |
| | 없음 | 16조 | 내부대신은 본 법 시행 전 이미 출판한 저작물로 안녕질서를 방해하거나 또는 풍속을 괴란할 염려가 있음으로 인정되는 경우에는 그 발매 또는 반포를 금지하고 또 해당 각판과 인본을 압수할 수 있음. |

표1 | 일본 출판법과 대한제국 출판법의 비교

# 제6장

신문매체의 변모와
소리의 재구성:
『매일신보』의 경우

## 1. 『매일신보』의 매체 변화에 담긴 의미

1910년대의 대표적인 신문매체였던 『매일신보』는 조선총독부의 기관지로서 친일의 이념을 지속적으로 재현하고 배포하는 일종의 '확성기'로 작동하였다는 다소 부정적인 평가를 받아왔다. 하지만 『매일신보』는 다른 한편으로 당시 출판자본의 성장과 더불어 신문이 근대적인 매체로 자리매김하는 과정에서, 특히 저널리즘과 소설이 맺는 관계의 측면에서 발생하는 다양한 효과를 관찰할 수 있는 적절한 연구 대상이다. 특히 최근 『매일신보』에 대한 학술적인 관심은 1910년대 초 『매일신보』의 연재소설란을 주도하던 이해조의 신소설을 거쳐 1917년 이광수의 본격적인 근대소설인 『무정』에 이르는 과정이 우리나라의 근대소설 형성기에 해당한다는 판단에서 기인하는 것이다. 즉 기존 문학사에서는 단절적으로 파악하고 있던 신소설의 양식과 근대소설 『무정』 사이의 비연속적 국면들의 연속성을 확보하려는 시도의 매개로 총독부의 기관지이자 1910년대 전반부에 거의 유일한 공적 언론매체였던 『매일신보』에 대한 관심이 커지게 된 것이다.

『매일신보』라는 근대 신문매체와 소설양식의 형성 사이의 관계를 본격적으로 문제시하였던 시도는 권보드래의 『한국 근대소설의 기원』부터라고 할 수 있다. 이 연구는 특히 신문매체에서 한편으로는 기사가 개개인의 사적영역을 직접 다루는 과정과, 다른 한편으로는 신문기사와 소설이 각각 사실과 허구로서 제도적으로 분화하는 과정을 통하여 이른바 '내면'이 형성되면서 근대소설을 성립하는 중요한 역할을 담당하였다고 본다.[1] 근대 신문매체에서 형성되기 시작한 담론적 층위가 소설양식이 제도적으로 형성되는 데 일정 부분 영향을 줄 수 있다는 이 연구의 주요 전제들은 이후 『매일신보』를 하나의 근대 매체로 연구하는 시작점을 제공한다.

이후 『매일신보』가 갖고 있는 근대 매체적인 속성과 소설양식을 결부하려는 시도들이 이어졌다. 이 중 이희정[2]은 1910년대 초에 이해조의 소설이 쇠락하게 된 까닭을 『매일신보』의 상업적 정책과의 균열에서 찾으면서 일제식민/저항의 담론과 근대 매체적인 특성의 접점에서 이해조의 소설이 처하게 된 현실을 이해하고자 시도하고 있다. 하지만 그는 『매일신보』가 담고 있던 근대 매체적인 기능들, 즉 정치적인 기능과 상업적인 기능 모두를 단순히 일제의 동화주의로 치환함으로써, 소설 광고 등 『매일신보』의 상업정책이 어떠한 점에서 일제의 통치이념과 관련성을 갖는가 하는 문제는 밝히지 않는다. 하지만 이 문제를 해결하지 않고 이해조 소설의 쇠락을 모두 『매일신보』의 정책적 산물로 보는 것은 자칫하면 매체와 소설의 관계를 단지 순응과 저항의 문제로 환원하여 양상을 지나치게 단순화할 우려를 낳는다. 이영아[3]는 『매일신보』가 매

---

1) 권보드래, 『한국 근대소설의 기원』, 소명출판, 2000, 205~235쪽, 특히 4장을 참조할 것.
2) 이희정, 「『매일신보』에 연재된 이해조 신소설의 근대성 연구」, 『현대소설연구』 22, 2004.

체 홍보를 위하여 사용하였던 다양한 수단들, 예를 들어 소설 예고를 통한 광고, 삽화의 삽입, 연재소설의 공연화, 독자투고 활성화 등을 충실하게 살피면서 이러한 움직임들을 독자의 흥미를 위한 대중지향성의 확대로 파악하고 있다. 이 연구는 기존에 따로따로 연구되어 왔던 『매일신보』의 다양한 변화들을 흥미라는 요소를 중심에 내세워 종합적으로 파악하였다는 점에서 의미를 찾을 수 있으나, 『매일신보』의 대중지향적 변화를 일별하는 것만으로 연재소설의 글쓰기 변화를 추론하는 과정은 다소 무리가 있어 보인다.

이 밖에 이 시기에 들어서서 '독자투고'나 '독자감상' 등의 형태로 어느 정도 특정화되기 시작한 '독자'의 문제를 통하여 소설 작가의 소설쓰기와 '독자'가 상호작용하는 양상을 살피는 일련의 연구[4]는 매체와 독자 그리고 소설양식과의 관련성을 다룬다는 점에서 의미 있다고 볼 수 있다. 특히 전은경은 『매일신보』에서 처음 시도된 '독자투고란'에 주목하고 당시 『매일신보』가 매체에 적극적으로 의사를 표현하는 '독자층'을 형성하였다는 사실에 주목한다. 이 연구는 조일재(趙一濟, 1863~1944)와 이상협(李相協, 1893~1957)의 작품을 중심으로 '독자투고'가 활발해져

---

3) 이영아, 「1910년대 『매일신보』 연재소설의 대중성 획득 과정 연구」, 『한국현대문학연구』 23, 2007.

4) 전은경, 「조일재 신문연재소설에 나타난 근대적 여성관-1910년대 신문, 작가, 독자의 상호소통성을 중심으로」, 『현대소설연구』 23, 2004.
　　　, 「1910년대 이상협 소설과 식민 지배 담론-『매일신보』 독자와의 상관성을 중심으로」, 『현대소설연구』 25, 2005.
　　　, 「1910년대 『매일신보』 소설 독자층의 형성과정 연구-'독자투고란'을 중심으로」, 『현대소설연구』 29, 한국현대소설학회, 2006, 381~405쪽.

작가와 독자가 소통하는 관계를 이루게 되었다는 사실을 밝힌 점에서 큰 의미가 있다고 할 수 있다.

이상의 기존 연구 결과를 정리하면 본격적인 근대 신문매체로서『매일신보』를 다루는 연구들은『매일신보』의 매체적 변화와 소설이라는 양식의 변이과정을 서로 영향을 주고받는 관계로 파악하기보다 대부분 일방향적인 영향관계로 파악한다. 대부분 연구들의 기본 도식은『매일신보』의 매체적인 변화가 신문사 혹은 제국권력의 정책적 변화에서 비롯된 것이며 그러한 변화로부터 담론적이거나 제도적인, 혹은 글쓰기 차원에서『매일신보』의 연재소설들의 글쓰기 양상이 어떻게 바뀌어갔는지 분석하는 방식을 취하고 있는 것이다. 하지만 간과하지 말아야 할 부분은 오히려 당시『매일신보』연재소설의 글쓰기가『매일신보』지면의 기사 글쓰기 변화에 어떠한 영향을 주었는가 하는 점일 것이다. 1912년 이전에『매일신보』여타 지면의 기사들과 연재소설의 글쓰기가 표기법이라든가 문체에 있어 확연하게 서로 분리된 것이었다면,[5] 1912년 이후의『매일신보』의 매체적 변화는 분명 여러모로 그렇게 분리된 경향들의 상호적인 얽힘과 관계되어 있기 때문이다.

당시의 신문기사와 연재소설의 문체적 변화 양상이 어떻게 연관되어

---

5) 김영민은『만세보』와『대한민보』가 국한문혼용의 일간신문이었지만 두 신문 모두 서사자료만큼은 국문으로 수록하였다고 하면서, 신문의 문체를 국한문혼용으로 할 것인가, 순 국문으로 할 것인가 하는 것이 신문의 사활을 결정하는 중요한 고민이었다고 본다. 이러한 고심 끝에『만세보』는 "일반기사는 국한문혼용체로 소설은 순 한글체로" 하는 것으로 결론을 얻었고 이러한 결론은『대한민보』로 이어졌다가『매일신보』로까지 이르는 하나의 원칙이 되었다(김영민, 「1910년대 신문의 역할과 근대소설의 정착 과정」, 『현대문학의 연구』25, 2005, 270~271쪽).

있는지와 함께 신문기사의 사실성과 소설의 허구성이 뒤섞여 혼란을 이루던 양상은 소설양식 매체의 확산에 해당하는 의미를 갖는다. 본 장에서는 이러한 문제의식을 바탕으로 1912년 『매일신보』의 매체적인 변화 양상과 당시 『매일신보』의 연재소설란을 주도하였던 이해조의 소설관이 어떠한 상호적인 영향관계를 이루고 있는지 분석해보고자 한다.

## 2. 1912년 『매일신보』의 신문 쇄신안과
## 신문 지면의 언어적 분화

『매일신보』는 1912년 3월 1일에 다음과 같은 '사고(社告)'를 내고 그 동안의 판매 부진[6]을 해소할 신문 쇄신안을 구체적으로 내놓았다. 일제 강점 이후, 다른 모든 신문매체를 폐간시키고 『매일신보』가 신문 언론을 독점했음에도 당시 식민지 조선 인민들은 조선총독부의 나팔수로 인식되던 이 신문에 냉담한 시선만 보냈다. 아닌 게 아니라 당시 이 신문의 면면 역시 조선총독부의 공보물 정도의 수준에 머물러 있었기 때문에 몇 년 전, 대한제국 시대처럼 몇 종류의 신문이 발간되면서 신문매체에 대한 가능성이 최대치로 실현되었던 때에 비하면 초라한 상황이었다.

---

6) 『대한매일신보』는 1908년 이후, 1만 부 이상 팔려나가는 등 상당수의 독자를 확보하였으나 1910년 초기의 『매일신보』는 언론매체를 독점한 상황에서도 1만 2천 부 정도에 그치는 등 많은 독자를 확보할 수 없었다. 발행부수가 급격히 늘어난 것은 1912년 이후였다(『매일신보』의 발행부수에 관한 자세한 사항은 한원영의 『한국근대 신문연재소설 연구』(이회, 1996)의 68쪽과 앞의 전은경(2004), 345~346쪽을 참조할 것.

애국의 관점을 빼놓고 생각하더라도 당시 인민들이 이 신문에 관심을 가질 이유가 없었던 것이다.

이에 『매일신보』는 그동안의 판매 부진을 만회하고자 신문 쇄신안을 발표한다. 이는 1911년 말 여러 차례의 신문광고를 통하여 발표된 『매일신보』 쇄신안이 드디어 확정된 것이었다.

유래의 본 신보도 이왕에 비교하면 크게 발전하고 크게 개량하였다 할지라도 사회의 진보함을 따라 독자 제군의 지식이 더욱 발달한 오늘날에는 도저히 만족하지 못한 고로 전부 사원이 대활동을 시험하여 기사는 자세함을 주장하되 사회의 만반 사위와 세계의 일체 동정을 하나도 유류없이 본보 지면을 크게 확장하고 법령, 정치, 실업, 교육, 전보, 외보, 잡보, 문예, 위생, 지방통신과 및 기타의 기문진담을 게재하며 또 사진 동판을 매일 삽화로 하여 독자 제군에게 취미를 돕게 하는 동시 전전 지면을 5호로 개량 간출하오니 조선에 있는 5호 신문은 본 신보가 처음이라 할지오 기사의 항수, 자수가 이왕보다 배 이상에 달한 것은 말을 아니하여도 아실 터인즉 가령 한 시간에 보시던 것이 두 시간 이상에 달할 터이오며 이왕의 한문 네 페이지와 순언문 네 페이지 보심보다 나으실지로 그런 고로 순언문 신문을 폐지하고 삼면, 사면에는 순언문 기사를 게재하였으되 이왕보다 언문기사가 더욱 많고 한문기사도 또한 그러하오며 이왕에 비하면 불과 삼십 전에 두 가지 신문을 보시게 되었은 즉 독자 제군은 이와 같은 이익이 다시 업나이다[7]

7) 『매일신보』, 1912. 3. 1, 3면.

이 쇄신안의 요점은 인쇄활자를 5호[8]로 바꾸어서 기존 지면의 두 배에 달하는 정보를 담을 수 있게 되었다는 것과 그동안 국한문본과 순 국문본을 나누어 발행하던 기존의 지면을 합쳐 1·2면은 국한문혼용으로, 3·4면은 순 언문(순 한글)으로 구성하겠다는 것[9] 그리고 전 사원이 활동하여 '법령, 정치, 실업, 교육, 전보, 외보, 잡보, 문예, 위생, 지방통신과 및 기타의 기문진담'을 게재하겠다는 것 등이다. 본 '사고'에서 강변하고 있듯이 실제로 이후 『매일신보』에는 기존의 활자보다 작은 활자가 쓰여 실질적으로는 지면이 늘어난 것 같은 효과를 보였다. 또한 3면의 '사회면'이 순 한글로 표기된 것도 중요한 변화이다. 각종 사건사고 기사들이 순 한글로 표기됨으로써 한글 독자들의 읽을거리가 증가하였다. 4면인 문화면의 경우 '사고'와는 달리 실제로는 모든 기사들이 순 한글로 표기된 것은 아니었으나 이 무렵부터 순 한글로 표기된 소설이 4면에도 연재되었기 때문에 양적으로나 질적으로 한글 독자들의 요구를 충족할 만큼 읽을거리가 늘어난 셈이다. 또한 이때부터 독자투고란이 만들어져 독자들이 의견을 개진하는 공간이 생겨났고 이는 이름을 여러 번 바꾸면서 1916년까지 유지되었다. 즉 신문의 양적인 측면과 질적인 측면 모두가 변화한 것이다. 이러한 『매일신보』의 변화가 내포한 요점은 '독자'

---

8) 기존에 『매일신보』에 쓰이던 4호 활자는 약 14포인트 정도 되는 활자로 크기는 약 5밀리미터 정도이며, 새롭게 쓰이는 5호 활자는 약 10.5포인트로 약 3.75밀리미터 정도였다.

9) 정진석은 『매일신보』가 국한문판과 한글판을 합쳐 1·2면에는 국한문혼용으로 '경파기사(硬派記事)'인 정치와 경제 기사를 싣고 3·4면에는 한글로 '연파기사(軟派記事)'인 사회면(3면), 문화면(4면)을 쓰기 시작한 방법은 이후 우리나라 신문제작의 일반적 양상이 되었다고 본다(정진석, 『언론조선총독부』, 커뮤니케이션북스, 2005, 94쪽).

특히 한글을 읽고 해독하는 독자층의 존재를 의식하고 지향하기 시작하였다고 정리할 수 있다.

『매일신보』의 변화 양상을 이해하기 위하여 먼저 기존의『매일신보』가 어떠한 내외적인 상황에 처해 있었는지 살펴볼 필요가 있다. 조선총독부의 초대 총독이었던 데라우치 마사다케는 1910년 강점 이후, 신문 통일정책을 실시하여 조선인들이 발행하는 신문을『매일신보』하나로 제한하는 정책을 실시하였다. 데라우치는 일본『국민신문(國民新聞)』사장이었던 도쿠토미 소호(德富蘇峰, 1863~1957)를 일어신문『경성일보(京成日報)』와『매일신보』의 감독으로 위촉하고 각 신문에 매월 지원금을 지급하였으며 조선총독부는 감독 이하 전 사원의 해임권을 갖는 등의 방식으로 신문경영에 관여할 수 있었다.[10] 즉『매일신보』는 자본의 측면에서나 정치적인 측면에서 조선총독부로부터 독립할 수 없는 언론이었고, 총독부의 이념을 전파하는 매개 역할을 담당하지 않을 수 없었다.

근대 초기의 언론매체들, 특히 당시의 신문들이 근대 매체로서 신문이 처할 수밖에 없는 정치적인 파급력과 판매부수 등 상업적 성과 사이에서 자유로울 수 있었던 까닭은 신문부수가 그리 많지 않았을 뿐만 아니라 대중 계몽이라는 명확한 대의명분 아래 '계몽'의 대상이 되는 독자층을 확대하고 정보의 동시적이고 균질적인 유통을 행한다는 투명한 공론영역을 형성할 수 있었기 때문일 것이다. 즉 언어 사용 계층에 따라 각각 다른 언론매체가 형성되어 있었으며 그에 맞는 지식 전달과 여론 형성의 글쓰기 양식들이 자연스럽게 분화해왔던 것이다. 한문 글쓰기가

---

10) 앞의 정진석(2005), 66~70쪽.

몰락하면서 국문 글쓰기가 형성되어가는 과정에서 계몽의 대상이 되는 계층에 따라 한자혼용의 정도와 형식이 신문마다 절충적으로 이루지는 양상이 자연스럽게 생겨난 것이다.[11]

하지만 『매일신보』는 1910년 일제강점과 함께 한국의 근대 언론매체를 독점하였으며 한편으로는 조선총독부의 식민통치이념을 전파하는 정치적인 목적을 이행하여야 하였을 뿐만 아니라, 다른 한편으로는 이미 어느 정도 분화되어 구분되기 시작한 한문 텍스트를 읽고 소비하던 계층과 순 한글 텍스트를 읽고 소비하던 계층 모두를 만족시켜야 하는 어려운 상황에 놓여 있었던 것이다. 다른 각도에서 본다면 『매일신보』는 정치성과 상업성을 동시에 고민해야만 하는 본격적인 근대 매체의 출현 과정을 의미하는 것일 수도 있다. 신문매체가 본격적으로 정치권력과 밀착되면서 제국의 통치이념을 전달하는 한편, 그 영향력을 유지하기 위하여 지속적으로 많은 계층의 다양한 독자를 확보해야만 한다는 이중의 고민에 처하게 된 것이다.

하지만 『매일신보』는 당시 언론매체를 거의 독점하였음에도 이전의

---

11) "한문의 쇠퇴와 국문 글쓰기의 발전 그리고 국문 글쓰기에서 한자혼용의 확대는 각각의 문자표기체계를 담당하고 있던 사회 계층의 의식 변혁에 그대로 대응한다. 그렇기 때문에 그 자체가 곧 사회사상체계의 변혁을 의미한다고 할 수 있다. (…) 국문 글쓰기의 한자혼용은 개화계몽운동을 주도하였던 지식층의 사상적 절충성을 보여주는 것이라고 할 수 있다. 국문 글쓰기의 한자혼용은 통사적으로는 국문의 어법적인 규범을 따르면서도 관념적이고 추상적인 개념어와 고유명사 등을 한자로 표기한다는 문자표기의 절충성에 그 본질적인 특성이 있다. 이것은 문자로서의 한자가 지니고 있는 표의성과 국문의 감응력을 결합시킨 새로운 기능성을 창출하고 있음을 의미한다."(권영민, 『국문 글쓰기의 재탄생』, 서울대학교출판부, 2006, 31쪽.)

『대한매일신보』에 비해 독자수는 오히려 격감되었다.[12] 이는 『매일신보』가 총독부의 기관지로 기능하고 일종의 이념적 장치의 역할을 하면서 독자들이 그들의 '정보'를 객관적인 것으로 받아들이기보다는 정치화된 의미로 받아들였고 거기에 반감을 가졌던 데에서 이유를 찾을 수 있을 것이다. 외적으로 『매일신보』가 국한문혼용을 사용함으로써 언어계층을 단일화하고 총독부 산하의 기관들이 나서서 구독을 의무화하고 장려했음에도 신문매체로서 『매일신보』가 기대하였던 만큼의 성장을 이루지 못한 것은 『매일신보』가 주요 신문 소비계층으로 예상하였을 지식계층이 주요 독자가 되지 못했기 때문이다.

실질적으로 1910년부터 1911년 『매일신보』 기사들은 대부분 총독부의 이념, 나아가 강점을 정당화하는 일제의 정치적 이념을 그대로 반영하는 내용으로 채워져 있었으므로 이러한 내용이 한문 텍스트를 주로 사용하였던 당시의 지식계층으로부터 외면받은 것은 어느 정도 당연한 결과였다. 이는 즉 정치적인 이념의 전달 매개이면서 하나의 자본주의적인 상품인 신문매체가 처할 수밖에 없는 당연한 고민의 지점이었다. 따라서 1912년 3월에 대대적으로 이루어진 쇄신안의 배경과 의도가 어디에 있는지 확인하는 작업은 매체의 정치성과 상업성이라는 이중적 측면을 고려하지 않고서는 해결되지 않는 것이다.

즉 1912년의 『매일신보』 쇄신안이 담고 있는 중요한 요점은 하나의 신문지면에서 언어적이고 내용적인 분화를 꾀하여 지면을 비균질적인 공간으로 만드는 것에 있다고 할 수 있다. 다시 말해 한편으로는 순 한

---

12) 앞의 정진석(2005), 95~96쪽.

글판을 폐기하고 신문의 3·4면에 한글을 사용함으로써 『매일신보』 지면을 언어적 측면에서 비균질적인 공간으로 만드는 것이며, 다른 한편으로는 신문의 1·2면에는 여전히 일제의 식민통치이념을 담고 있는 조선총독부의 여러 가지 정치적인 메시지를 담아내는 정치·시사 기사를 싣고 3·4면에는 성장하고 있는 한글 소비계층을 위한 읽을거리를 제공하는 것이다. 이러한 일종의 통합과 분리정책은 조선총독부로부터 자본적으로 독립하지 못한 『매일신보』라는 근대 매체가 식민통치이념을 전파하는 수단으로서의 면모를 유지하면서도 그간 보였던 판매 부진을 해소할 만한 기획으로 생각할 수 있다.

이러한 저간의 사정을 감안하여 『매일신보』의 쇄신안을 다시 보면 그 방향이 갖는 의미는 더 분명해진다. 즉 『매일신보』의 쇄신안은 매체적인 언어를 통하여 정보의 유통을 더 균질한 공간 속에서 실현함으로써 궁극적으로 민족적 차원에서 전체 민중을 계몽하고자 하던 계몽주의적인 이념을 식민통치이념으로 환치하려는 계획을 숨기고, 지면 속에서 철저하게 매체의 정치적인 측면과 상업적인 측면을 구분하고자 하는 의도에서 비롯된 것이다. 문제는 이러한 의도가 단순히 표기법의 차원에 국한된 효과만을 낳는 것이 아니라 매체 내에서 글쓰기의 근본적인 변화를 이끄는 중대한 원인이 된다는 사실이다. 이러한 배치를 통하여, 문어로서 한문 독해계층과, 이보다 듣기영역에 밀접한 순 한글계층의 구분이 언어 해독자의 입장에서 나뉘던 기존의 방식에서 벗어나 그 지식적 유형과 결부되면서 신문의 지식 공간에 권력적인 위계가 생겨난 것이다. 즉 정치·경제 혹은 시사를 다룬 기사를 한자가 섞인 국한문혼용으로 표기하고 기존의 연재소설 그리고 사회면·문화면 등을 한글로 표기한 것은 기사의 내용과 표기언어 자체의 일치, 나아가 지식 전반의 구조와 표기언어 자체를 맥락화하는 중요한 효과를 산출하였다.


## 3. 글쓰기적 재현이라는 감각 차원의 도입과 '사실'들의 역동화

『매일신보』가 사회면이던 3면을 순 한글로 바꾸고 사회의 '기문진담(奇聞珍談)'을 다루게 되면서 특기할 만한 중요한 변화는, 사회면 기사가 이전의 사실적인 정보 제시를 중심으로 한 글쓰기가 아니라 소설적 묘사에 상당하는 글쓰기로 바뀌었다는 사실이다.[13] 『매일신보』가 개혁을 단행한 당일인 1912년 3월 1일 사회면 기사들의 제목만 뽑아보아도 이러한 변화의 양상은 눈에 띄게 드러난다. 「변장대적박포(變裝大賊縛捕)」와 같은 도적 체포 기사가 상세히 쓰여 있는가 하면 「야만부자범죄(野蠻父子犯罪)」와 같은 신의주에서 발생한 부자의 범죄 기사가 실려 있기도 하고 「밀매음엄징협의(密賣淫嚴懲協議)」라는 기사처럼 밀매음을 하는 여성 몇몇이 모여서 경찰서에 잡혀간 이야기를 하며 별것 아니라는 식으

---

13) 권영민은 개화계몽시대의 국어국문운동과 국문체의 관계를 설명하며, 국문체가 말하는 것과 그것을 그대로 글로 쓰는 것이 일치될 수 있음을 보여주어 언문일치의 이상을 실현한다고 보고 있다. 국문체는 이전의 한문에 비해 일상적인 감각이나 다양한 정서를 구체적인 삶과 현실 속에서 드러낼 수 있는 언어라는 것이다. 게다가 이러한 국문체는 새로운 담론의 공간을 생산하고 창조하여 기존의 이념과 가치를 전복하는 힘을 갖는다(권영민, 『서사양식과 담론의 근대성』, 서울대학교 출판부, 1999, 48~51쪽).

로 이야기하였다 하여 그 때문에 징벌이 더 엄하여졌다는 내용도 실려 있다. 물론 이는 단순하게 소재적인 측면에서만 그러한 것이 아니다. 더욱 중요한 사실은 신문기사의 글쓰기 양상에 있어서도 판이한 변화가 발견된다는 점이다.

(가) • 받을 돈도 못 받나

　　　수구문 안에 사는 이수운씨는 일인 중촌에게 찾을 돈이 칠백 환이 있으나 받지 못하여 경성 제2헌병분대에 호소하였다가 퇴각을 당하였더라

　　• 절도피착

　　　봉산군에 거하는 오재오씨는 절도범으로 일전에 경부총감부에 피착하였다더라[14]

(나) • 密賣淫女의管外放逐 始興郡居張在明의妻趙姓女中部承洞居金容惠의妻沈姓女가密賣淫女로北部警察署에被捉하얏는디該署에서說諭하고各其八日以內에他處移去하라고誓約書를受하얏다더라[15]

(다) • 밀매음엄징협의(密賣淫嚴懲協議)

　　　중부 사동에서 술장사도 하며 뚜장이 노릇도 하는 명부지 김모의 집에는 일전에 밀매음녀 칠, 팔 명이 회집하여 술을 서로 권하며 재미있

_____

14) 『대한매일신보』, 1910.8.26, 2면.
15) 『매일신보』, 1912.2.28, 3면.

게 노는데 그 중에 한 계집이 말하여 가로대 <u>우리의 밀매음을 경찰서</u>
<u>에서 잡아가면 볼기를 때리든지 징역이나 시킬 줄 알고 이왕에 적지</u>
<u>아니한 근심을 하여 항상 마음을 놓지 못하였더니 나는 일전에 경찰</u>
<u>서로 잡혀간 즉 경찰서에서는 아무 말도 없이 하루 밤을 가두었다가</u>
<u>그 이튿날 불러내어 겨우 다른 곳으로 이사가라는 서약서인지 받고</u>
<u>내어 보내는데 극히 심심하더라</u> (후략) [16]

　위의 기사들의 변화 과정은 매일신보 사회면의 기사 내용이 어떠한 방
식으로 변화하고 있는지 일목요연하게 보여준다. (가)의『대한매일신보』
기사의 경우, 순 한글로 쓰이긴 했지만 사건사고에 해당하는 기사를 육
하원칙에 의거하여 짤막하게 정보만 전달하며, 사건 자체도 그다지 자극
적이지 않다.『매일신보』의 변모가 이루어지기 직전에 실린 사회면 기사
인 (나)의 경우, '밀매음'이라는 대단히 자극적인 내용을 다루고 있으면
서도 이를 국한문혼용을 활용하여 단순 정보 중심으로 전달하고 있다.
　여기에서 흥미로운 것은 바로 (다)의 기사이다. 이는 (나)의 기사로부
터 이틀이 지난 뒤에 실린 기사이지만 내용을 보면 실제로는 동일한 내
용을 각각 다른 방식으로 제시하고 있는 기사라는 사실을 알 수 있다.
기사는 밀매음을 하던 여성이 경찰서에 잡혀가 서약서를 쓰고 풀려났다
는 단순한 내용이다. 하지만 (다)는 앞서의 기사에 비하여 여러모로 정
보 전달의 목적만이 아닌 여러 가지 정황에 대한 묘사가 이루어지고 있
다. 우선 밀매음 여성들이 모여 술자리를 하고 있는 상황에 대한 묘사가

---

16)『매일신보』, 1912.3.1, 3면.

퍽 상세하게 서술되어 있으며 밑줄로 강조된 부분에서 드러나듯 경찰서에 잡혀갔던 여성의 실제 대화가 간접화법으로 실려 있다. 기사쓰기와 관련된 정황상 이미 이틀 전에 취재하였던 사건을 다시 쓰는 과정에서 대사를 부기한 것이므로 실제로 대사의 세부 묘사는 기자의 창작일 가능성이 높아보인다.

이렇게 (나)에서 (다)로의 변화 과정은 단순하게 국한문혼용에서 순한글로 바뀌는 표기법의 변화만으로 설명하기 어려운 모종의 힘이 내부에 작동하고 있다는 사실을 보여준다. 기존에는 철저하게 정보 전달과 '사실'이라는 공론영역을 자치하고 있었던 신문기사의 글쓰기가 며칠 사이에 마치 당시의 소설양식에 육박하는 묘사를 보여주기 시작한 것이다. 이는 분명 전례 없는 변모라고 할 수 있으며 기사쓰기의 지침이 위에서 새롭게 내려왔을 것임을 짐작하게 한다. 게다가 이러한 변화는 시간이 지남에 따라 점차 뚜렷한 모양새를 보이기 시작한다.

> • 의형제총살(義兄弟銃殺)-시험하다 사람 죽여
>
>  만주 무순포 가둔에서 농업하는 문성학에게 있는 조선 사람 박종보는 나이 삼십 이세라 지나간 음력 구일 오전 팔시에 문성학의 사냥총을 메고 그 집에 있는 문원여와 같이 사냥하러 나갔으나 (중략) 사냥할 때 총을 어떻게 쓰느냐고 물은 즉 박가가 제 총을 들고 이렇게 쓴다 설명할 새 방아괴에 손이 걸려 재약하였던 총귀에 방아쇠가 뚝 떨어지며 철환이 한가의 가슴을 뚫고 나가니 한가는 어-소리를 내고 거꾸러 지는지라 (후략)[17]

---

17) 『매일신보』, 1912.3.5, 3면.

위의 기사는 만주에서 의형제 사이에 벌어진 오발사고를 다루고 있다. 총기발사는 의도적인 것이 아니라 실수이기 때문에 사건 자체는 그다지 자극적이지 않다. 하지만 위 기사는 "방아쇠가 똑 떨어지며 철환이 한가의 가슴을 뚫고 나가니 한가는 어-소리를 내고 거꾸러 지는지라" 같이 당시의 상황을 묘사하듯 보여준다. 사고 당시의 정황은 당사자들이 아니면 결코 알 수 없는 것이라는 사실을 감안하면 '철환'이 가슴을 뚫고 지나갔다든가 '어' 소리를 내면서 거꾸러졌다는 것은 기사를 쓴 기자가 사실을 토대로 실제로 일어났을 법한 상황을 재구성하여 보여주고 있는 것이다. 이러한 묘사적인 문체는 분명 당시의 신소설에는 일반적인 기법에 해당하는 것이지만 신문기사에는 낯선 것이었다.

한편 1912년 3월 초의 신문 사회면 기사 중, 당시 신소설과 단편소설[18]에서 자주 쓰이던 대사 처리 방식이 사용된 기사가 있다. 「강도취조전말(強盜取調顚末)」이라는 기사가 그것인데, 이 기사에서 기자는 북부 경찰서에서 발생한 강도사건을 박경부라는 경찰이 취조하는 장면으로 재현하고 있다.

(박경부)너 어디 살아

(계집)예, 소녀는 경성 중부 관인방 사동 오릉 팔호에 사는 유치설씨의 집 낭하에 있는 상민 박근수의 계집 최성녀올시다

(박경부)나이는 몇 살이야

---

18) 『매일신보』 1912년 3월 1일 자 3면에는 『국초생(菊初生)』(이인직)이라는 단편소설이 실림으로써, 당시 3면인 사회면에는 신문기사와 소설이 같은 지면을 차지하게 된다.

(계집)예, 삼십사세올시다

(박경부)어디를 가다가 비녀를 빼앗겼어

(계집)오늘 오후 육시 경에 주인마님을 따라 중부 이궁 안에 거류하는 청국인이 딱총 놓는 경광을 구경하고 팔시 삼십분 경에 집으로 돌아가는 길에 중부 교동 오성학교 뒷문을 지나 사동으로 향하여 갈 새 남자 일 명이 뒤에서 돌연히 나타나 제 목을 붙잡고 머리에 꽂은 비녀를 빼앗어 가지고 사동으로 다라나는 고로 (중략)

(박경부)네가 오늘 오후 팔시 경에 중부 교동 오성학교 뒷문 앞으로 통행하는 계집의 목을 두 손으로 잡고 머리에 꽂은 비녀를 빼앗아 가지고 도주한 일이 있느냐

(적한)못된 마음이 졸지에 나서 빼앗은 일이 있삽나이다

(박경부)비녀를 빼앗아 가지고 사동으로 향하여 도주하다가 길을 다시 변경하여 오성학교 앞으로 나서 교동으로 도주하다가 경관에게 잡혔느냐 (후략)[19]


여기에서 기자는 한 여성이 강도를 만나 은비녀를 빼앗긴 사건의 수사를 맡은 박경부라는 경찰과 피해자 여성과의 대화 그리고 뒤이어 피의자인 남성과의 대화를 재구성하고 있다. 이 사건이 대단히 경미한 사건이고 현장에서 범인이 체포된 사건임을 감안할 때, 정식재판도 아닌 경찰서에서의 심리과정을 기자가 직접 참관하여 속기하였을 가능성을 배제한다면, 이는 분명 사건기록을 보고 기자가 현장에서 벌어진 대화

---

19) 『매일신보』, 1912.3.5, 3면.

를 재구성한 것이라고 판단해도 될 것이다. 이렇게 대화를 통하여 사건을 재구성하는 방식은 신소설 양식에서는 일반화된 방식이었지만 적어도 사실을 다루는 신문기사에서는 대단히 낯선 방식이었다. 물론 국한문을 혼용하던 신문기사에서는 불가능한 것이기도 하였다.

이는 분명 실제로 벌어졌을 만한 목소리를 재현한다는 실감의 형성 문제와 관련된 것이며 표음문자로 한글의 축음적 재현성과 뗄 수 없는 관련성을 지니고 있다. 다만 이후의 『매일신보』 기사에서 정확히 위와 같은 방식으로 실제 상황을 대화로 재구성하는 기사를 찾기는 어렵다.[20] 분명한 것은 『매일신보』 사회면의 글쓰기가 전반적으로 단순히 사실 전달이라는 기존의 목적과 양상을 벗어나 점차 역동적으로 변모하는 양상을 보이기 시작하였다는 사실이다. 신문기사의 글쓰기가 단순한 정보 전달의 차원을 넘어서서 독자들의 현실 감각을 울리는 실감의 차원으로 옮겨간 데에는 어떠한 동력이 있는 것일까? 이 물음은 타당하며 적실한 것이다.

---

20) 이러한 대화체 기사가 왜 더 이상 쓰이지 않았는지에 대해서는 분명한 자료가 남아 있지 않은 터라 추측할 수밖에 없지만, 이러한 대화체가 기사에는 더 이상 쓰이지 않고 '笑話(우슴거리)'와 '소설'에는 꾸준히 쓰이고 있다는 점을 감안하면 이 기사를 쓴 기자도 어느 정도 사실과 허구의 경계에 영향받고 있었으므로, 이렇게 재구성된 기사는 하나의 시도가 됐을지언정, 일반화된 기사쓰기 방식으로 정착하기는 어려웠을 것임을 짐작할 수 있다.

## 4. 신문 글쓰기와 소설 글쓰기 사이의 영역적 대립: 작가 이해조의 경우

당시 『매일신보』 사회면의 기사쓰기가 변화한 지향점은 당시 대중 독자들의 절대적인 지지를 받고 있던 신소설 작가이자 『매일신보』 기자였던 이해조의 존재와 무관하지 않다. 즉 당시 신문 사회면의 기사가 흥미 추구로 변모해나가는 방향(순 한글, 사건 및 정황에 대한 상세한 묘사, 대사의 재구성 등) 속에는 당시 이해조가 주도하고 있던 신소설의 글쓰기 양식이 놓여 있다는 것이다. 따라서 이는 신문기사와 소설의 글쓰기가 서로 사실과 허구의 명료한 분화[21]를 이루었다는 기존의 견해와는 약간 다른 방향에서 고찰되어야 한다. 즉 신문기사의 글쓰기가 정보 전달을 지향하던 기존의 태도에서 독자를 중심으로 한 실감에 대해 우선적으로 고려하게 되었으며, 사실과 허구의 글쓰기적 경계가 해체되는 계기였다는 것이다.

이해조는 『매일신보』 기자로 활동하면서 1910년 10월 12일 「화세계(花世界)」의 연재부터 시작하여 『매일신보』의 연재소설란을 주도하였으며, 이는 「우중행인」이 마지막으로 연재된 1913년 5월까지 계속되었다. 그는 한 작품당 약 세 달 정도의 연재기간을 가지고 거의 결호 없이 소설을 연재해나갔다. 그 생산력도 생산력이거니와 그만큼 꾸준히 연재해

---

21) 권보드래는 이 무렵의 『매일신보』 신문 사회면에 이른바 '소설적 실담'들이 나타나는 것을 '소설'과 '신문기사', '허구'와 '사실'의 명료한 분화로 파악함으로써 이를 소설이라는 장르의 제도적인 확립의 계기로 본다(앞의 권보드래(2000), 224쪽).

나갈 수 있었던 것은 어느 정도 독자의 충분한 호응이 뒷받침되었기 때문이라고 볼 수 있다. 하지만 내용이나 기법적인 혁신성을 제외하고 생각해본다면 이해조의 소설이 꾸준히 호응을 받을 수 있었던 요인은 당시『매일신보』를 제외한 다른 매체들이 일제의 검열로 정간되거나 폐간된 저간의 사정과 무관하지 않다. 신문매체의 독자들이 점차 늘어나고 있었고 국문체의 신문소설 연재 역시 점차 증가하는 와중에 다른 신문들이 모두 폐간되고『매일신보』만이 우리나라 신문매체시장을 독점하였으니 국문 독자들의 관심이『매일신보』에서 유일하게 순 한글로 표기되던 이해조의 신소설에 모이게 된 것이다.

이해조는 이러한 독자의 호응을 바탕으로 1911년『매일신보』에 소설에 대한 관점을 담은 몇 가지 중요한 글을 싣는다. 주로 소설의 전·후기 형식으로 쓰인 이 글들은 개화기 신소설에 대한 유용한 관점을 담고 있어 많은 연구에서 거론된다. 하지만 이러한 이해조의 소설관은 당시『매일신보』글쓰기에 나타난 일련의 변화와 함께 살펴보면 상당히 새롭게 읽힐 여지가 있다.

　　무릇 소설은 체제가 여러 가지라 한 가지 전례를 들어 말할 수 없으니 혹 정치를 언론한 자도 있고 혹 정탐을 기록한 자도 있고 혹 사회를 비평한 자도 있고 혹 가정을 경계한 자도 있으며 기타 윤리 과학 교제 등 인생의 천사만사 중 관계 아니 되는 자가 없으니 상쾌하고 악착하고 슬프고 즐겁고 위태하고 우스운 것이 모두 다 좋은 재료가 되어 기자의 붓끝을 따라 재미가 진진한 소설이 되나 그러나 그 재료가 매양 옛 사람의 지나간 자취거나 가탁의 형질 없는 것이 열이면 팔, 구는 되되 근일에 저술한 박정화 화세계 월하가인 등 수삼 종 소설은 모두 현금에 있는 사람의 실지 사적이라 독자 제군이 신기히 여기는 고평을 이미 많이 얻었거니와 이제 또 그와 같은 현금 사람의 실적으로 화의혈(花의血)이라 하는 소설을 새로 저술할 새 허언낭설은 한 구절도 기록지 아니 하고 정녕히 있는 일동 일성을 일호 차착 없이 편집하노니 기자의 재주가 민첩하지 못함으로 문장의 광채는 황홀치 못할 지언정 사실은 적확하여 눈으로 그 사람을 보고 귀로 그 사정을 듣는 듯하여 선악 간 족히 밝은 거울이 될 만할까 하노라[22]

　　기자왈 소설이라 하는 것은 매양 빙공착영(憑空捉影)으로 인정에 맞도록 편집하여 풍속을 교정하고 사회를 경성하는 것이 제일 목적인 중 그와 방불한 사람과 방불한 사실이 있고 보면 애독하시는 열위 부인, 신사의 진진한 재미가 일층 더 생길 것이오 그 사람이 회개하고 그 사실을 경계하는 좋은 영향도 없지 아니할지라 고로 본 기자는 이 소설을 기록함이 스스로 그 재미와 그 영향이었음을 바라고 또 바라노라[23]

「화의혈」의 서문과 후기는 기존 신소설의 양식적인 특질을 규명하고자 하였던 연구자들에 의해 폭넓게 인용되었던 글이다. 하지만 약 두 달의 연재기간 동안 이해조는 소설에 대한 관점에 있어서 중요한 변화를 보여준다. 우선 이해조는 서문에서 자신의 소설에서 다루어진 '사실'에 대하여 강조하는 입장을 드러낸다. 자신의 소설이 '현금에 있는 사람의

---

22) 이해조, 「화의혈」 서문, 『매일신보』, 1911.4.6.
23) 이해조, 「화의혈」 후기, 『매일신보』, 1911.6.21.

실지 사적'임을 강조하며 '허언낭설'은 한 구절도 기록하지 않았다고 강변하고 있는 것이다. 스스로 창작한 신소설이 앞서의 구소설과 어느 정도 차별점을 드러내어야 하는 입장에서 허황된, 사실에 입각하지 않은 구소설의 이야기와 달리 자신의 신소설은 실제 사실을 다루고 있음을 강조하지 않을 수 없었던 것이다. 이렇게 소설에서 다루어지는 사실이 허구가 아니라 사회적인 사실에 근거해야 한다는 견해는 신채호(申采浩, 1880~1936) 이후 개화기 지식인들이 보인 공통적인 견해이다.[24] 이해조는 여기에서 더 나아가 실제로 있었던 '사실'로부터 재료를 얻어 작가의 창작을 펼치는 창작의 영역을 인정하며 이를 '편즙'(편집)이라는 용어로 표시하고 있는 것이다.

이해조는 후기에 이르러 '사실'을 그대로 드러내는 소설에 대한 자신의 견해를 좀 더 정교하게 다듬는다. 이해조는 여기에서 소설이란 빙공착영, 즉 기본적으로는 허구를 바탕으로 하지만 단지 비슷한 사람과 비슷한 사실이 있으면 더욱 진진한 재미가 있을 것이라고 말한다. 이는 소설이 지금 있는 사람들의 실지 사적이라는 과거의 견해에서 한 발 후퇴한 것이고, 논란의 여지를 줄이면서 소설의 창작적 여지를 확보하는 견해이다. 그는 대신에 구소설과의 차별적인 지점을 소설의 목적론적인

---

24) 권영민은 이해조 이전의 신채호, 박은식 등 개화기 지식인들이 소유한 소설에 대한 관념을 정리하면서 신채호의 소설에 대한 관심을 두 가지로 정리한다. 하나는 소재의 사실성이며 다른 하나는 내용의 윤리성이다. 그는 신채호가 거론하는 소재의 사실성은 묘사의 사실성이 아니라 성격과 행위의 사실성인 점이 매우 특이하다고 서술한다. 신채호는 실제의 사적에서 그 내용을 구하여 백성에게 모범을 보일 수 있어야 한다는 생각을 갖고 있었다는 것이다(앞의 권영민(2006), 94~95쪽).

관점에서 찾고 있다. 소설의 기본적인 목적이 풍속을 교정하고 사회를 경성(警醒)하는 데 있다는 것이다.

이러한 변화를 정리해보자면, 「화의혈」의 서문에서 이해조는 분명 신소설을 고소설과 구분하기 위한 의도로 신소설은 실제 사적을 바탕으로 한다는 입장을 취하지만, 후기에는 이를 실제 사실이 아닌 '방불한 사실', 즉 개연성의 차원이나 독자들의 감각에 의거하는 사실성, 즉 '소설적 실감'의 차원으로 견해를 좀 더 발전시키고 있는 것이다. 물론 그렇게 소설 속에 실감을 부여하는 문제가 단순히 소재 취택의 문제만이 아니라 묘사적 문체라든가 대화체의 삽입 같은 소설체의 글쓰기 차원과 연관되어 있다는 사실은 지금의 연구적 관점에서는 분명한 것이다. 하지만 당시의 이해조는 아직 그렇게까지는 생각이 나아가지 않은 것으로 보인다. 이는 어느 정도 당연하다고 볼 수 있는데, 당시에는 신문기사의 글쓰기와 신소설의 글쓰기가 판이한 시대였기 때문이다.

이해조의 입장에서 자신의 신소설과 비교대상이 되는 것은 고소설이지 무미건조한 신문기사가 아니었던 것이다. 따라서 이해조는 자신의 소설이 실제의 사적을 주제로 하고 있으며, 혹은 실제로 일어난 일이 아니더라도 방불한 사실을 바탕으로 하고 있다고 언급하는 것만으로 자신이 쓴 신소설의 가치를 변별해낼 수 있었던 것이다. 하지만 이러한 양상은 1912년 3월 이후, 신문 사회면의 기사들이 마치 신소설에 방불케 하는 묘사체의 글쓰기로 전환되면서 완전히 다른 국면을 맞게 된다. 당시의 신문기사들은 실제로 벌어진 '사실'을 다루고 있다는 점에서 사실성의 영역을 온전하게 점유하고 있었을 뿐 아니라 묘사의 수준에 있어서도 신소설에 못지않게 변모해가고 있었던 것이다. 이러한 신문기사의

변모는 기존에 이해조가 영위하고 있었던 사실과 허구 그리고 소설적
글쓰기에 대한 관념에 균열을 일으킨다.


## 5. '사실성'이라는 관념과 '소설적 실감'이라는 감각

1912년『매일신보』사회면의 변화는 소재적인 측면에서 민간에서 발
생하는 다양한 패륜적인 범죄, 기이한 사건, 정탐 등의 자극적인 소재가
도입되고, 신문기사 글쓰기에서 신소설에 방불케 하는 묘사체가 도입되
었다는 것으로 정리할 수 있다. 이 때문에 잠시 동안 신문 사회면의 기
사 글쓰기와 소설의 글쓰기가 서로 구분되지 않고 공존하는 상황이 지
속되었다.[25] 따라서 이렇게『매일신보』의 사회면 기사가 점점 더 소재적
인 면에서 대담해지고 사회의 풍속을 적나라한 필치로 묘사하는 경향이
더 일반화되면서 독자투고란인 '도청도설'에는 이렇게 적나라해지는 신
문기사에 관한 중요한 언급이 실린다.

  ─ 요사이 신문을 보니까 계집이 새서방에게 미쳐서 본서방 죽이는 년도 있
    고 시아비가 며느리더러 어찌고 어찌고 하려다가 말 아니 듣는다고 칼로

---

25) 1912년 3월 14일, '소설예고(小說豫告)'에서는 기존에 연재되던 이해조의「춘외춘」연재
중단을 알리고 새로「탄금대(彈琴臺)」의 연재를 알리면서,「춘외춘」의 연재 중단 사유로
주인공인 강학수와 한영진 두 학생이 동경에서 유학하고 돌아오는 것을 기다리겠다고 한
다. 이는 독자들에게 작중 현실과 실제 현실을 의도적으로 혼동시키기 위한 모종의 효과
를 위한 것이었다.

찔러 죽이는 놈도 있고 기타에 별별 괴악망측한 변괴가 허다하니 이 세상
이 어떻게 되랴고 그리하뇨 '일문생(一問生)'

− 허, 자네가 신문을 잘못 보았네 신문이라는 것은 권선징악하는 것이라 자네
가 그런 일만 보았나 경향 각처에 부모에게 효행이 극진한 자도 있고 남
편에게 절행을 극진히 하는 자도 있은 즉 그런 괴악한 일은 징계를 하고
이런 좋은 일은 본을 받으면 차차 문명한 백성이 아니 되겠나 '답변자(答
辯子)'[26]

　위에서 '일문생'이라는 독자는 신문을 보니 세상에 패륜적인 일들이
많이 일어나고 있다면서 그러한 경향을 걱정하고 있다. 그 뒤에 바로
'답변자'는 그러한 견해에 대하여 반박하고 있는데, 독자투고의 성격상
이 기사가 나간 뒤에야 독자들이 반응을 보일 수 있다는 점을 감안하면
이 답변은 분명 『매일신보』 내부에서 행해진 가능성이 높다. 이 답변자
는 독자가 신문을 잘못 보았다고 단정 지어 말한 뒤, 신문은 권선징악하
는 것이며, 패륜적인 범죄행위만큼이나 효행이나 절행 역시 많다고 말
한다. 답변자는 질문의 초점을 의도적으로 놓치고 있는 셈인데, 질문하
는 독자는 신문기사를 문제 삼고 있는 것이 아니기 때문이다. 독자는 신
문기사와 실제로 발생한 사건을 분리하여 이해하지는 않으며 신문에 갑
자기 많은 사건기사가 등장하는 것을 통하여 세상이 흉흉해지고 있음을
걱정하고 있는 것이다. 하지만 답변자는 신문기사는 권선징악하는 것이
라는 동문서답 식의 답을 내놓고 있다. 약간 어긋나 있는 문답을 가만히

---

26) 『매일신보』, 1912.3.9, 3면.

살펴보면 『매일신보』 기자들이 사회면의 기사들이 점차 적나라해지고 소설적인 사건 묘사로 바뀌는 양상에 대하여 상당히 조심스러운 의식을 가지고 있었다는 사실을 알 수 있다. 서둘러 그 기사의 목적이 어디까지나 사회의 악행들을 교화하는 것에 있다는 식의 답변을 내놓는 태도에는 신문기사가 점차 사회의 풍속을 저해하는 대담한 주제와 소설에 육박하는 묘사에 이르고 있는 경향을 합리화하려는 태도가 숨어 있는 것이다.

이렇게 『매일신보』가 사회면의 변화를 통하여 소설에 육박하는 주제 선정과 사실 묘사를 보여주면서 사회의 퇴폐성과 선정성에 대한 우려의 목소리가 들려오자, 1912년 4월 29일에는 신문기사의 글쓰기가 갖는 위치를 재확인하는 중요한 기사가 실린다. 「신문은 사회의 사진(新聞은 社會의寫眞)」이라는 제목의 기사에는 신문의 3면 기사가 가져야 하는 태도에 대한 중요한 주장이 담겨 있다.

신문의 삼면(三面)은, 기자의, 자유사상으로 기사하는 것이 아니오, 사회의 만반 상황을 듣고 보는 대로, 기재하는 것이니, 간단히 말할진대, 사회 현상을, 사회에 보고하는 바이로다 (중략) 비유하건대 신문은 사진경(寫眞鏡)과 같이, 기자는, 사진 박히는 사람과 같도다, 사진경은, 신성한 기계요 사진가(寫眞家)는, 공평하고 정직하고, 충후하고, 열심있는 사업가라, 선미한 형용을 박히고자 하고, 추악한 모양을 즐겨서, 취함은 아니라, 그런 고로 사람이, 사진 박힐 때에 몸을, 엄연히 가지라 하며, 얼굴을 천연히 들라 하여, 애를 써서 돌아다니며, 권고하는 것은, 사업의 목적이거늘, 만일 그 권고를 무심히 듣고, 혹 눈을 깜짝거리다가, 판수 같이 되는 일도 있으며, 고개를 돌려서 뒤를 돌아보다가, 눈도 없고 돌수박 같은 덩어리에, 털만 겉칠한 괴물의, 형상이 될 일도 있으니, 이것은 사진가의 책망이 아닌 것이, 분명하도다[27)]

여기에는 신문의 3면, 즉 사회면 기사에 대한 『매일신보』의 입장이 담겨 있다. 3면의 기사는 기자가 자유롭게 쓰는 것이 아니라 사회의 상황을 듣고 보는 대로 기록한 것이라는 게 이 글의 요지이다. 글쓴이는 이러한 내용을 주장하기 위하여 신문을 사진경, 즉 카메라의 눈에 비유하고 있다. 신문기사는 단지 현실을 가감 없이 매개할 뿐이기 때문에 신문기사에 나온 현실이 추악한 것이라 할지라도 그것은 현실의 문제이지 신문기사의 책임은 아니라는 것이다. 이는 신문의 글쓰기가 객관성이라는 이념을 지향하여야 한다는 태도의 표현이면서 기존의 '소설'과 구분되는 신문기사의 사실성을 주관적인 해석이 담기지 않은 투명한 매개로서의 실증성의 차원에서 찾고 있는 중요한 언급이다. 물론 이러한 주장을 곧바로 신문의 가치중립성과 객관성의 이념이 확립되는 장면으로 보는 것은 무리이다. 그 안에는 실제로 다른 정치적인 함의가 숨어 있기 때문이다.

분명한 사실은, 소설을 모델로 하여 그것이 보여주는 실감적 글쓰기에 다다르는 것으로 점차 변모해가던 신문 사회면의 글쓰기가 객관적인 '사실'의 이념적인 차원을 끌어들이며 기존의 '소설'과는 분명히 선을 긋기 시작하였다는 사실이다. 이는 점점 독자의 흥미 위주로 바뀌어가는

---

27) 「신문은 사회의 사진」, 『매일신보』, 1912.4.29, 3면.

신문 사회면의 기사쓰기 경향을 긍정적으로 합리화하는 한편, '소설' 특히 이해조의 신소설이 처해 있는 위치를 위태롭게 하는 두 가지 결과를 낳았다.

> 기자의, 저술한 바, 소설이, 취미는 없지 아니하나, 매양 허탄무거하고, 후분을 다 말하지 아니하는, 두 가지 결점이, 있다하나, 이는 결코, 생각지 못한, 언론이라 하노니, 어찌하여 그러하냐 하면, 소설의 성질이, 눈에 뵈이고 귀에 들리는, 실적만 들어 기록하면, 취미도 없을 뿐 아니라, 한 기사에 지나지 못할 터인즉, 소설이라, 명칭할 것이 없고, 또는 기자의 저술한 소설 삼십여 종이, 확실한 소역사(小歷史)가 없는 자는 별로 없으니 (중략) 수 삭 동안을 일반 제씨에게, 비상한 대환영을 받던, 탄금대는, 이미 기사를 마치고, 차호부터는, 소학령(巢鶴嶺)이라 하는, 탐험소설(探險小說)을 게재하고저 하노니, 이는 기자가, 여러 해 동안을 보고 듣던, 혜재의 실적이라, 필법의 용록함을 용서하고, 사실의 기괴함을 착미하시오 [28]

이해조는 이보다 3일 정도 뒤에 쓴 「탄금대」 후기에서 '소설'이 신문 기사와 구별되는 특이점에 대하여 설명한다. 1911년까지는 고소설과 비교되는 신소설의 입장과 가치만을 강변하던 이해조가 자신의 소설과 신문기사를 비교하며 이를 변별해내고자 하는 것이다. 그는 이미 소설의 글쓰기적 영역을 침범해 들어오기 시작한 『매일신보』의 신문기사 글쓰기가 '사실성'의 영역을 재편하고 있다는 상황을 인지하고 그것에 방

---

28) 『매일신보』, 1912.5.1, 4면.

어적인 태도를 보이고 있는 것이다. 이 글에서 그는 자신의 소설에 제기되는 두 가지 문제점, 즉 '허탄무거하다'는 것과 '후분이 없다'는 주장에 대하여 반박하고 있다.[29] 그는 전자의 평가에 대해서는 "소설의 성질이, 눈에 뵈이고 귀에 들리는, 실적만 들어 기록하면, 취미도 없을 뿐 아니라, 한 기사에 지나지 못할 터인즉"이라며 소설은 신문기사와 달리 눈에 보이고 귀에 들리는 실적만을 들어 기록하는 것은 아니라고 반박하고 있다. 이는 분명 앞선 4월 29일 자 기사 「신문은 사회의 사진」의 내용, 즉 신문은 사회의 현상을 눈에 보이고 귀에 들리는 대로 기록하는 것이라는 견해에 대한 대응임을 분명히 확인할 수 있다.

문제는 이해조가 신문기사와 차별되는 자신의 소설의 독자성을 드러내지 못하고 있다는 사실이다. 이미 신문 사회면의 기사들이 내용상으로는 주제의 다양성을 보이고, 묘사의 실감적인 측면에서는 이미 이해조 소설의 위치를 위협할 만큼의 면모를 보여주고 있으며, 한편으로 신문기사는 사회현상을 그대로 전달한다는 사실성의 차원을 온전하게 점유하고 있음에도, 이해조는 이러한 신문기사와 차별되는 소설의 미학적 가치를 더 명확하게 변별하지 못하는 것이다. 그가 새로 연재하는 소설인 「소학령」을 소개하며 "사실의 기괴함을 착미"하라는 주장으로 마무리할 수밖에 없는 대목은 바로 그러한 이해조의 한계를 명료하게 보여주는 것이다. 이는 신문 사회면 기사에서 소설적 실감이 일반화되는 경

---

29) 이해조는 '후분'을 말하지 않는다는 평가에 대해서는 중국과 일본의 뛰어난 소설들 역시 후분을 역력히 말하지 않는다는 사실을 들어 반박하고 있다. 여기에서는 이 부분이 초점이 아니기 때문에 본문에서 따로 설명하지 않는다.

향 때문에 신소설에 대한 흥미가 더 이상 강변되기 어려운 현실 속에서 소설의 창작성을 드러낼 만한 형식적인 미학을 마련하지 못하였던 이해조 소설의 문학사적인 몰락의 과정을 단적으로 보여주는 것이다. 이는 단지 이해조의 문제만이 아니라 신소설 전반의 양식적인 한계로 제시될 수 있는 것이면서 소설의 양식적 미학의 완비를 통하여 사실성과 허구성의 경계를 재설정할 새로운 근대문학이 도래하지 않고서는 해결되지 않는 새로운 국면을 예비하는 것이기도 하다.

　지금 분명히 내 지갑에서 굴러 '땅에 떨어진 동전'이 이따금씩 원래 내 것이었던가 하는 새삼스러운 느낌을 주는 것처럼, 분명 한동안은 나의 언어였던 글들이 출판사를 통해 교정지의 형태로 돌아오게 되면, 매번 그것은 타인의 언어인양 새삼스러운 느낌을 주곤 한다. 언젠가 처음 그것을 쓰면서 글자 하나하나를 고민했던 때도 있었을 것이고, 논문으로 펴내는 과정에서 문장이 가진 세밀한 뜻을 몇 번이고 확인해두었던 때도 있었을 터인데, 책으로 출판하기를 앞둔 지금에서라면 퍽이나 갑작스럽고도 뜬금없는 느낌이 아닐 수 없다. 이 모양이니 마치 남의 살갗인 양 긁어도 시원하지가 않고, 내 목소리가 아닌 듯하니 소리를 높이기도 곤란해지곤 한다.

　아마도, 내가 문자의 음성 가운데라든가, 그것들의 가로줄과 세로줄로 조직된 텍스트라는 체계 속에 틀림없이 얽어두었다고 생각했던 소리들이, 그동안 떨어져 있던 잠깐의 시간 때문에 내 자연스러운 맥락 바깥으로 사라져버렸기 때문은 아닐까, 나름 짐작해보곤 한다. 사실, 내가 썼던 언어의 의미가 한없이 가벼워져서 일종의 부력을 갖고 떠버리지 않을까 하는 걱정이 되어, 당시에 굳이 주렁주렁 달아두었던 인용이라든가 주석들 역시 예외는 아니다. 지금에 와서는 맥락이 혼동되는 경우도 부지기수이고, 예전에 내가 왜 이러한 주석을 달아두었을까 곰곰이 생각하게 되는 때가 많다. 하지만 역설적이게도, 이로써야 반쯤은 내 것이었고, 반쯤은 내 것이 아니었던 언어들은 '책'이라는 또 다른 것이 되는 것은 아닌가 하는 생각도 든다.

건국대학교 아시아콘텐츠연구소 총서 동아시아 모더니티 시리즈의 한 권으로 이 책을 엮으며 내가 주로 생각했던 것은, 이처럼 결코 사유화 될 수 없는 문자라는 대상과 그 위를 떠도는 소리에 대한 문제였다. 따라서 비록 이 책의 체제는 비교적 거창해보였을지도 모르겠지만, 이 책을 통해 말하고자 했던 것은 사실 이러한 소박한 질문에 대한 답이었다. 인간의 입을 떠나 문자에 의탁했던 소리가 그 떠도는 운명에서 벗어나 과연 제자리로 돌아올 수 있을까 하는 것. 아마 집(평양)을 떠나 워싱턴을 떠돌던 「혈의누」의 '옥련'이 결국에는 돌아오지 않았던 것처럼, 한번 친밀한 관계성을 떠나 문자에 의탁한 소리는 결코 원래의 모습대로는 돌아올 수 없었을 것이다. 단지 그 흔적을 꼼꼼히 쫓는 연구자의 눈에 의해 그 관념 속에서만 울리고 있을 뿐이다.

그 때문에, 연설이나 강연 같이 소리라는 미디어 자체가 의미로 충만했던 시대의 언설양식들을 확인하고 살피는 것은 중요하고도 흥미로운 의미가 있으되, 이를 살피는 것은 어려웠다라고 하기보다는 아마도 불가능했던 것이 아니었을까 생각한다. 단지 여기에서 나는 여러 선배 연구자들의 견해에 덧붙여 당시 이 소리가 나르던 지식의 공동체라는 문제에 약간이나마 접근해보고자 했던 것뿐이었다. 결국, 이 책은 출판이라는 양식에 의해 어떻게 정착되고, 법-문자라는 강제적 효력을 발휘하는 문자에 의해 어떤 식으로 제약될 수 있었는가 하는 것을 살피는 과정을 좀 더 본격적으로 다루기 위한 시작점에 해당하는 것이다. 어떤 책이 종착점이 아니라 시작점이라는 것은 중요한 결론을 뒤로 미루고자 하는 연구자의 전형적인 변명에 해당하는 것이겠지만, 새로운 약속이나 동참의 요청으로 받아들여주시면 그보다고마울 수는 없을 것이다.

마찬가지의 이유로 인해, 하나의 책을 엮는 과정에는 언제나 퍽 많은 고려들이 개입되는 것 같다. 한 편의 글을 완성하는 감각과는 전혀 다른 고려들이 존재하는 것이다. 하지만 그 고려들이 분명 한 권의 책을 다종다양한 후천적인 소리들을 가진 대상으로 만들어주는 것은 틀림없다. 따라서 이 책은 당연히 내가 썼던 논문들을 하나하나 묶어낸 것이지만, 단지 그것들을 모은 것만이 아니라 많은 수고와 고려들이 엮여 아예 또 다른 존재가 된 것은 아닐까.

당연하게도 그렇게 생각하니, 한 권의 책을 내는 과정에서 감사를 드려야 할 분들이 너무 많다. 우선, 총서라는 형식으로 소중한 기회와 자리를 기꺼이 마련해주신 건국대학교 아시아콘텐츠연구소장 박삼헌 선생님께 감사드리고 싶다. 특히 언제나 그치지 않고 계속되는 연구적 열정에 경의를 표해마지 않는다. 또한 도저히 묶일 것 같지 않던 '혼잡한' 사유들을 잇대어 멀쩡한 한 권의 '책'으로 만들어주신 RHK의 편집자 최은영 실장님과 김건희 편집장님께도 감사를 드린다.

그간 제대로 기회가 없어 인사를 제대로 드리지 못했던 국문학과의 은사님들께도, 그동안 제자라는 이름으로 받기만 했던 후의에 대해 지금에서야 감사를 드린다. 마찬가지로 지금까지 너무 가까이 있어 고마움을 제대로 표시하지 못했던 문학 연구의 선배님들과 후배님들께도 인사를 드리고 싶다. 특히 언제나 훌륭한 지적 자극을 주시는 김동식, 표정훈 선생님과 장문석에게 특별히 감사하다. 그들과 함께 했던 그간의 여행들이 없었다면 아마도 이 책은 없었을 것이다.

또한 예나 지금이나 언제나 연구실 밖에서의 인간관계에서는 어렵기만

했던 사람을 한 명의 동료로 받아주시고 기꺼이 함께할 자리를 내어주신 홍익대 국어국문학과 선생님들께도 감사를 드린다. 나아가 내가 지금 무엇을 하고 있는지 굳이 설명하지 않도록, 재촉하지 않으면서도 당연한 듯 믿고 힘을 주는 어머니께 감사드리고 싶다.

마지막으로, 근대 초기 한국이라는 시공간의 언어와 문명이라는, 순식간에 고리타분한 주제가 되어버린 대상에 대해서 여전히 알아내기를 원했던 이 책의 독자들께, 같이 함께 고민해나가는 사람으로서 동의와 공감의 뜻을 표한다. 앞으로 어떤 시대가 되더라도 언어라는 것은 인간이 언제나 그 속에서 고민하지 않으면 안 되는 대상이므로.

2016년 7월

송민호

이 책에 실린 논문들은 이미 발표한 논문들의 내용을 수정·보완 것임을 밝혀둔다.
논문들의 출전은 다음과 같다.

제1장: 「우편의 시대와 신소설」, 『겨레어문학』 45, 겨레어문학회, 2010, 119~151쪽.

제2장: 「개화계몽기 문자음성적 전통의 균열과 이인직의 언어의식」, 『한국문학연구』 41, 동국대학교 한국문학연구소, 2011, 81~111쪽 ; 「시각화된 음성적 전통과 언문일치라는 물음」, 『인문논총』 73, 서울대학교 인문학연구원, 2016, 135~164쪽.

제3장: 「開化啓蒙時代 '演說'과 '講演'의 分化와 非政治的 公論場 形成의 背景」, 『한국문화』 55, 서울대학교 규장각한국학연구원, 2011, 197~222쪽.

제4장: 「일제강점기 미디어로서의 강연회의 형성과 불온한 지식의 탄생」, 『한국학연구』 32, 인하대학교 한국학연구소, 2014, 125~154쪽.

제5장: 「대한제국시대 출판법의 제정과 출판검열의 법문자적 기원」, 『한국현대문학연구』 43, 한국현대문학회, 2014, 5~40쪽.

제6장: 「1910년대 초기 『매일신보』의 미디어적 변모와 '소설적 실감'의 형성」, 『한국문학연구』 37, 동국대학교 한국문학연구소, 2009, 179~211쪽.

## 1. 기본 자료

- 『譯語類解』(상, 1690), 『三韻聲彙』(1751), 『倭語類解』(하, 1783), 『華語類抄』(1883), 『交隣須知』(산정본, 1883) 등.
- _____, 『한불ᄌᆞ전(DICTIONNAIRE CORÉEN-FRANCAIS)』, Yokohama: C.Levy, imprimeur-libraire, 1880.
- J. S. Gale, 『한영ᄌᆞ뎐』, Yokohama: Kelly & Walsh Ltd., 1897.
- _____, 『韓英字典(Korean-English Dictionary)』, Yokohama: The Fukuin Printing Co., 1911.
- 『漢城旬報』(1883.10.31~1884.12.6); 『漢城周報』(1886.1.25~1888.3.12; 『漢城新報』(1895~1905); 『독립신문』(1896.4.7~1899.12.4); 『협성회회보』(1898.1.1~1898.4.2); 『매일신문』(1898.4.9~1899.4.3); 『皇城新聞』(1898.9.5~1910.9.14); 『大韓每日申報』(1904.7.18~1910.8.29); 『萬歲報』(1906.6.17~?); 『每日申報』(1910.8.30~1920.12.30); 『大韓民報』(1909.8.1~?)
- 蕉雨堂主人(陸定洙), 『松籟琴』, 博文書舘, 1908.10.25(초판).
- 菊初(李人稙), 「血의淚」, 『萬歲報』, 1906.7.22~10.10.
- 李海朝, 「鬼의聲」, 『萬歲報』, 1906.10.14~1907.11.5.
- _____, 『화성돈전』, 회동서관, 1908.
- _____, 『구마검』, 대한서림, 1908.
- _____, 『홍도화』 상, 유일서관, 1908.

- _____, 『텰세계』, 회동서관, 1908.

- _____, 「화세계」, 『每日申報』, 1910.10.12~1911.1.17.

- _____, 『만월대』, 東洋書院, 1910.

- _____, 『자유종』, 광학서포, 1910.

- _____, 『홍도화』 하, 東洋書院, 1910.

- _____, 「月下佳人」, 『每日申報』, 1911.1.19~4.5.

- _____, 「花의血」, 『每日申報』, 1911.4.6~6.21.

- _____, 「九疑山」, 『每日申報』, 1911.6.22~9.28.

- _____, 「昭陽亭」, 『每日申報』, 1911.9.30~12.17.

- _____, 『모란병』, 박문서관, 1911.

- _____, 『鬢上雪』, 東洋書院, 1911(2판).

- _____, 『원앙도』, 東洋書院, 1911.

- _____, 「春外春」, 『每日申報』, 1912.1.1~3.14.

- _____, 「彈琴臺」, 『每日申報』, 1912.3.15~5.1.

- _____, 「巢鶴嶺」, 『每日申報』, 1912.5.2~7.6.

- _____, 「鳳仙花」, 『每日申報』, 1912.7.7~11.29.

- _____, 「琵琶聲」, 『每日申報』, 1912.11.30~1913.2.23.

- _____, 『古木花』, 東洋書院, 1912.

- _____, 『산천초목』, 유일서관, 1912.

- _____, 『쌍옥적』, 현공렴가, 1912.

- _____, 「雨中行人」, 『每日申報』, 1913.2.25~5.12.

- 崔瓚植, 『新小說 秋月色』, 회동서관, 1912.3.23.(초판).

## 2. 국내 논문 및 단행본

* 강현조,「이인직 소설의 창작 배경 연구-도일 행적 및「혈의누」창작 관련 신자료 소개를 중심으로」,『우리말글』43집, 우리말글학회, 2008, 213~236쪽.
* 경일남,「고전소설의 삽입서간 연구」,『語文研究』28, 어문연구학회, 1996, 131~150쪽.
* _____,『고전소설과 삽입 문예 양식』, 역락, 2002.
* 구장률,「신소설 출현의 역사적 배경-이인직과「혈의누」를 중심으로」,『동방학지』135, 연세대학교 국학연구원, 2006, 245~302쪽.
* 권보드래,『한국 근대소설의 기원』, 소명출판, 2000.
* _____,『1910년대, 풍문의 시대를 읽다-『每日申報』를 통하여 본 한국 근대의 사회, 문화키워드』, 동국대학교출판부, 2008.
* _____,「1910년대의 새로운 주체와 문화:『每日申報』가 만든, 〈每日申報〉에 나타난 대중」,『민족문학사연구』36, 민족문학사연구회, 2008, 147~169쪽.
* 권용선,『1910년대 '근대적 글쓰기'의 형성과정 연구』, 인하대학교 박사학위논문, 2004.
* 권영민,「안국선의 생애와 작품세계」,『관악어문연구』2, 서울대학교 국어국문학과, 1977, 123~131쪽.
* _____,「이해조의 소설관에 대하여」,『관악어문연구』3 , 서울대학교 국어국문학과, 1978, 69~77쪽.
* _____,「〈帝國新聞〉에 연재된 이해조의 신소설」,『문학사상』298호, 문학사상사, 1997, 151~169쪽.
* _____,『서사양식과 담론의 근대성』, 서울대학교출판부, 1999.
* _____,『국문 글쓰기의 재탄생』, 서울대학교출판부, 2006.
* 김동식,「한국의 근대적 문학 개념 형성과정 연구」, 서울대학교 박사학위논문, 1999.
* _____,「신소설과 철도의 표상-이인직과 이해조의 소설을 중심으로」,『민족문학사연구』49, 민족문학사학회, 2012, 82~124쪽.

- 김소영, 「한말 수신교과서 번역과 '국민' 형성」, 『한국근현대사연구』 59, 한국근현대사학회, 2011.
- 김영민, 「1910년대 신문의 역할과 근대소설의 정착과정」, 『현대문학의 연구』 25, 2005, 261~300쪽.
- _____, 『한국의 근대신문과 근대소설』 1, 소명출판, 2006.
- _____, 『한국의 근대신문과 근대소설』 2, 소명출판, 2008
- _____, 「『만세보』와 부속국문체 연구」, 『大東文化研究』 64, 성균관대학교 대동문화연구원, 2008, 415~453쪽.
- _____, 「근대계몽기 문체 연구:유길준을 중심으로」, 『동방학지』 48, 연세대학교 국학연구원, 2009, 391~428쪽.
- 김영애, 「강명화 이야기의 소설적 변용」, 『한국문학이론과 비평』 50집, 한국문학이론과 비평학회, 2011, 221~255쪽.
- 김영우, 「韓末의 私立學校에 關한 研究〈Ⅱ〉」, 『교육연구』, 공주대학교 교육연구소, 1986, 3~126쪽.
- 김윤식, 「정치소설의 결여형태로서의 신소설」, 『한국학보』 31집, 일지사, 1983, 56~81쪽.
- 김윤식 · 김현, 『한국문학사』, 민음사, 1974(개정판 3쇄), 1989, 13~36쪽.
- 김윤식 · 정호웅, 『한국소설사』, 예하, 1993(초판 6쇄), 1997, 11~60쪽.
- 김일근, 「언간(諺簡)의 연구」, 『학술지』 13, 건국대학교, 1972, 21~78쪽.
- 김종욱, 「쥘 베른 소설의 한국 수용과정 연구」, 『한국문학논총』 49, 한국문학회, 2008, 55~82쪽.
- 김종철, 「옥중화 연구(1)-이해조 개작에 대한 재론」, 『관악어문연구』 20집, 서울대학교 국어국문학과, 1995, 177~194쪽.
- 김주현, 『개화기 토론체 양식 연구』, 서울대학교 석사학위논문, 1989.
- 김중하, 「개화기 토론체소설의 연구」, 『관악어문연구』 3, 서울대학교 국어국문학과, 1978.
- 김태준, 『朝鮮小說史』, 淸進書館, 1933, 168~184쪽.

- 김형중, 「애국계몽기 신문연재소설 연구」, 『語文研究』 27, 한국어문교육연구회, 1999, 197~211쪽.

- 김형태, 「천강 안국선의 저작 세계」, 『東洋古典研究』 19, 東洋古典學會, 2003, 369~ 420쪽.

- 남석순, 『한국 근대소설 형성과정의 출판수용 연구』, 단국대학교 박사학위논문, 2003.

- 노지승, 「1920년대 초반, 편지 형식 소설의 의미」, 『민족문학사 연구』 20, 2002, 351~ 379쪽.

- 문한별, 「근대전환기 연설체 서사의 서술 전략」, 『한국문학이론과 비평』 42, 한국문학 이론과 비평학회, 2009, 507~529쪽.

- 박헌호 편, 『백 년 동안의 진보』, 소명출판, 2015.

- 배정상, 「근대계몽기 토론체 서사의 특질과 그 위상」, 『현대소설연구』 28, 한국현대소 설학회, 2005, 7~27쪽.

- _____, 「이해조의 〈蘇鶴嶺〉 연구-재외공간을 중심으로」, 『사이』 5, 국제한국문학 문화학회, 2008, 83~111쪽.

- _____, 「『帝國新聞』 소재 이해조 소설연구」, 『동양학』 49, 단국대학교 동양학연 구소, 2011, 131~149쪽.

- 서재길, 「〈금수회의록〉의 번안에 관한 연구」, 『국어국문학』 157, 국어국문학회, 2011, 220~229쪽.

- 서형범, 「이해조 소설의 흥미 요소 시론」, 『한국학보』 108, 2002, 167~193쪽.

- 서혜은, 「이해조의 〈昭陽亭〉과 고전소설의 교섭 양상 연구」, 『고소설 연구』 30, 한국 고소설학회, 2010, 41~74쪽.

- 소영현, 「역동적 근대의 구체-이해조의 초기작 검토」, 『국제어문』 25, 국제어문학회, 2002, 296~301쪽.

- 송명진, 「'국가'와 '수신', 1890년대 독본의 두 가지 양상」, 『한국언어문화』 39, 한국언 어문화학회, 2009.

- 송민호, 「1920년대 근대 지식 체계와 개벽」, 『한국현대문학연구』 24, 한국현대문학회,

2008, 7~36쪽.

- _____, 「이해조의 근대적인 교육관과 초기 소설의 윤리학적 사상화의 배경」, 『한국현대문학연구』 33, 한국현대문학회, 2011, 65~96쪽.

- _____, 「열재 이해조의 생애와 사상적 배경」, 『국어국문학』 156, 국어국문학회, 2011, 241~272쪽.

- _____, 「1880년 일본 집회조례의 제정과 정치/학술의 담론적 위계화의 기원-메이지 일본의 정치적 '공론장' 형성의 특수성에 주목하여」, 『대동문화연구』 79, 대동문화연구원, 2012, 305~335쪽.

- 송지현, 「안국선소설에 나타난 理想主義의 변모양상 연구」, 『한국언어문학』 26, 한국언어문학회, 1988, 337~356쪽.

- 송철의, 「한국 근대 초기의 어문운동과 어문정책」, 『한국 근대 초기의 언어와 문학』, 서울대학교 한국문화연구소 한국학공동연구총서 7, 서울대학교출판부, 2005.

- 수요역사연구회 편, 『일제의 식민지 지배정책과 每日申報-1910년대』, 두리미디어, 2005.

- 신혜경, 「大韓帝國期 國民教育會 研究」, 『梨花史學研究』 20-21, 이화여자대학교 사학연구소, 1993, 147~187쪽.

- 안병희, 「口訣과 漢文訓讀에 대하여」, 『震檀學報』 41, 진단학회, 1976, 143~162쪽.

- 오병일, 『신소설의 서사론적 연구』, 단국대학교 박사학위논문, 2005.

- 왕희자, 「安國善의 『禽獸會議錄』과 田島象二의 「人類攻擊禽獸國會」의 비교연구」, 이화여자대학교 박사학위논문, 2011.

- 우정권, 『한국 근대 고백소설의 형성과 서사양식』, 소명출판, 2004.

- 유영익, 「게일(James Scarth Gale)의 생애와 그의 선교사업에 대한 연구」, 『캐나다 연구』 2, 연세대학교 동서문제연구원 캐나다 연구센터, 1990, 135~142쪽.

- 윤명구, 『安國善 研究: 作家 意識 및 作品에 나타난 社會 意識을 中心으로』, 서울대학교 석사학위논문, 1973, 10~27쪽.

- 윤석빈, 『입말과 글말 그리고 인간의 실존』, 충북대학교출판부, 2012.

- 윤수영,『한국근대서간체소설연구』, 이화여자대학교 박사학위논문, 1990.
- 이병근,「兪吉濬의 語文使用과『西遊見聞』」,『震檀學報』89집, 2000, 309~326쪽.
- 이명자,「새로 밝혀낸 이해조의 얼굴과 생애」,『문학사상』92호, 1980, 59~61쪽.
- 이미숙,『고소설에 나타난 음모소재연구』, 건국대학교 교육대학원 석사학위논문, 1992.
- 이병근 외,『한국 근대 초기의 언어와 문학』, 서울대학교 한국문화연구소 한국학공동 연구총서 7, 서울대학교출판부, 2005.
- 이연숙,「일본에서의 언문일치」,『역사비평』70, 역사문제연구소, 2005, 323~345쪽.
- 이영아,「1910년대〈每日申報〉연재소설의 대중성 획득 과정 연구」,『한국현대문학연 구』23, 한국현대문학회, 2007, 43~81쪽.
- _____,「1910년대〈每日申報〉소설 독자층의 형성과정 연구-〈독자투고란〉을 중 심으로」,『현대소설연구』29, 한국현대소설학회, 2006, 381~405쪽.
- 이용남,『이해조 연구』, 서울대학교 석사 학위 논문, 1982.
- _____,『신소설의 갈등양상 연구-이해조소설을 중심으로』, 서울대학교 박사학위 논문, 1986.
- _____,「신소설〈鬢上雪〉연구」,『한신논문집』, 한신대학교, 1986, 47~69쪽.
- 이정옥,「연설의 서사화 전략과 계몽과 설득의 효과-안국선의「연설법방」과「금수회 의록」을 중심으로」,『대중서사연구』17, 대중서사학회, 2007, 151~185쪽.
- 이혜경,「근대 중국 '윤리' 개념의 번역과 변용-유학과의 관계를 중심으로」,『철학사 상』37, 2010
- 임형택 외,『흔들리는 언어들』, 성균관대학교출판부, 2008.
- 임화,「개설조선신문학사」, 김외곤 엮음,『임화전집2』, 박이정출판사, 2001, 308~370 쪽.
- 전광용,『신소설연구』, 서울대학교 박사학위논문, 1973.
- 정선태,『신소설의 서사론적 연구』, 서울대학교 석사학위논문, 1994.
- 정우봉,「연설과 토론을 통하여 본 근대계몽기의 수사학」,『고전문학연구』30, 한국고

전문학회, 2006, 409~446쪽.

- 조동일(1998),『新小說의 文學史的 性格-前代小說과의 關係를 中心으로』, 서울대학
교출판부, 1977(개정판).

- 조정경,「J.S.Gale의 韓國認識과 在韓活動에 關한 一研究」,『한성사학』3, 한성사학
회, 1985, 61~115쪽.

- 전은경,「조일재 신문연재소설에 나타난 근대적 여성관-1910년대 신문, 작가, 독자의
상호소통성을 중심으로」,『현대소설연구』23, 한국현대소설학회, 2004, 341~364쪽.

- _____,「1910년대 이상협 소설과 식민 지배 담론-〈每日申報〉 독자와의 상관성을
중심으로」,『현대소설연구』25, 한국현대소설학회, 2005, 381~405쪽.

- _____,「1910년대 〈매일신보〉 소설 독자층의 형성과정 연구-〈독자투고란〉을 중
심으로」,『현대소설연구』29, 한국현대소설학회, 2006. 381~405쪽.

- 정진석,『극비 조선총독부의 언론검열과 탄압 : 일본의 침략과 열강세력의 언론통제』,
커뮤니케이션북스, 2007.

- 진기홍,「한국우편발달사_사회경제환경에 따른 기능의 변천」, 한국통신학회, 한국통
신학회 학술대회 자료집 "텔레마띠끄문명과 정보문화" 1989, 26~45쪽.

- 차배근,『개화기일본유학생들의 언론출판활동연구(1)-1884~1898』, 서울대학교출판
부. 2000.

- 천정환,『근대의 책읽기』, 푸른역사, 2003.

- 최기영,『대한제국시기 신문연구』, 일조각, 1991, 11~142쪽.

- _____,「安國善(1879-1926)의 生涯와 啓蒙思想 (上)」,『한국학보』17, 일지사,
1991, 125~160쪽.

- _____,「한말 국민교육회의 설립에 관한 검토」,『한국근현대사연구』1, 한국근현
대사학회, 1994, 29~62쪽.

- _____,「한말 안국선의 기독교 수용」,『한국기독교역사연구소소식』25, 한국기독
교역사연구소, 1996, 4~15쪽.

- 최원식,『이해조 문학 연구』, 서울대학교 박사학위논문, 1986.

- _____,『한국근대소설사론』, 창작과비평사, 1986, 9~182쪽.
- _____,『한국 계몽주의 문학사론』, 소명출판, 2002, 155~188쪽.
- 최태원,「「血의淚」의 문체와 담론구조 연구」, 서울대학교 석사학위논문, 2000, 22~38 쪽.
- 하영삼,『한자와 에크리튀르』, 아카넷, 2011.
- 한규무,「1900년대 서울지역 기독교회와 민족운동의 동향-정동 · 상동 · 연동교회를 중심으로」,『한국민족운동사연구』19, 한국민족운동사학회, 1998, 5~28쪽.
- 한기형,『근대소설사의 시각』, 소명출판, 1999.
- 한기형 외,『근대어 · 근대매체 · 근대문학: 근대 매체와 근대 언어질서의 상관성』, 성 균관대학교 대동문화연구원, 2006.
- 한원영,『한국근대신문연재소설연구』, 이화문화사, 1996.
- 함태영,「이인직의 현실 인식과 그 모순-관비유학 이전 행적과『도신문(都新聞)』소재 글들을 중심으로」,『현대소설연구』30, 한국현대소설학회, 2006, 7~30쪽.
- _____,「1910년대 每日申報 소설론 연구」,『사이』3, 국제한국문학문화학회, 2007, 113-145쪽.
- 황종연 편,『문학과 과학-자연, 문명, 전쟁』1, 소명출판, 2013.
- _____,『문학과 과학-인종, 마술, 국가』2, 소명출판, 2014.
- _____,『문학과 과학-영혼, 생명, 통치』3, 소명출판, 2015.
- 황호덕,『근대 네이션과 그 표상들』, 소명출판, 2005.
- _____,「한문맥(漢文脈)의 근대와 순수언어의 꿈-한국 근대 개념어 연구의 과제」, 『한국근대문학연구』16, 근대문학회, 2007, 99~133쪽.
- 홍순애,「근대소설의 형성과 연설의 미디어적 연계성 연구 -1910년대를 중심으로」, 『현대소설연구』42, 한국현대소설학회, 2009, 599~626쪽.
- _____,「근대소설의 장르분화와 연설의 미디어적 연계성 연구」,『語文研究』37, 한국어문교육연구회, 2009, 363~388쪽.
- 체신부 우정국,『우리나라의 만국우편연합 가입 경위(1897년 와싱톤 총회)』, 체신부 우

정국 국제우편과, 1962.

- 東浩紀, 『存在論的, 郵便的: ジャック.デリダについて』, 東京: 新潮社, 1998.
- 柳父章, 서혜영 옮김, 『번역어 성립 사정』, 일빛, 2003.
- 川田順造, 이은미 옮김, 『소리와 의미의 에크리튀르』, 논형, 2006.
- 姜尙中, 이경덕·임성모 옮김, 『오리엔탈리즘을 넘어서』, 이산, 1997.
- 柄谷行人, 박유하 옮김, 『일본근대문학의 기원』, 민음사, 1997.
- _____, 송태욱 옮김, 『探究』 1·2, 새물결, 1998.
- _____, 김경원 옮김, 『마르크스 그 가능성의 중심』, 이산, 1999.
- 小森陽一, 정선태 옮김, 『일본어의 근대-근대국민국가와 '국어'의 발견』, 소명출판, 2003.
- 金文京, 『漢文と東アジア__訓讀の文化圈』, 東京: 岩波新書, 2010.
- 酒井直樹, 藤井たけし 옮김, 『번역과 주체-'일본'과 문화적 국민주의』, 이산, 2005.
- 三枝壽勝, 「이중표기와 근대적 문체 형성-이인직 신문 연재 「혈의 누」의 경우」, 『현대 문학의 연구』 15, 한국문학연구학회, 2000, 41~72쪽.
- 田尻浩幸, 『이인직 연구』, 새미, 2006.
- 丸山眞男·加藤周一, 임성모 옮김, 『번역과 일본의 근대』, 이산, 2000.
- 齋藤希史, 황호덕·임상석·류충희 옮김, 『근대어의 탄생과 한문: 한문맥과 근대 일 본』, 현실문화연구, 2010.
- 佐々木中, 송태욱 옮김, 『잘라라, 기도하는 그 손을-책과 혁명에 관한 닷새 밤의 기록』, 자음과모음, 2012.
- _____, 안천 옮김, 『야전과 영원-푸코, 라캉, 르장드르』, 자음과모음, 2015.
- 伊藤守, 김미정 옮김, 『정동의 힘-미디어와 공진하는 신체』, 갈무리, 2016.
- 福澤諭吉, 「緖言」, 『福澤全集』 1, 時事新報社, 1898.
- 子安宣邦, 김석근 옮김, 『후쿠자와 유키치의『문명론의 개략』을 정밀하게 읽는다』, 역 사비평사, 2007.

- 齋藤純一, 윤대석·류수연·윤미란 옮김, 『민주적 공공성: 하버마스와 아렌트를 넘어서』, 이음. 2009.


- 미셸 푸코, 이정우 옮김, 『지식의 고고학』, 민음사, 2000.
- _____, 이규현 옮김, 『말과 사물』, 민음사, 2012.
- 발터 벤야민, 최성만 옮김, 『발터벤야민 선집 2-기술복제시대의 예술작품 / 사진의 작은 역사 외』, 길, 2007.
- _____, 최성만 옮김, 『발터벤야민 선집 5-역사의 개념에 대하여, 폭력비판을 위하여, 초현실주의 외』, 도서출판 길, 2008.
- _____, 최성만 옮김, 『발터벤야민 선집 6-언어 일반과 인간의 언어에 대하여』, 도서출판 길, 2008.
- 브라이언 마수미, 조성훈 옮김, 『가상계-운동, 정동, 감각의 아쌍블라주』, 갈무리, 2011.
- 브라이언 마수미 외, 최성희 외 옮김, 『정동이론-몸과 문화, 윤리, 정치의 마주침에서 생겨나는 것들에 대한 연구』, 갈무리, 2015.
- 스테판 컨, 박성관 옮김, 『시간과 공간의 문화사: 1880~1918』, 휴머니스트, 2004.
- 이푸 투안, 심승희 옮김, 『공간과 장소』, 대윤, 2007.
- Yi-Fu Tuan, 『Segmented worlds and self: group life and individual consciousness』, Minneapolis: University of Minnesota Press, 1982.
- 자크 라캉, 권택영 편역, 『자크 라캉의 욕망이론』, 문예출판사, 1994.
- 자크 데리다, 남수인 옮김, 『글쓰기와 차이』, 동문선, 2001.
- _____, 김웅권 옮김, 『그라마톨로지에 대하여』, 동문선, 2004.
- _____, 김상록 옮김, 『목소리와 현상』, 인간사랑, 2004.
- _____, 진태원 옮김, 『법의 힘』, 문학과 지성사, 2005.
- Jacques Derrida, 『Alan Bass trans, The post card: from Socrates to Freud and beyond』, Chicago: University of Chicago Press, 1987

- J. S. Gale, 『Korea in transition』, New York: Laymen's Missionary Movement, 1909.
- 조르조 아감벤, 박진우 옮김, 『호모 사케르-주권 권력과 벌거벗은 생명』, 새물결, 2008.
- _____, 김항 옮김, 『예외상태』, 새물결, 2009.

건국대학교 아시아콘텐츠연구소
동아시아 모더니티 02

## 언어 문명의 변동

1판 1쇄 인쇄  2016년 7월 18일
1판 1쇄 발행  2016년 7월 25일

지은이 송민호

**발행인** 양원석
**편집장** 김건희
**디자인** RHK 디자인연구소 남미현, 김미선
**해외저작권** 황지현
**제작** 문태일
**영업마케팅** 이영인, 양근모, 박민범, 이주형, 김민수, 장현기, 이선미, 김수연, 신미진

**펴낸 곳** ㈜알에이치코리아
**주소** 서울시 금천구 가산디지털2로 53, 20층 (가산동, 한라시그마밸리)
**편집문의** 02-6443-8902    **구입문의** 02-6443-8838
**홈페이지** http://rhk.co.kr
**등록** 2004년 1월 15일 제2-3726호

ISBN 978-89-255-5970-4 (03910)